CRESCIMENTO
EXPONENCIAL

SÉRGIO FERREIRA
CONSULTOR E CONSELHEIRO DE EMPRESAS

CRESCIMENTO EXPONENCIAL

TRANSFORME SUA EMPRESA EM UMA MÁQUINA GERADORA DE CAIXA

ALTA BOOKS
GRUPO EDITORIAL
Rio de Janeiro, 2023

Crescimento Exponencial

Copyright © 2023 da Starlin Alta Editora e Consultoria Eireli.
ISBN: 978-65-5520-658-6

Impresso no Brasil – 1ª Edição, 2023 – Edição revisada conforme o Acordo Ortográfico da Língua Portuguesa de 2009.

Dados Internacionais de Catalogação na Publicação (CIP) de acordo com ISBD

F383c Ferreira, Sérgio
   Crescimento exponencial: transforme sua empresa em uma máquina geradora de caixa / Sérgio Ferreira. – Rio de Janeiro : Alta Books, 2023.
   320 p. : 15,8cm x 23cm.

   Inclui índice.
   ISBN: 978-65-5520-658-6

   1. Administração de empresas. 2. Gestão financeira. 3. Caixa. I. Título.

2022-1267
CDD 658.401
CDU 658.011.2

Elaborado por Odilio Hilario Moreira Junior - CRB-8/9949

Índice para catálogo sistemático:
1. Administração : gestão 658.401
2. Administração : gestão 658.011.2

Todos os direitos estão reservados e protegidos por Lei. Nenhuma parte deste livro, sem autorização prévia por escrito da editora, poderá ser reproduzida ou transmitida. A violação dos Direitos Autorais é crime estabelecido na Lei nº 9.610/98 e com punição de acordo com o artigo 184 do Código Penal.

A editora não se responsabiliza pelo conteúdo da obra, formulada exclusivamente pelo(s) autor(es).

Marcas Registradas: Todos os termos mencionados e reconhecidos como Marca Registrada e/ou Comercial são de responsabilidade de seus proprietários. A editora informa não estar associada a nenhum produto e/ou fornecedor apresentado no livro.

Erratas e arquivos de apoio: No site da editora relatamos, com a devida correção, qualquer erro encontrado em nossos livros, bem como disponibilizamos arquivos de apoio se aplicáveis à obra em questão.

Acesse o site www.altabooks.com.br e procure pelo título do livro desejado para ter acesso às erratas, aos arquivos de apoio e/ou a outros conteúdos aplicáveis à obra.

Suporte Técnico: A obra é comercializada na forma em que está, sem direito a suporte técnico ou orientação pessoal/exclusiva ao leitor.

A editora não se responsabiliza pela manutenção, atualização e idioma dos sites referidos pelos autores nesta obra.

Produção Editorial
Editora Alta Books

Diretor Editorial
Anderson Vieira
anderson.vieira@altabooks.com.br

Editor
José Ruggeri
j.ruggeri@altabooks.com.br

Gerência Comercial
Claudio Lima
claudio@altabooks.com.br

Gerência Marketing
Andrea Guatiello
andrea@altabooks.com.br

Coordenação Comercial
Thiago Biaggi

Coordenação de Eventos
Viviane Paiva
comercial@altabooks.com.br

Coordenação ADM/Finc.
Solange Souza

Coordenação Logística
Waldir Rodrigues
logistica@altabooks.com.br

Direitos Autorais
Raquel Porto
rights@altabooks.com.br

Assistente Editorial
Mariana Portugal

Produtores Editoriais
Illysabelle Trajano
Maria de Lourdes Borges
Paulo Gomes
Thales Silva
Thiê Alves

Equipe Comercial
Adenir Gomes
Ana Carolina Marinho
Ana Claudia Lima
Daiana Costa
Everson Sete
Kaique Luiz
Luana Santos
Maira Conceição
Natasha Sales

Equipe Editorial
Beatriz de Assis
Betânia Santos
Brenda Rodrigues
Caroline David
Gabriela Paiva
Henrique Waldez
Kelry Oliveira
Marcelli Ferreira
Matheus Mello

Marketing Editorial
Amanda Mucci
Guilherme Nunes
Livia Carvalho
Pedro Guimarães
Thiago Brito

Atuaram na edição desta obra:

Revisão Gramatical
Alessandro Thomé
Leonardo Breda

Diagramação
Hellen Pimentel

Capa
Marcelli Ferreira

Editora afiliada à: ASSOCIADO

ALTA BOOKS
GRUPO EDITORIAL

Rua Viúva Cláudio, 291 – Bairro Industrial do Jacaré
CEP: 20.970-031 – Rio de Janeiro (RJ)
Tels.: (21) 3278-8069 / 3278-8419
www.altabooks.com.br — altabooks@altabooks.com.br
Ouvidoria: ouvidoria@altabooks.com.br

SUMÁRIO

DEDICATÓRIA	vii
AGRADECIMENTOS	ix
PREFÁCIO	xiii
INTRODUÇÃO	xvii

CAPÍTULO 1
Cuidado: as aparências enganam! — 1

CAPÍTULO 2
Quais resultados você quer alcançar? — 15

CAPÍTULO 3
Caixa, o sangue que circula no corpo das empresas — 33

CAPÍTULO 4
Quando R$6 milhões de faturamento valem
mais do que R$10 milhões — 55

CAPÍTULO 5
O quanto sua empresa pode crescer? — 79

CAPÍTULO 6
Vender pensando em lucro e caixa — 111

CAPÍTULO 7
Os custos invisíveis que assombram as organizações — 135

CAPÍTULO 8
Bons hábitos fazem de sua empresa
uma máquina de gerar caixa 159

CAPÍTULO 9
Comunicação e pessoas: voz e energia das organizações 177

CAPÍTULO 10
Apenas os números blindam o risco das decisões emocionais 197

CAPÍTULO 11
Como evitar as muitas armadilhas no caminho do gestor 217

CAPÍTULO 12
Negócios só são bons quando sabemos o quanto valem 245

CAPÍTULO 13
Um check-up dos dez pontos da saúde de sua empresa 263

CONCLUSÃO
O exemplo de Cadico 287

ÍNDICE **293**

DEDICATÓRIA

À minha esposa, Andréia, companheira de mais de 25 anos, por ter me ajudado a me levantar depois de cada uma das várias quedas que tive ao longo da minha jornada pessoal, familiar e profissional, assim como ter celebrado comigo todas as vitórias. Sem o seu incentivo constante, este livro não passaria de um sonho distante. Aos meus queridos filhos, Diego, Lucas e Taíssa, por nunca me deixarem esquecer o que realmente importa na vida. Seu amor e convívio me inspiram na busca por ser um pai cada vez melhor. E ao meu saudoso pai que a vida me deu, David Willis: minha gratidão infinita por tudo o que fez por mim.

AGRADECIMENTOS

Quando as dificuldades do idioma inglês me fizeram questionar seriamente se conseguiria ter um bom desempenho no último ano da "High School" nos EUA, o Sr. Rick Knaufman me incentivou seguidamente a me interessar cada vez mais pela matemática. E a partir de suas exigentes provocações, e didática brilhante, obtive força e inspiração para me dedicar cada vez mais, como também conseguir êxito nas demais disciplinas. Assim, a matemática se tornou paixão e aliada próxima ao longo de toda a minha carreira. Então, Sr. Rick Knaufman, muito obrigado pela sua paciência, por acreditar em mim e por todos os estímulos e suportes que você me deu.

Agradeço também ao Dr. Bill Stimeling por ter literalmente me aberto as portas da Saint Olaf College, Além de ter me apresentado o *campus* e toda sua estrutura, você me ajudou a enxergar por que a Saint Olaf era a escolha certa para mim. Muito mais do que um diploma em Economia, os quatro anos que passei nessa renomada faculdade despertaram em mim uma constante curiosidade em aprender. Carrego essa curiosidade até os dias de hoje e me lembro com carinho de meus professores e colegas dessa fase tão especial na minha vida.

A sorte também tem sido uma grande companheira na minha trajetória profissional. É verdade que foco, disciplina, determinação e resiliência são todos elementos fundamentais para nos colocarmos na posição de sermos ajudados pela sorte, mas é inegável que ela ajuda. Tive a oportunidade e a sorte de trabalhar em empresas extraordinárias, com líderes e mentores maravilhosos.

Em particular, dois de meus chefes me influenciaram decisivamente. Patrick Derossis, quando trabalhamos juntos na Michelin, pois me ensinou que conquistar grandes metas com equipes motivadas e felizes sempre vale muito mais a pena. Patrick, muito obrigado por me despertar para a importância da boa gestão de pessoas e ser um exemplo de profissional genuinamente interessado nelas. Já Cledorvino Belini, quando trabalhamos juntos no grupo FCA, me mostrou que é possível gerar resultados excepcionais durante muito tempo sem complicar as coisas. Foi com você, Belini, que aprendi uma das maiores lições sobre gestão: em negócios, simplicidade é sinônimo de lucratividade. Hoje, poder te chamar de amigo é um verdadeiro privilégio.

Agradeço aos times que liderei enquanto fui executivo. Agradeço pelas longas jornadas, pela dedicação e, sobretudo, por terem confiado na minha liderança.

Agradeço aos colegas e parceiros comerciais. Aprendi com vocês que, quando se trabalha em conjunto, buscando constantemente soluções "ganha-ganha", as vitórias são inevitáveis. E mais gostosas!

Agradeço a todas as pessoas envolvidas na construção deste livro.

Agradeço ao João Cordeiro, um dos maiores palestrantes e especialistas em *accountability* e cultura organizacional do nosso país. João, seu incentivo e apoio foram fundamentais para que eu virasse a chave de executivo para consultor e escritor. Nossas inúmeras conversas foram riquíssimas, sempre com muito conteúdo, e sem perder a leveza e o bom humor.

Agradeço ao grande empresário e amigo André Novis, o meu primeiro cliente como consultor. Tem sido um enorme prazer poder colaborar com as suas empresas, ainda que eu tenha a sensação de que aprendo mais do que contribuo. Depois de quase três décadas como executivo, descobri que a minha grande vocação é a consultoria. Essa descoberta não teria ocorrido se você, André, não tivesse me dado a oportunidade de trabalharmos juntos.

Agradeço a todos os meus demais clientes. Vocês me estimulam a ser um eterno aprendiz.

PREFÁCIO

Depois que li este livro, cheguei a pensar: "Não, ele não foi escrito para qualquer pessoa." Acredito que este livro foi escrito **somente** para aquelas que querem ganhar dinheiro. Como assim? Não é óbvio que todas as pessoas querem ganhar dinheiro? Então não seria um livro para todos? Em tese, sim, mas o que a experiência do autor nos mostra é que, na prática, a realidade é outra. A maioria das pessoas reclama da falta de dinheiro, perde o sono por causa disso, fala que precisa ganhar mais, mas só fala. Não consegue sair da retórica. Poucos são os que realmente conseguem fazer a devida tradução do desejo para a necessidade de ganhar dinheiro, com rotinas produtivas e saudáveis em torno da geração de caixa.

O não priorizar a geração de caixa vale para pessoas físicas, prestadores de serviços, executivos, líderes da alta gestão e grandes empresários. São excelentes prestadores de serviços que, ou atrasam o envio de uma proposta ou tremem nas pernas durante uma negociação. São médicos que delegam a atividade comercial às suas secretárias. São empresários que aceitam relatórios incompletos ou se conformam com informações superficiais dos seus CFOs.

Um dos pontos que mais me surpreendeu neste livro é a quebra do paradigma de que vendas são as ações mais importantes de toda empresa. A maioria dos executivos e empresários, e eu — até então me incluía nesse grupo —, acreditava que para uma empresa ser bem-sucedida, ela precisa aumentar constantemente suas vendas. No entanto, lendo os primeiros capítulos aprendi que aumentar vendas é uma coisa, e ter caixa é outra completamente diferente. É claro que vender é importante, não estou fazendo apologia a que se dê as costas para a atividade comercial. Vender é a essência de todo negócio, mas de nada adianta aumentar o volume de vendas se as despesas crescem em uma proporção maior. Ou seja, o empresário venderá cada vez mais, mas sobrará cada vez menos dinheiro. Em algum momento esse desencaixe volta em forma de uma fatura difícil de pagar. Ter boa coordenação e controle do caixa tornou-se uma habilidade cada vez mais crítica para as empresas, principalmente nos momentos de crise.

Com esta leitura, também pude aprender que a diferença entre um empresário que consegue administrar bem seu caixa e outro que não consegue não está na formação acadêmica e nem nas condições de êxitos que ele ou ela possa ter. A diferença está nas escolhas, nas renúncias e na disciplina que um indivíduo consegue impor a si mesmo. É uma habilidade muito mais mental e centrada na autopercepção do que baseada somente em planilhas ou sistemas.

Tanto os conceitos quanto as ferramentas sugeridas neste livro são simples e ajudarão o leitor a tomar posse do caixa da própria empresa e da própria vida. São simples, porém não são fáceis. Mas, vencida a barreira inicial, você se tornará mais independente, sobretudo em termos de equilíbrio emocional, porque ter independência financeira é o primeiro passo para ter independência emocional.

Mas será que, na prática, esses conceitos realmente trazem resultados consistentes? Será que o autor não os elaborou apenas no campo teórico? Tive o privilégio de apresentar Sérgio Ferreira a alguns clientes e amigos empresários em cujas empresas percebi lacunas de controle e coordenação de caixa no modelo de gestão. Não no primeiro mês, mas geralmente entre o segundo e o terceiro após o trabalho de consultoria do autor iniciar, é muito comum eu receber espontaneamente elogios de agradecimento pela aproximação, quase sempre acompanhados das seguintes frases: "Como eu trabalhava sem ele?", "Não vou largar esse cara tão cedo!" ou "Agora eu tenho a empresa nas minhas mãos!"

No entanto, existe outro motivo para você ler este livro além de se conscientizar em relação a sua rotina dedicada na geração de caixa. Ao longo da leitura, se você estiver com a mente aberta para aprender, compreenderá, por meio das provocações inseridas nesta obra, que é absolutamente possível transformar hábitos financeiros nocivos em rotinas de caixa saudáveis. Algumas dessas provocações são bem declaradas, outras estão intencionalmente nas entrelinhas, escritas por um profissional que não apenas vem promovendo transformações nos outros, mas o faz também nele mesmo. Quem conhece o autor deste livro há algum tempo sabe exatamente ao que eu estou me referindo. Tudo o que você encontrará aqui, em termos de conceitos, estratégias ou recomendações, é original e genuíno. Sérgio vive absolutamente na prática todos os conceitos que ele escreve aqui.

Este livro é um presente para todos nós!

> **João Cordeiro** é autor dos livros *Accountability* e *Desculpability*, consultor em gestão de pessoas e transformação de cultura organizacional e fundador da empresa João Cordeiro Transformando Pessoas e Culturas.

INTRODUÇÃO

Ganhar dinheiro não é fácil. Mas é simples. É uma questão de escolha. As suas escolhas e decisões determinarão o tamanho do seu patrimônio.

Vamos iniciar com um tema fundamental: o que tira o sono de empreendedores, empresários e gestores de empresas de qualquer porte? A falta de caixa. Todos sonham com o crescimento do negócio e com a sua valorização ao longo do tempo. Porém, é a falta de caixa que pode comprometer as possibilidades de crescimento e, infelizmente, levar à falência das empresas e ao encerramento de suas atividades empresariais.

Fomos doutrinados a pensar em vendas, faturamento, crescimento. Uma minoria reconhece a importância muito maior da geração do lucro, e um grupo ainda menor prioriza o caixa como a maior alavanca do crescimento sustentável e perene.

Por outro lado, os gestores que dominam as sutilezas da boa gestão do caixa são indiferentes às crises econômicas e políticas, ambas áreas reconhecidamente fora de seu controle. Ao contrário, usam o caixa acumulado nos momentos de bonança para "sair às compras" de concorrentes endividados, ou investir ainda mais nos seus negócios, distanciando suas empresas da concorrência e aumentando vendas, margens, lucros e caixa.

Ganhar dinheiro não é algo fácil, todos nós sabemos. Mas é simples. Simples? Sim. O grande desafio em tornar desde uma multinacional até mesmo uma modesta banca de melancias de um feirante em um negócio lucrativo é singelo. Basta manter na lembrança a simplicidade da fórmula do sucesso financeiro: gastar menos dinheiro do que se ganha; fazer com que os negócios gerem lucro; manter o caixa da empresa sempre positivo.

À primeira vista, isso é algo claro de ser compreendido. Todavia, no mundo real dos negócios, no emaranhado em que costumamos colocar nossas finanças, frequentemente nos esquecemos de ensinamentos tão evidentes. Por isso, costumamos apostar todas as nossas fichas no aumento das vendas, em dobrar nossa produção e conquistar cada vez mais clientes, sem nos dar conta de que todos esses movimentos cobram investimentos altos. Ou, descuidados, tomamos empréstimos junto às instituições financeiras, sem nos lembrarmos de que, cedo ou tarde, teremos de honrá-los, algo que, muitas vezes, não seremos capazes de fazer.

Ter um negócio lucrativo depende fundamentalmente das escolhas que você faz. Não é necessário ter um MBA em gestão financeira para que sua empresa se transforme em uma máquina geradora de caixa. Pense nos empresários, empreendedores e gestores do seu círculo de amizades que construíram um sólido patrimônio financeiro por meio de seus negócios. Quantos têm um diploma de conclusão de um MBA pendurado na parede do escritório? Não devem ser muitos.

O que eles fizeram foi dominar alguns poucos conhecimentos fundamentais sobre a gestão do caixa, o que é bastante importante, e transformaram essa sabedoria em hábito. Dessa maneira, no dia a dia da gestão dos negócios, passaram a seguir esses princípios com pouco esforço, como quem se habitua a acordar cedo para praticar uma corrida, incorporando o exercício à sua rotina sem sofrimento ou dúvidas.

Por isso, insisto: ganhar dinheiro e construir um caixa vigoroso que torne possível você expandir os negócios de sua empresa é uma questão de escolha. Um dia você acorda com a seguinte decisão: "Vou correr, me exercitar." Com o passar do tempo, sua saúde e disposição aumentarão. Você se sentirá melhor, mais bem-humorado e positivo. Assim, cultivará com carinho a nova rotina que adquiriu. O mesmo acontecerá na sua vida de negócios.

Neste livro, conversaremos de uma maneira simples e acessível sobre bons hábitos de gestão voltados ao alcance de resultados financeiros sólidos. Eles tornarão o seu negócio mais simples, mais lucrativo e com a musculatura necessária para crescer de forma sustentável.

Quero trazer de volta uma lembrança para você, acionista, empreendedor, empresário e gestor, sobre a prática simples, mas sempre eficaz: a de gerenciar empresas com sucesso. É possível que o primeiro passo necessário para reavivar essa memória seja, como um paradoxo, esquecer algumas coisas. A crença de que a saúde financeira de um negócio se apoia exclusivamente no aumento do faturamento é um mito capaz de levar um empreendimento sólido ao desastre. No Capítulo 1, falaremos justamente sobre o foco excessivo que tendemos a dar ao faturamento e o perigo que isso representa para a sustentabilidade financeira dos negócios.

O caixa é soberano. Apenas ele é capaz de assegurar o sucesso empresarial e a continuidade dos negócios, quando apresenta resultados positivos. Só conseguiremos construir uma empresa que seja uma máquina geradora de caixa quando seus gestores fixarem metas claras, exequíveis e compreensíveis para todos os colaboradores. Isso parece algo banal, mas, acredite, nem todas as empresas têm clareza do que querem realizar e alcançar em termos de lucro e caixa. E um número ainda menor delas desdobra e comunica adequadamente essas metas para suas equipes. Portanto, conversaremos sobre metas para o seu negócio no Capítulo 2.

No Capítulo 3, veremos quais são os fundamentos da boa gestão do caixa, como se faz essa gestão no dia a dia e quais armadilhas precisam ser evitadas. Analisarei exemplos de boas e más práticas para ilustrar bem os pontos de atenção ao cuidarmos do caixa.

No Capítulo 4, nossa análise se voltará para a grande relevância que deve ser conferida ao lucro. Trataremos da confusão bastante frequente entre faturamento e lucro, e sua relação com as decisões estratégicas de negócios. Se uma empresa, por exemplo, não vai bem financeiramente, não é o crescimento do faturamento que reduzirá o seu endividamento e equilibrará as suas finanças, como comumente se imagina, mas sim a obtenção e o aumento dos lucros. Em alguns casos, inclusive, uma redução momentânea do faturamento pode ser a solução!

É preciso ficar claro que, ao criticarmos a ênfase enorme que é dada ao faturamento, nunca negaremos a importância do crescimento das vendas. Ele é um dos principais objetivos empresariais. Mas não se pode aumentar as vendas ao nosso bel-prazer, de maneira automática, sem reflexão e planejamento apropriado. No Capítulo 5, revelo uma pouco conhecida fórmula para calcular o quanto uma empresa é capaz de crescer de maneira sustentável. Sim, existe uma fórmula matemática para fazermos esse cálculo!

Após entender o quanto sua empresa pode realmente crescer, mostrarei, no Capítulo 6, como você pode melhorar a gestão de vendas no dia a dia de sua empresa. Ou seja, como a sua equipe deve vender pensando em lucro e caixa.

O lendário treinador de boxe Angelo Dundee ensinava que os socos com o maior potencial de nocaute não eram necessariamente os mais fortes. Eram aqueles que os lutadores não conseguiam "ver chegando". Dundee sabia do que estava falando, pois passaram por suas mãos campeões como Muhammad Ali, Sugar Ray Leonard, George Foreman e até o nosso brasileiro Maguila. Empresários, empreendedores e gestores também costumam ser vítimas desses socos invisíveis, e é exatamente isso que ensina o Capítulo 7. Ou melhor, custos invisíveis. Eles são aqueles riscos de difícil detecção, que passam despercebidos nas demonstrações financeiras, jogando na lona as empresas distraídas. Veja alguns custos invisíveis que abordaremos, apenas para te deixar curioso: *turnover* de colaboradores e clientes, estoques mal dimensionados e mix de produtos inadequado, dentre outros.

O Capítulo 8 tratará de melhoria contínua e eficiência operacional, ou seja, do cultivo de bons hábitos essenciais para a perenidade dos negócios. Analisarei boas práticas para se fazer *benchmarking* externo e interno, o uso da ferramenta PDCA, a gestão baseada em indicadores de performance, e outros assuntos fundamentais para uma boa gestão orientada a resultados.

Não podemos jamais esquecer que as empresas são as pessoas que nela trabalham todos os dias. Assim, a evolução de um empreendimento depende de um esforço conjunto e afinado de todos os seus colaboradores. Sem alinhamento e engajamento, torna-se difícil uma empresa ser uma máquina geradora de caixa durante sua existência. Para isso, contar com bons profissionais em seu time, trabalhando em conjunto, sob uma clara visão de prioridades, e com uma eficiente comunicação interna entre diferentes áreas e equipes são fatores críticos para o sucesso de sua empresa. A boa gestão de pessoas é o tema do Capítulo 9.

Melhorar a qualidade de nossas decisões é algo crucial para a saúde financeira das empresas. Porém, todos nós estamos sujeitos, em menor ou maior grau, a uma forte influência das nossas emoções no momento de decidir. O Capítulo 10 mostrará o que você pode fazer para tomar decisões menos emocionais e mais racionais. Meu objetivo é ajudá-lo a administrar com mais eficácia as suas emoções, bem como cultivar a serenidade e o saudável hábito de olhar para os números ao tomar decisões que impactarão o lucro, o caixa de sua empresa, e, consequentemente, seu patrimônio.

Agir tomado pelas emoções é apenas uma das armadilhas nas quais os empreendedores, empresários e gestores costumam cair. Há outras, conforme revelo e analiso no Capítulo 11. Ali falaremos dos riscos, como: cometer erros na previsão da demanda; os perigos da alavancagem financeira; as falsas promessas de ganhos com fusões e aquisições; e outras armadilhas que se camuflam no dia a dia dos negócios.

Gestores capazes de desviar de perigos empresariais certamente são bem-sucedidos em gerar valor para as organizações às quais servem. Esse é um ponto-chave na vida das empresas, ter o seu valor sempre incrementado. Mas como é feito o *valuation* das organizações? Como saber quanto vale a sua empresa? Há algumas formas de calcular isso, e apresentaremos as principais no Capítulo 12.

Esses mesmos bons gestores também são capazes de, assim como um competente clínico geral verifica o estado de saúde dos seus pacientes por meio de alguns parâmetros, acompanhar regularmente alguns indicadores financeiros fundamentais. Esse olhar atento os permitirá, também, melhorar continuamente esses índices. No Capítulo 13, deixo a minha recomendação sobre quais indicadores seguir e como gerenciá-los.

Em quase três décadas como gestor em grandes empresas, sempre foi minha prioridade contribuir para gerar valor aos seus *stakeholders*. Sentia que recompensava, com o dinheiro que produzia, a confiança que foi em mim depositada. Migrei para o trabalho de consultoria e posso assegurar que, nesta função, esse meu prazer aumentou ainda mais. Sinto-me feliz e realizado por poder ajudar um cliente a incrementar o valor da sua empresa, fortalecer o seu patrimônio e, principalmente, ganhar dinheiro.

Decidi escrever este livro para ampliar ainda mais esse prazer. Espero que com essa obra eu consiga desmistificar o tema finanças, tido por muitos como complexo e hermético. Não é assim. Como digo sempre, gerar caixa de maneira consistente pode até não ser fácil, mas volto a garantir a você, leitor, que é simples! É perfeitamente alcançável.

Ganhar dinheiro está ao seu alcance. É possível chegar lá. Se você está com este livro nas mãos, já deu um primeiro passo importante.

Boa leitura. E vamos ganhar dinheiro juntos!

CAPÍTULO 1

Cuidado: as aparências enganam!

Não faz muito tempo, fui procurado por uma empresa que buscava ajuda para resolver um dilema meio doce, meio amargo. Tratava-se de uma companhia voltada para a produção de acessórios de beleza feminina que, nos últimos cinco anos, vinha crescendo com uma taxa anual de 46%. Um desempenho extraordinário para qualquer negócio, em qualquer parte do mundo! A boa performance do grupo foi percebida pelo mercado, e um dos gigantes varejistas brasileiros entrou em contato. "Os proprietários dessa empresa não se interessariam em ser seus fornecedores?", perguntaram. Eram mais de mil lojas físicas e uma sólida operação de comércio online pelas quais poderiam vender aqueles acessórios em todo o Brasil. Que tal?

Essa era a parte doce do dilema.

Vender seus produtos por intermédio daquela importante organização do mercado varejista era um sonho desejado há muito tempo por aqueles empreendedores. Não só por eles, mas por milhares de outros empresários do país. Mas como deveriam fazer para atender àquele enorme aumento de demanda que teriam pela frente? Eles queriam ouvir o meu conselho.

E aí estava o lado amargo.

Qual deveria ser o primeiro passo para se adequarem a essa nova realidade? Será que eles conseguiriam entregar o volume de produtos exigido para estar nas prateleiras das mais de mil lojas desse potencial cliente? Quanto custaria o crescimento que teriam que sustentar? Saberiam negociar com um parceiro tão grande, poderoso e agressivo?

Ouvi essas e outras dúvidas. Sentei-me com eles, fiz perguntas, escutei o que tinham a dizer e dei a minha opinião: não, eles não deveriam prosseguir. Que deixassem aquela ideia de lado, e acordassem daquele sonho. "Mas por quê?", perguntaram. Porque para vender para aquele cliente, eles teriam que investir um dinheiro que não tinham. Precisariam ter um capital de giro para continuar importando a matéria-prima da China, como eles faziam, e só receberiam do cliente depois de um longuíssimo prazo. Isso sem contar os atrasos que essas empresas dominantes do mercado costumam impor antes de honrar seus compromissos com os fornecedores.

Tentei fazê-los entender que estavam buscando uma meta equivocada. Eles não tinham os meios para subsidiar aquele crescimento. Apresentei dados e todos os meus argumentos. Mesmo assim, insistiram, e solicitaram, inclusive, que eu fizesse um plano para tentar viabilizar a venda para o varejista. Entendi a dificuldade deles em concordar comigo, pois acreditavam que seria um suicídio comercial dizer não para um cliente daquele porte.

Mas, no final, desapontados, concordaram que não havia muito o que pudesse ser feito. Realizadas todas as contas, concluíram que não tinham dinheiro, e era inviável tomar financiamento em bancos. Portanto, aquele enorme e tentador mercado varejista estava fora das suas possibilidades. Talvez alguns entre os sócios, mesmo depois dessa decisão, não tenham se convencido de que o melhor a fazer era desistir do negócio. Quem sabe, se tentassem, poderia dar certo e os ganhos se multiplicariam?

Não disse isso para eles, mas estou certo de que essa tentativa seria algo absolutamente insano. Pouco tempo depois de seguirem meu conselho, os sócios passaram a encarar a gestão do caixa com outros olhos. Inclusive, ficaram aliviados, pois entenderam que aquela possível parceria teria os levado à falência. Dali em diante, passaram a tomar suas decisões de negócios sempre considerando o impacto delas no caixa, o que, com o tempo, acabou aumentando muito a entrada de dinheiro na empresa.

Caixa, valor e risco

Quando sou chamado para dar consultoria a alguma empresa que está passando por algum sofrimento, costumo, já nas primeiras conversas, explicar quais são os três pontos que considero fundamentais para uma gestão de bons resultados. O primeiro deles é o caixa. Qual é a meta de caixa da empresa? Segundo ponto: valorização da empresa, ou seja, qual valor o acionista e o gestor desejam que o empreendimento tenha em três, cinco ou dez anos? E o último ponto diz respeito a como está a gestão dos riscos da empresa.

Essas três são as dimensões fundamentais as quais devemos checar para verificar a saúde das organizações, e nelas intervir para livrá-las de eventuais mazelas. Falarei delas diversas vezes neste livro, embora neste capítulo minha ênfase será na gestão do caixa. Após essa explanação, faço um diagnóstico dessas empresas levando em conta esses três itens. Só então, a partir disso, poderei identificar o responsável por colocar obstáculos na pista de decolagem que essas empresas, como aconteceu com aquela fornecedora de produtos femininos, querem usar para os grandes voos com os quais sonham.

O nome do obstáculo? O caixa. Ou melhor, a quase ausência dele.

Pode parecer surpreendente, mas quando pergunto aos executivos ou empresários de alguma empresa qual é a meta de caixa de sua companhia, em 99,9% das vezes, ninguém tem uma resposta clara. E eles também não têm ideia do quão valorizada desejariam que a empresa fosse, ou em que grau está a gestão de riscos do empreendimento. Normalmente, as pessoas têm uma visão muito clara sobre faturamento. Fazem afirmações como "Eu quero faturar 2 milhões, 20 milhões, 100 milhões, este ano", mas não têm uma visão sobre como desejam executar a gestão do caixa da empresa.

Ter uma meta de caixa seria, por exemplo, planejar ter, até o final do ano, R$1 milhão disponíveis depois de os fornecedores, as despesas fixas e variáveis e os impostos já terem sido pagos, e os pró-labores dos gestores e dividendos dos acionistas terem sido distribuídos. Esse valor que sobra depois de todas as obrigações terem sido honradas tem grande relevância para o negócio, já que existe uma relação direta e fundamental entre a geração de caixa e o valor da empresa. Uma empresa vale não pelo que ela entrega de lucro, e menos ainda pelo seu faturamento. O valor de uma empresa é o que ela gera de caixa, ponto.

Minha filha caçula me perguntou, certa vez, qual era o meu trabalho e o que eu fazia. Expliquei que eu sou uma espécie de médico, um médico de empresas. E é assim que me vejo. Os gestores me chamam e se queixam de alguma dor específica. Eu me sento com eles e faço uma espécie de "anamnese". Pergunto sobre números, metas, práticas empresariais. Mas, curiosamente, da mesma maneira que um paciente procura um especialista se queixando de uma gripe, e o médico descobre que o que há ali é uma alergia aos pelos de um animal de estimação, os empresários e gestores também têm dificuldades em identificar seus problemas reais.

Assim, um diretor pode me dizer: "Estamos enfrentando problemas de vendas." Mas, depois de fazer perguntas e examinar números, fica claro que não há problema com as vendas, mas sim com a rentabilidade das vendas. As consultas quase sempre levam à conclusão de que a dor maior, mesmo quando está oculta aos olhos dos "pacientes", é o caixa.

Não há empresário, acionista, empreendedor ou gestor que discorde da necessidade de geração de caixa, estejam eles à frente de um pequeno negócio ou de uma empresa multinacional. No entanto, uma das grandes causadoras de mortes prematuras entre as organizações é exatamente a dificuldade que elas enfrentam para gerir o próprio caixa.

Falar sobre isso com empresários e gestores não é fácil. Eu mesmo fui executivo por muitos anos e consigo imaginar o quão delicado seria reconhecer pouca familiaridade e habilidade para gerir o dinheiro da empresa. No meu dia a dia como consultor, confirmo ver esse sentimento comum entre os gestores. Quando estou fazendo o diagnóstico de alguma empresa, acontece com frequência de perceber que a pessoa está evitando tratar do assunto dinheiro. O cliente começa a falar bastante em estratégia, para explicar com detalhes o porquê de ter tomado certas decisões.

O "cara das finanças"

Entendo o esforço para evitar o tema, afinal, não é simples para um gestor dizer abertamente: "Eu não sei fazer, ou eu não faço, a gestão do caixa." Não sabe? Como, então, está há tanto tempo administrando a sua empresa? Alguém sempre poderá fazer essa pergunta. E esse desconforto também surge claramente quando, ao agendar a primeira reunião com o cliente, este sugere que o seu financeiro participe do encontro para prestar esclarecimentos sobre o caixa da empresa. Uma postura que mostra a falta de intimidade do gestor com o tema.

Há, ainda, visões fantasiosas sobre o funcionamento dos negócios. As pessoas são capazes de desenhar mentalmente mercados incríveis para acreditar que, se o empreendimento for bom, ele se pagará como em um passe de mágica. Isso não existe. O negócio precisa ser bom, claro, mas é imprescindível haver uma boa gestão, sobretudo financeira. Não há ideia brilhante que vá para a frente sem uma boa gestão do caixa.

Estudos mostram que a má gestão financeira é a principal responsável pela alta mortalidade das empresas. No Brasil, a taxa de fatalidade chega a 60% para os negócios[1] nos seus primeiros 5 anos de funcionamento. Não é um privilégio nacional. Nos Estados Unidos, 50% das empresas fecham as suas portas também até os 5 anos de vida.[2] É um número alto, altíssimo. As duas economias têm grandes diferenças. A norte-americana é mais sofisticada, oferece amplo acesso a um crédito mais barato do que o nosso. Mas tanto lá quanto aqui, a *causa mortis* é a mesma: a deficiente gestão de caixa.

Por esse motivo, a boa gestão do caixa é um diferencial competitivo. Todo empresário quer crescer, conquistar mercados. Isso é algo óbvio. Porém, a pergunta que se devem fazer talvez seja: "Eu consigo crescer? Tenho os meios necessários para crescer?" E como "meios", não devemos considerar apenas recursos financeiros. Quem está no mundo dos negócios certamente já ouviu falar de Warren Buffett, apontado pela revista *Forbes*, em 2019, como a quarta pessoa mais rica do mundo, com uma fortuna de US$82,5 bilhões.[3]

Buffett, considerado um guru para todos os investidores, ganha dinheiro tanto no momento que o mercado está em baixa como quando está em alta. Sua estratégia é simples: no período em que todos estão eufóricos com os bons números da economia, Buffett vende caro os seus ativos. Quando a maré muda e o desespero atinge o mercado, ele compra, barato, os negócios daqueles que estão aflitos. Bons executivos e empresários de todo o mundo fazem a mesma coisa.

Economistas vêm alertando sobre a existência dessas crises cíclicas na economia capitalista há mais de 200 anos.[4] Mesmo

---

1 Disponível em: <https://valor.globo.com/brasil/noticia/2017/10/04/maioria-das--empresas-fecha-as-portas-apos-cinco-anos-diz-ibge.ghtml>..

2 Disponível em: <https://www.usatoday.com/story/money/business/small-business-central/2017/05/21/what-percentage-of-businesses-fail-in-their-first-year/101260716/>.

3 Disponível em: <https://www.forbes.com/billionaires/#1e9f0e8251c7>.

4 Disponível em: <https://www.marxists.org/archive/kuruma/crisis-intro.htm>.

assim, muitos empresários e executivos têm dificuldade em identificar até mesmo quando o setor em que atuam, ou a economia como um todo, está surfando ondas de crescimento. Quando, finalmente, esses bons momentos surgem, não lhes ocorre que, mais cedo ou mais tarde, a direção do vento mudará e tempos difíceis surgirão novamente à frente, em um ciclo que se repete de maneira constante.

Sessenta anos de crescimento

Se examinarmos a evolução do Produto Interno Bruto brasileiro, perceberemos que a cada 4 anos, a economia cai. Depois sobe novamente, e cai mais uma vez, e sobe, sendo assim sucessivamente nessa alternância. Mas no longo e longuíssimo prazo, a curva é ascendente. Nos últimos 60 anos, segundo o IBGE, o Brasil cresceu em uma média anual de 4%.[5] Isso é algo extraordinário! Principalmente, diriam alguns, se levarmos em conta a qualidade dos nossos gestores políticos. Nos Estados Unidos, na Europa e na Ásia, a evolução da economia também se dá assim, como se fosse uma escada com seus degraus ou uma montanha-russa com subidas e descidas. No entanto, a direção geral está sempre apontando para o alto.

Assim, quando as empresas estão indo bem, e seus produtos ou serviços estão vendendo bastante, os dirigentes têm a tendência de inflar as estruturas, contratar gente demais, pagar demais, investir pesado em marketing. E para a surpresa deles, vem a crise! Nessa hora, as empresas que não têm uma boa gestão de caixa começam a arrancar os próprios cabelos. Passam a demitir — o que é caríssimo no Brasil —, cortam toda verba de marketing e vendem até mesmo seus ativos para saldar dívidas entre outras obrigações. Nesses momentos, surgem empresários e investidores

. . . .

5   Disponível em: <https://www.ibge.gov.br/>.

capitalizados como Warren Buffett, comprando a empresa por um valor muito abaixo do que valeria, caso fosse bem administrada.

No entanto, tal mudança de cenário é vivida de uma maneira bem diferente por organizações que conseguem executar uma boa gestão de caixa, pois estas têm dirigentes que conhecem o comportamento cíclico de altos e baixos apresentado pela economia. Caso acredite que os próximos 100 anos serão parecidos com os últimos 100 anos, o que um bom líder fará nos momentos de bonança? Ele economizará caixa. Distribuirá apenas uma parte dos lucros aos acionistas,[6] não pagará salários e bônus exorbitantes, não fará grandes retiradas.

Ele sabe que daqui a algum tempo — talvez em dois, três, quatro, cinco anos —, haverá uma recessão, e a demanda pelo que ele produz e vende cairá. Quando esse momento chegar, ele estará bem preparado. O seu nível de endividamento estará em um patamar saudável, e ele não dependerá do caríssimo capital dos bancos. Terá até mesmo recursos suficientes para manter a sua folha salarial, sem precisar abrir mão de talentos importantes para a empresa.

Comprar concorrentes e aumentar a participação de mercado

Melhor ainda, esse empresário experimentará uma situação bastante confortável diante dos demais *players* do mercado. Não há melhor momento para você negociar com os fornecedores do que em momentos de crise. Eles não conseguirão vender seus produtos para ninguém. Os poucos clientes talvez não consigam honrar com suas obrigações. A inadimplência estará alta. E aí surge você, com o seu caixa abastecido de dinheiro vivo. Você pode pagar à vista, e como dinheiro é uma mercadoria que poucas companhias

· ·

6   Vejam que interessante: não é surpreendente notar que um dos homens mais ricos do mundo — Warren Buffett — tem como política não distribuir os dividendos da sua empresa.

têm nessas épocas difíceis, conseguirá um bom desconto pelo que deseja comprar. Ou, se for ainda melhor negócio, você estará em condições de adquirir empresas em dificuldades, inclusive seus concorrentes. Foi assim que o megainvestidor Warren Buffett ganhou aqueles US$82,5 bilhões.

Mas a recompensa que o mercado oferece não são só as boas compras para um empresário que fez seu dever de casa no período de vacas gordas do mercado. Ele pode aproveitar que está com custos mais competitivos do que os de seus concorrentes — afinal, não tem que desviar recursos para saldar dívidas — e baixar o preço de seu produto, conquistando fatias do mercado que, até então, estavam nas mãos dos demais competidores. Enquanto os concorrentes estarão perdendo dinheiro com a crise, você estará aumentando o seu lucro para tornar seu caixa ainda mais robusto.

Parece óbvio o que direi, mas o empresário deve estar sempre pensando nos seus concorrentes diretos. É com eles que se dá a disputa pelo mercado. Portanto, o foco das atenções deve estar no seu segmento de atuação. Esse alerta faz sentido porque é comum vermos executivos, empresários e investidores tomarem decisões importantes de negócios examinando o comportamento da economia de um modo geral. Contudo, isso não é correto.

Alguém que produz suco de uva integral não compete com fabricantes de carros, então por que o executivo e o empresário da empresa de sucos se alarmariam e decidiriam reduzir seus investimentos ao saber que o mercado de carros caiu 10% nos últimos 6 meses? Isso é irrelevante para o negócio. No entanto, muitos têm esse comportamento de manada: pisam no freio diante dos indicadores econômicos gerais de alguns setores com grande participação na economia que pouco têm a ver com o seu mercado. Com isso, perdem oportunidades ao fazerem cortes que, para eles, são desnecessários.

Formar um caixa sólido é, portanto, um movimento estratégico que poderá proporcionar aos gestores de uma empresa uma independência estável quase completa diante do cenário econômico.

Estarão livres das dívidas, principalmente com os bancos, e com dinheiro na mão, justamente no momento em que os concorrentes estão reduzindo seus negócios ou com dificuldade de manter seus preços competitivos.

Por outro lado, quando vivemos um período de bonança e todos estão ganhando dinheiro, quero enfatizar a importância de empresários e executivos manterem a disciplina financeira, reservando parte significativa do caixa para ser usada nas boas oportunidades que a próxima crise certamente trará. Os momentos de desaceleração, recessão e depressão econômica trazem as melhores oportunidades de negócios.

É preciso reconhecer que manter tal disciplina não é algo simples de ser feito. Há pressões e tentações propondo o contrário: gastar com o desenvolvimento de novos produtos além do necessário, aumentar as vendas sem uma devida avaliação quanto a sua viabilidade, expandir a capacidade produtiva. Mas os que conseguem praticá-la tendem a ser generosamente recompensados. A lógica de tudo isso é planejar o caixa, reconhecendo que no caminho à frente haverá altos e baixos. Não é preciso gastar energia adivinhando se a economia crescerá ou cairá, desde que sua organização crie mecanismos para sempre dispor de caixa para que os seus gestores não só conheçam bem a dinâmica dos ciclos econômicos, mas tomem suas decisões de negócios levando em conta o impacto delas no caixa. A economia está mal? Você estará tranquilo com a própria empresa e sairá às compras em uma posição de força, pois seus concorrentes estarão encolhidos, sem investir coisa alguma.

A gestão do caixa de uma empresa é a alavanca mais importante para a geração de valor para uma organização. Nunca me cansarei de repetir isso. Mesmo sendo estrategicamente tão relevante, essa verdade costuma escapar do campo de visão dos gestores, como aconteceu com os empreendedores daquela empresa de produtos femininos que sonhavam em colocar sua marca em um grande varejista. A falta de um caixa bem estruturado é o que causa mais dor nas organizações, por ser algo difícil de ser visualizado pelos seus líderes.

Um problema não detectado

Tenho mais um exemplo desse desconhecimento junto dos efeitos colaterais que ele produz. Um grande cliente meu do mercado do agronegócio me chamou até seu escritório em Ribeirão Preto. Queria falar sobre a expansão de seu negócio na área de revenda de tratores. Esse cliente, sendo o principal acionista da empresa, pensou que, pela minha experiência na área agrícola, eu poderia ajudá-lo fornecendo contatos com montadoras e outras empresas da área.

Começamos a reunião, e em mais ou menos uma hora e meia atendi ao que ele desejava, fornecendo-lhe várias indicações. Mas havia algo a mais para ser tratado, e hoje, dois anos depois, ainda estamos trabalhando juntos. Esse trabalho, que ultrapassou aqueles 90 minutos, aos poucos ganhou o foco em gerar mais caixa, inclusive para expandir seus negócios. A questão da dificuldade de caixa não surgiu imediatamente na nossa conversa. Esse problema não havia, inclusive, passado pela cabeça do cliente. Ao contrário, ele considerava que não havia qualquer dificuldade nessa área. Afinal, seu endividamento era zero, e ele é dono de um patrimônio gigantesco. O que poderia estar errado?

O que eu vi, e considerei não estar correto, era o fato de que ele vinha de um ano de prejuízo enorme, embora esse empresário garantisse que isso não o preocupava. Como assim? É que ele fora convencido por sua equipe de que fazia parte do negócio perder hoje para ganhar lá na frente. Não me conformei. Essa é uma das falácias que eu combato com veemência. Não acredito que alguém tenha de perder dinheiro hoje para apostar em um futuro incerto amanhã. Não é verdade! É preciso empenhar esforços para ganhar dinheiro sempre, em todos os anos, desde o início de qualquer empreendimento.

Se me lembro bem da conversa, ele se surpreendeu com a minha surpresa: "Mas você não acha isso normal? Ter um prejuízo em um ano para ganhar no próximo?", perguntou. "Não senhor, acho isso absolutamente anormal!", respondi. "Os seus pares, que comercializam as mesmas marcas de tratores que você vende, também perderam dinheiro neste ano?" A resposta: "Não, não perderam."

Ôpa! Por que só aquela empresa havia perdido dinheiro? Meu trabalho se tornou, então, entender o que havia acontecido. E este é meu caminho: monto uma *checklist* para verificar se a despesa fixa está em um patamar excessivamente alto; questiono se a margem poderia ser maior ou se as vendas estão abaixo daquelas dos concorrentes.

O que acontecia era que esse cliente estava a 30 mil pés de altitude, ou seja, muito distante do dia a dia das operações. Seus gestores, que acompanhavam os negócios mais de perto, não ficaram muito animados quando passei a comparar o desempenho do negócio com o dos concorrentes. Tinham medo de serem cobrados pela má performance e tentavam evitar isso escondendo um pouco o jogo.

No entanto, o trabalho do consultor é exatamente o de colocar as cartas abertas em cima da mesa. Mesmo se todos os demais concorrentes no mercado revendedor de tratores estivessem perdendo, enfrentando em conjunto um mercado ruim, ainda assim teríamos de ser exceção a essa regra e buscar uma maneira de ganhar. Mas e quando todos estão ganhando e somos os únicos a estar no vermelho? Meu cliente, que é alguém empreendedor e inteligente, entendeu o que eu dizia e decidiu que, a partir daquele momento, não consideraria mais algo natural sofrer um ano de prejuízo para ganhar mais à frente.

É importante deixar isso mais uma vez registrado: essa história de que é preciso perder dinheiro para recuperar depois é algo com o qual eu não concordo. É um dos mitos da gestão de negócios. Principalmente se quando você está parado no seu cantinho perdendo dinheiro, seus concorrentes estão fazendo a festa, comendo a sua participação de mercado.

Faturamento não é sinônimo de vitalidade

Há outra crença perigosa que também está arraigada no universo dos negócios que diz respeito ao faturamento. Falo do mito de que o indicador da força de um negócio é o seu faturamento. Salvo alguns setores bem específicos em que o volume de vendas permite uma rentabilidade maior para a grande parte dos negócios. Essa escala se tornou algo muito menos relevante do que acontecia há algumas décadas, e isso se deu em virtude dos avanços tecnológicos.

Anteriormente, sua produção necessariamente precisaria ter um volume significativo para que você fosse considerado, por exemplo, um fornecedor qualificado para uma indústria. Da mesma maneira, uma grande empresa só concordaria em tê-lo como distribuidor se você dominasse uma grande fatia do mercado. Atualmente, por intermédio da internet, você consegue, por exemplo, ter acesso aos melhores fornecedores dos produtos de que você necessita.

Vamos imaginar uma loja localizada em uma cidade de porte médio no interior do Maranhão. O lojista quer adquirir dois ternos da Calvin Klein, ou outra boa marca qualquer. Por conhecer bem o comportamento de compra de seu público-alvo, ele sabe que é pouco provável que vá vender mais do que isso. No passado, dificilmente alguma dessas marcas renomadas venderia apenas dois ternos para uma loja no interior de um estado. Agora basta um clique no site do fabricante para que o pedido do varejista seja atendido. Isso porque a comunicação se tornou muito mais rápida, pois o comprador se cadastra com facilidade no site, e a logística para executar a entrega está mais barata e eficiente, pois os gastos de *backoffice* também diminuíram. Outros tempos, outros costumes.

Seis é melhor que dez

Com a relativa perda de importância da escala, os processos — especialmente a gerência do caixa — permitem que os faturamentos menores possibilitem margens melhores. Uma cliente minha faturava R$10 milhões, só que estava quase quebrada. Hoje, após uma completa reestruturação da gestão do caixa, ela está feliz da vida com o caixa robusto e saudável que um faturamento de R$6 milhões lhe proporciona. Mas como ela ainda sofre da síndrome do faturamento, não sabe o que fazer com o dinheiro e com o caixa que sua empresa tem gerado. Ela me diz: "Precisamos investir para faturar R$10 milhões." Eu digo: "Não, seis é melhor do que dez!"

Isso também me faz relembrar a empresa de produtos femininos que melhorou seus resultados, mesmo desistindo de aderir a um dos maiores varejistas do país. Os seus sócios passaram a dominar de maneira profissional a gestão de caixa, melhoraram suas margens mesmo abrindo mão de escalar a sua produção e conquistaram um volume de caixa invejável.

Entender em quais pontos de seus processos estão presentes os nós que travam a boa performance de sua empresa é algo comparável a uma terapia voltada ao autoconhecimento. Sentados à frente de um psicólogo, ou deitados no divã de um psicanalista, compartilhamos nossas emoções e pensamentos para podermos sair dali com algumas ideias sobre quais atitudes é preciso desenvolver para levar a vida com mais segurança e menos conflitos.

É frequente no mundo dos negócios os empresários e executivos que não tenham plena clareza dos objetivos e nem para onde querem levar suas empresas. Logo, no próximo capítulo trataremos desse assunto para discorrermos sobre como devem ser definidas as metas e os resultados a serem atingidos.

CAPÍTULO 2

Quais resultados você quer alcançar?

Uma grave doença aflige muitas multinacionais estrangeiras e até algumas brasileiras. Ela se chama *budget,* ou melhor, orçamento. A palavra "doença" talvez soe um pouco forte para quem não tem familiaridade com a gestão de negócios, mas explicarei a seguir como se desenvolve essa frequente contaminação infecciosa que se espalha por todo o processo de orçamento, afetando as metas pretendidas pelas organizações e deixando sequelas nos resultados alcançados pelas empresas.

Como se dá esse mal? Pela ação de forças antagônicas dentro de um organismo, no caso, uma organização. Vamos imaginar tal processo ocorrendo em uma multinacional. De um lado, por exemplo, temos a matriz europeia ou norte-americana que comunica para a direção da sua filial aqui no Brasil, e qualquer outro país. O Board Global diz: "A minha meta para este ano é atingirmos R$100 milhões de lucro líquido." Os executivos locais ouvem a determinação da sede, voltam para suas mesas e, no dia seguinte começam a desenvolver argumentos racionais que "demonstram" que o máximo de lucro líquido que eles poderão entregar é de R$60 milhões.

Por que a alta gestão age dessa forma? Porque entre cada dez empresas, quase todas proporcionam uma remuneração variável para os seus principais executivos, que está ligada diretamente à meta. Se eles cumprem o que foi determinado, recebem um bônus, quase sempre generoso. Se ficarem abaixo do objetivo fixado, correm o risco de não ganhar nem sequer um centavo.

É com isso em mente, portanto, que esses executivos escutam os pedidos de entrega de resultados. Se a matriz determina "Olhem bem, eu quero R$100 milhões", eles podem acreditar do fundo do coração que poderiam entregar até R$120 milhões de lucro líquido, mas jamais concordarão em assumir formalmente essa meta. Tentarão derrubá-la para R$60 milhões, pois assim superarão os objetivos, receberão seus bônus e ganharão prestígio e outros benefícios pessoais.

É inacreditável o dispêndio de tempo e energia que se emprega nesse jogo do orçamento. A turma lá de cima nega qualquer evidência dizendo: "Não quero saber de crise política ou econômica. Eu quero R$100 milhões!" E a turma de baixo, o presidente e principais diretores das filiais nos países ou das operações locais, empregando toda a sua energia na tentativa de formular argumentos que joguem para baixo as metas da matriz.

Esse conflito é histórico e está presente na maioria das multinacionais. Acontece menos nas empresas brasileiras, que não costumam, com a mesma frequência, vincular o cumprimento dos objetivos com a remuneração dos seus dirigentes. Ou seja, por aqui, o tema da remuneração variável é menos relevante. As empresas nacionais têm um pouco menos essa cultura de remuneração mais agressiva para os principais executivos. Nas empresas brasileiras, a voz do dono é a lei. É ele quem determina as metas e normalmente fixa um objetivo de faturamento. E não há muito espaço para argumentos contrários.

Mas de volta àqueles executivos minimizadores de metas, muitas vezes, estes conseguem convencer suas matrizes a aceitar uma meta mais modesta do que a original. Fazem isso por duas ou três vezes. No quarto ano, a matriz troca o CEO e a diretoria e procura outros profissionais no mercado esperando que, desta vez, eles estejam mais alinhados com os objetivos gerais da matriz.

Aqueles CEOs e diretores que são um pouco mais espertos trocam de empresa antes de serem demitidos e, lamentavelmente, ainda conseguem posar para o mercado como batedores de metas, pois passam a ser especialistas em cumprir metas medíocres. É algo sério, eles não têm o menor interesse em maximizar o valor das empresas, mas estão focados em seus próprios objetivos.

É uma faceta triste do ser humano, que sempre enxergará as coisas com aquela visão míope do que é melhor para si mesmo: "Quem paga a faculdade de meus três filhos sou eu", "Sei que a empresa pode me mandar embora a qualquer momento, então vou cuidar do meu bônus", "Não quero mal à empresa, mas quero cuidar do meu benefício antes. Se ele coincidir com o que a empresa quer atingir, tudo bem". Esses são pensamentos típicos entre boa parte dos executivos.

Iniciei este capítulo com essas considerações sobre a performance de alguns CEOs e diretores diante dos objetivos fixados pelas lideranças globais para ressaltar a relevância da aderência de todos os membros de uma empresa, mesmo de seus *stakeholders*, e aos alvos traçados para ela. Sem uma participação integral e o engajamento daqueles que fazem parte de seus quadros, não há possibilidade de sucesso.

Ter e cumprir metas empresariais claras é, surpreendentemente, algo raro entre as organizações. E tão nocivo quanto uma companhia não ter meta alguma definida é ter metas incorretas. Eu acrescentaria que ter em suas fileiras executivos como aqueles que, conforme me referi nos parágrafos anteriores, sabotam as metas pretendidas pela organização é também uma força negativa que causa danos para toda a economia de um país.

Relação complicada com o dinheiro

Suspeito que essa prática de questionar para baixo a meta financeira faz parte de uma síndrome maior que constatei em minha trajetória de consultor. Ela está presente por toda parte, e particularmente entre nós brasileiros. Tal síndrome se mostra na relação complicadíssima que temos com o dinheiro, tanto no plano profissional quanto no pessoal.

Isso surge no temor dos empresários nacionais de que, falando francamente, seus funcionários conheçam a real situação financeira da empresa. Se os negócios vão bem, esses donos têm medo de ser assassinados, sequestrados, ou, em grau menor, que seus funcionários reivindiquem salários maiores. Quando os negócios estão mal, eles também se encolhem por medo de serem vistos como um fracasso enquanto empresários. Ou seja, não produzem empatia e nem engajam seus funcionários, mantendo uma distância que certamente tem reflexos na performance do negócio.

Já no nível individual, também há questões impeditivas entre nós. Provavelmente entre pouquíssimos, quase zero, de meus leitores haja traços de um plano que estabeleça qual patrimônio desejam atingir quando chegarem aos 60 ou 70 anos. Ou mesmo fixar um objetivo mais simples sobre quanto querem ter na conta bancária no final deste ano. Esse fenômeno também está presente nas organizações de todos os tamanhos. As empresas têm metas de lançamento de produtos e do quanto pretendem faturar, mas se perguntarmos para os seus empresários e gestores "Afinal, com que objetivos vocês trabalham? Querem alcançar o quê?, eles certamente responderão: "Ter dinheiro no banco no final do ano." Mas quando queremos saber qual é essa meta e o quanto de dinheiro se quer ter na conta bancária, não há objetivo algum definido.

Considero isso como uma contradição. Nas minhas consultorias, empresários e gestores me contam, ou fica evidente, que o problema de suas companhias é o caixa. Porém, não espere ter uma resposta quando você pergunta: "Ok, entendi os problemas pelos quais você está passando, então qual é a sua meta de caixa?" Eles não têm essa meta. Mas, se fixassem um objetivo, qualquer um, já se colocariam em uma posição mais favorável para terem uma mudança positiva.

Para entendermos o impacto que a fixação de meta pode ter sobre o nosso desempenho, devemos imaginar um exemplo. Alguém aficionado por corridas pode decidir disputar a São Silvestre — aquela corrida desafiadora de 15 quilômetros disputada todo 31 de dezembro pelas ruas da cidade de São Paulo — e, mesmo se estiver gordinho e fora de forma, pode fixar uma meta de tempo para concluir a corrida. Só pelo fato de termos um objetivo traçado, mesmo que não consigamos alcançá-lo, o nosso desempenho será muito melhor do que se entrássemos na competição sem ter qualquer plano de ação.

Metas financeiras, as mais importantes

Algo similar acontece com as organizações. Repetirei: as empresas estabelecem metas. Não seria verdadeiro dizer que elas não têm objetivo algum, mas poucas delas têm as metas que eu julgo serem as mais adequadas, as mais relevantes. Existe uma hierarquia de metas. As mais importantes são as financeiras, quanto a isso não devemos ter nenhuma dúvida.

Vamos imaginar que você é o proprietário de uma empresa que vende leite integral. A produção de alimentos é algo fortemente fiscalizado pelas autoridades sanitárias. Se você vende leite, tem uma meta determinada de qualidade, pois não há como estar nesse negócio sem garantir a qualidade do leite.

Mas, por outro lado, a sua empresa existe para ganhar dinheiro. Se você quiser ampliar o negócio, por exemplo, vender manteiga, iogurtes, ou simplesmente vender ainda mais leite integral, precisará de dinheiro para chegar a esse novo patamar. Se você não tiver metas financeiras claras, não importa o quanto você queira investir na qualidade do seu leite, não conseguirá nem mesmo os recursos para produzi-lo, colocá-lo nos pontos de venda e pagar os funcionários.

Isso demonstra a importância da hierarquia das metas. Elas passam por aquela tríade à qual já me referi: geração de caixa, maximização do valor da empresa e minimização de riscos. O que vejo com frequência nas organizações é que essas metas, e igualmente outras mais subalternas, costumam ser assumidas pelos empresários e gestores de uma maneira desalinhada, ou seja, não hierarquizada.

Quando realizo uma assessoria, o dono de uma empresa pode admitir que o problema mais doloroso é o seu caixa. Se eu aprofundar a conversa e pedir para que ele me diga qual é a meta da equipe de vendas, por exemplo, ele certamente responder algo como: "Que vendam cada vez mais!" Dificilmente ele me dirá que sua visão do que deve fazer a equipe de vendas tenha alguma relação com a gestão do caixa. Não há a percepção de que é responsabilidade também da equipe de vendas cuidar do caixa.

Em geral, as metas de venda têm enunciados como o seguinte: "No ano passado, vendemos R$100 milhões. Neste ano, queremos vender R$120 milhões." Ou seja, 20% a mais. Parece uma boa ideia, mas não é. Normalmente, as metas de vendas vão no máximo propor um aumento de faturamento, quando não se fixam em alvos incertos como crescimento de unidades — "Vendemos 60 mil pares de sapato neste ano. No ano que vem, queremos vender 80 mil pares." Se não forem calculados outros fatores nessa conta, como margens, custos de produção e participação de mercado, tal aumento poderá não ser positivo para os seus negócios.

Números absolutos não medem com exatidão o progresso de um empreendimento. Por exemplo, se a sua empresa aumentou o faturamento de R$100 milhões para R$120 milhões, isso significa um crescimento de 20%, o que parece ótimo. No entanto, se considerarmos o mercado como um todo, como nosso exemplo de calçados, cujas vendas aumentou em 30% nesse mesmo período, isso significa que a sua participação nas vendas de sapatos ficou R$10 milhões abaixo do que você deveria ter faturado nesse novo cenário. Ou seja, você perdeu mercado, um ou mais concorrentes tomaram uma parte da sua clientela. E isso é péssimo.

Contudo, esse salto de 20% no faturamento pode ser um excelente sinal se, por acaso, o mercado, no lugar de ter crescido 30%, houver experimentado um incremento de apenas 5% em relação ao ano anterior. Nesse caso, quem roubou clientes alheios foi a sua empresa, com o seu crescimento de 20%. Assim, a sua equipe de vendas estará de parabéns.

Esquecendo o capital de giro

Nem tudo é motivo de comemoração caso essa organização tenha cometido um engano comum entre as empresas, que é o de crescer sem ter o devido lastro em caixa, se esquecendo do famoso capital de giro. As coisas poderão se tornar complicadas quando o proprietário da empresa, apesar de seus problemas de caixa, estabelecer a meta para a equipe crescer aqueles 20% nas vendas, como no nosso exemplo. Ora, para vender mais 20%, ele precisará investir um dinheiro de que não dispõe e tampouco teria condições de levantar junto a bancos.

Sem os recursos necessários para esse salto, o dono muitas vezes dá de ombros e afirma ter um plano de ação que lhe possibilitará crescer sem aumentar as despesas. Eu pergunto: "Como você fará isso? Se você é capaz de executar isso, por que nunca o fez antes?" O que ocorre é que metas e planos de ação são como irmãos siameses: não há como ter uma meta que não seja alcançada de uma maneira técnica ou que possa prescindir de um plano que suporte esse objetivo. E crescer sem aumentar as despesas, ainda que possível, não é nem fácil e nem natural. É preciso grande conhecimento do negócio, execução disciplinada, excelência na gestão e conceitos como aumento de produtividade e melhoria contínua.

É um pouco técnico o que falarei a seguir, mas vamos examinar a seguinte descrição de um caso que é comum no mercado. Pense em uma empresa na qual o proprietário tem um estoque no valor de R$10 milhões suficiente para 30 dias de venda. Ele comercializa cerca de R$120 milhões por ano, uma média de R$10 milhões por mês. Se, para cumprir a meta que ele estabeleceu, sua companhia passa a vender R$20 milhões por mês, naturalmente também terá de dobrar o valor do seu estoque. Para manter o estoque nesse nível, o dobro do anterior, ele terá de ter uma eficiência duas vezes maior, algo que até então nunca foi capaz de praticar.

Ao longo da sua trajetória nesse negócio, esse proprietário precisou de 30 dias para produzir aqueles R$10 milhões de venda. Agora, dobrando a sua meta, terá de fazer o mesmo em apenas 15 dias. Não é razoável imaginar que a empresa possa fazer tal mudança por decreto, ou seja, que o simples desejo de dobrar o faturamento de seu dono mude a realidade magicamente.

Crescimento, um inimigo do caixa

Por desinformação, muitos empresários e gestores parecem viver no mundo da fantasia quando fixam os objetivos de expansão de suas companhias. Em geral, eles não sabem que o crescimento costuma ser um inimigo do caixa, principalmente quando a meta que se persegue foi determinada por um processo incompleto de reflexão e análise. Vamos aprofundar um pouco mais sobre isso.

Uma empresa fatura R$10 milhões e quer passar a faturar R$20 milhões de reais. Quem não quer faturar R$20 milhões? Todos querem. Para chegar nesse patamar, o proprietário e seus gestores fazem tipicamente a seguinte conta: "Nosso lucro líquido é de 10% do que faturamos. Nós faturamos R$10 milhões por mês, portanto, ganhamos R$1 milhão por mês como lucro. Se dobrarmos o faturamento para R$20 milhões, ganharemos R$2 milhões por mês e..." Ponto, a reflexão não passa dessa parte, e eles passam a fazer mudanças na empresa para "ganhar R$2 milhões por mês".

Mas será que esse empresário pode dobrar o seu faturamento? Provavelmente a resposta é: "Não, não pode." "Ok", eu digo a ele. "Você quer passar a faturar R$20 milhões? Ótimo, você terá um lucro de R$1 milhão a mais por mês, mas no momento zero, você terá de investir R$10 milhões apenas no aumento do seu estoque. Isso sem contar o investimento em contas a receber de clientes e outros necessários para o aumento da produção, como aquisição de novos equipamentos, contratação e treinamento de funcionários. Você tem esse dinheiro?" Não, ele não tem esse dinheiro. E se mesmo assim insistir em dobrar o negócio, tomará um financiamento no banco, pagará juros altos e se endividará. E como costuma acontecer em situações assim, tudo se torna emocional. E ele insiste em dizer: "Mas se eu vou vender mais, não é possível que não vá dar certo. Eu vou dar um jeito, vou me endividar. Alguma coisa vai acontecer." Parece um exagero meu? Pois não é. E as coisas assim acontecem, porque já vi esse comportamento várias vezes.

É preciso deixar a ilusão de lado, não há solução mágica. Não adianta apertar a força de vendas, não adianta pressionar o pessoal do financeiro, onde, em geral, também não há muito espaço para cortar despesas. A questão é a incontornável necessidade de capital de giro. Quanto mais você vende, mais você tem de ter em estoque. Junto com o aumento das vendas também virá o crescimento dos prazos de pagamento a serem dados aos clientes. Caso isso aconteça, você ficará mais tempo sem receber dinheiro. Isso tudo somado fará com que você tenha menos caixa. Além disso, provavelmente precisará ampliar a equipe e outras despesas operacionais para viabilizar esse aumento nas vendas.

Portanto, é equivocado fixar a sua meta no volume de vendas. Mais um exemplo talvez deixe isso ainda mais claro. Quando imaginamos uma empresa que fatura R$100 milhões vendendo um número x de unidades com uma margem bruta de 50%, podemos concordar, a partir de um raciocínio matemático, que teremos o mesmo lucro bruto se vendermos o dobro de mercadoria com uma margem bruta de 25%, não é mesmo?

Se eu vendo uma calça jeans por R$100, o meu custo unitário de produção é de R$50. Então o meu lucro bruto será de R$50 por unidade, mais a margem bruta, que é sempre expressa pelo percentual de 50%. Ou seja, se eu vender 100 calças, meu faturamento atingirá R$10 mil. Dessa forma, meu custo será de R$5 mil pelo lote, e o lucro bruto também será de R$5 mil, pois a margem bruta é de 50%.

Vendendo o dobro de jeans, 200 calças, com uma margem de 25%, eu terei o seguinte cenário: um faturamento de R$20 mil e um lucro bruto dos mesmos R$5 mil. Por que a margem aqui neste exemplo hipotético não é de 50%, como na operação em que eram vendidas 100 calças jeans, mas sim de 25%? Porque a complexidade é muito maior quando você vende o dobro de mercadorias. Isso porque há vários investimentos a fazer, como adquirir mais matéria-prima, aumentar o estoque, incrementar a logística de entrega, contratar mais gente, talvez ampliar a fábrica. Insumos como eletricidade e água serão mais consumidos. Todo esse aumento de custos diminui a sua margem.

Decisão equivocada

Todos esses gastos a mais, como o estoque, terão de ser financiados de alguma forma, seja por capital próprio ou por endividamento. Por esse motivo, ter como meta crescer apostando no faturamento quase sempre é uma decisão equivocada. Esse é o problema número um que os empresários costumam enfrentar, o de acreditar que aumentar o faturamento é uma meta capaz de assegurar ganhos para a organização.

O segundo problema é incentivar o diretor de vendas a dobrar a comercialização dos produtos ou serviços prestados pela empresa. De novo, é repetir aquela aposta de que é melhor ganhar R$2 milhões do que R$1milhão, algo que já foi visto e não é sempre verdade. Na cabeça desse dono, quanto mais a companhia vender, melhor. Mas o que acontece é que o diretor de vendas e sua equipe costumam não ter como um de seus objetivos minimizar os estoques. Só querem vender cada vez mais, pensar nas finanças da empresa não é com eles.

Mesmo com o aumento de vendas comprometendo perigosamente o caixa, o dono da empresa continua a incentivar esse tipo de comportamento. E logo acontecerá um desastre. Essa é uma situação que mostra que pior do que não ter meta alguma é ter uma meta equivocada. É como uma pessoa sedentária, com pressão alta, que decide correr uma maratona no deserto do Saara. Seu destino certamente será morrer na areia.

No entanto, precisamos entender que as metas empresariais que levam em conta o faturamento não são sempre metas equivocadas. Mesmo assim, insisto em que há metas mais importantes do que simplesmente aumentar vendas e faturamento. Gosto de falar de mapa de metas. Se a meta dos controladores da companhia é gerar R$100 milhões de caixa em determinado ano, essa é uma meta macro, ainda genérica, que precisa descer para a organização. Ou seja, todos os departamentos devem estruturar suas próprias metas financeiras e alinhá-las com essa meta-mãe.

Mas como fazer esse alinhamento? Nesse exemplo, qual seria o desdobramento em cima da área de vendas para produzir uma meta alinhada aos objetivos financeiros? Imagine-se envolvido nessa questão. Você tem uma meta número um, que é faturar. Seu alvo é um faturamento de R$400 milhões. Porém, ao contrário do que se faz com frequência, você fixaria também como sua meta receber dos clientes em um prazo máximo 30 dias e levaria em conta o fato de que o estoque a ser mantido na empresa também seria de no máximo 30 dias de vendas.

Fixar um prazo confortável para o recebimento é essencial, pois quanto mais prazo de pagamento se dá aos clientes, menos caixa a empresa terá. Da mesma maneira, um estoque exagerado representa um capital imobilizado, que tem impacto sobre os ganhos para reduzir o caixa. Essa é uma maneira de alinhar a meta de caixa do empresário com a sua equipe de vendas.

Mas atenção! Convencer a equipe de vendas a respeitar prazos é essencial. Do contrário, surgirão forças antagônicas atuando contra a meta maior da empresa. Esse antagonismo pode ser o de uma equipe de vendas que oferece alegremente prazos generosos para os clientes. E ela faz isso mesmo quando o cliente não pede um prazo maior. Muitas vezes, os vendedores dão prazos largos por comodidade, pois isso torna a venda mais fácil. Portanto, esse alinhamento de posturas é crucial.

Vamos deixar de lado a equipe de vendas e olhar para outro desafio, que é a retenção de empregados. Trata-se de um ponto de grande relevância. Quanto maior o *turnover* de uma empresa, ou seja, quanto maior a rotatividade de pessoas, mais custo para essa empresa. Estudos mostram que alguém que se retira de uma empresa gera um custo adicional para a organização equivalente a até 200% do valor do seu salário anual. A área de recursos humanos também se envolveria como uma força de apoio à conquista da meta maior ao reduzir o impacto do *turnover*. Custo menor significa lucro maior, mais caixa.

Se imaginarmos uma empresa que tenha um *turnover* anual na média de 10% para cada redução de 1%, nessa rotatividade é gerada uma relevante sobra de caixa. Veja a Tabela 2.1 na sequência: uma redução de 1% no *turnover* propicia um aumento de 13,3% no lucro líquido e caixa da empresa, sem qualquer alteração no faturamento. Como consultor, sempre indago aos meus clientes como é o *turnover* da empresa. Isso porque os principais custos de uma empresa são juros (principalmente no caso das empresas que recorrem a um alto nível de endividamento) dos aluguéis ou imóveis e despesa com pessoal. Sempre teremos a oportunidade de gerar bastante dinheiro se agirmos de maneira adequada sobre esses setores. Contratar de maneira correta e não banalizar os processos de demissão têm um enorme impacto positivo sobre o caixa da empresa.

Impacto na redução do *turnover*

Faturamento mensal	**R$10.000.000**
Faturamento anual	R$120.000.000
Margem líquida — %	**3%**
Lucro líquido	R$3.600.000
Despesas com pessoal por ano — %	**20%**
Despesas com pessoal por ano	R$24.000.000
Número de funcionários	**200**
Custo anual por funcionário em R$	R$120.000
Turnover atual	40
Redução de *turnover* em pontos percentuais	**1%**
Perda % por funcionário	200%
Perda = 2 x o custo anual	R$240.000
Redução da perda anual em número de funcionários	2
Ganhos econômicos com a redução do *turnover*	R$480.000
Nova margem líquida %	3,40%
Lucro líquido	R$4.080.000
Aumento do lucro líquido	13,30%

Tabela 2.1

Portanto, estamos falando aqui da importância do engajamento de diferentes áreas da empresa, como a força de vendas e o departamento de recursos humanos, no cumprimento das metas estabelecidas pela direção. O esforço conjunto de todos os departamentos e as gerências, obviamente, é essencial para que se atinjam os objetivos fixados. O proprietário ou um CEO jamais conseguirá impor um plano e ter bons resultados sem o devido engajamento do seu pessoal. Portanto, todo plano de metas deve ser apresentado sempre levando em conta como você fará para obter o comprometimento da equipe e com a estratégia e as ações que precisarão ser executadas.

A força dos planos de negócios

Tenho um bom exemplo a relatar que mostra a importância do envolvimento da equipe nas metas pretendidas. Gerenciei uma empresa de porte multinacional dedicada à fabricação e venda de caminhões. A empresa faturava cerca de US$300 milhões anualmente. Em um determinado momento, o CEO da organização propôs, como meta, triplicar esse faturamento para alcançar US$1 bilhão no prazo de cinco anos. Em tempo, esse crescimento do faturamento permitiria um crescimento ainda maior nos lucros, que quadruplicariam nesse mesmo período. De fato, essa era a meta mais importante para a companhia. Triplicar o faturamento era um meio que nos levaria ao alcance dessa meta. Esse CEO era o meu chefe direto, o que me envolveu diretamente nessa meta.

Passamos alguns meses construindo o plano de negócios. As dúvidas foram colocadas sobre a mesa. "Como aumentar o faturamento de US$300 milhões para US$1 bilhão?" "Faremos isso lançando novos produtos?" "Teremos mais pontos de venda?" "Daremos ênfase em trabalhar na marca?" Assim, chegamos às conclusões necessárias e passamos a "vender" o plano internamente para todos os funcionários. A aceitação foi excelente.

Contando com o apoio interno, o próximo passo foi vender esse plano para os nossos parceiros comerciais, as concessionárias. Também fomos felizes, e assisti, entusiasmado, a um dos maiores engajamentos que já presenciei. Era comum ouvirmos os próprios concessionários, que revenderiam os caminhões, comentando o plano com entusiasmo com outras pessoas, como se a criação da ideia houvesse também partido deles.

Não foram só os nossos belos olhos que encantaram os parceiros internos e externos. A forte adesão à meta de triplicar o faturamento foi resultado de um plano de negócios bem elaborado, que muito mais do que apoiado em páginas e mais páginas com informações técnicas, números e gráficos, empenhava-se em destacar questões relevantes sobre a meta que estávamos propondo. Existe uma armadilha em que líderes de negócios costumam cair com alguma frequência que é exatamente produzir planos de negócios com um nível de detalhamento tão grande, que eles perdem a audiência e o *momentum* junto ao seu público, que se sente entediado com o excesso de dados técnicos.

Um bom plano de negócios deve ser arejado, ter espaços, não para improvisação, porque trabalhamos com cenários estabelecidos e com confiabilidade, mas para ser flexível e se apresentar de maneira clara para todos os *stakeholders*. O seu sucesso depende do consenso e do compromisso que se terá com a sua execução. Portanto, há alguns pontos básicos que esses planos precisam contemplar para que ele atinja seu objetivo de entusiasmar e unir todas as pontas.

O primeiro ponto é algo básico: definir onde a organização está e aonde ela pretende chegar. No nosso caso, partíamos de um faturamento de US$300 milhões, e queríamos em cinco anos atingir US$1 bilhão. Simples assim. Outro ponto: uma visão acurada do que está acontecendo no setor em que a organização atua. Quanto o mercado de caminhões cresceria naquele e nos próximos anos? Caso fosse 20%, se não perdêssemos participação e acompanhássemos inercialmente essa expansão, já ganharíamos US$100 milhões no faturamento. Isso nos satisfaria ou precisávamos morder uma fatia maior do que a nossa participação atual?

Outra questão relevante, e esta é bem preciosa, que essa jornada me mostrou é que produzir um plano de negócios é algo muito parecido com contar uma história. Você faz uma narrativa para os seus interlocutores que torna o seu plano simples e, com sorte, o deixa empolgante para conquistar mentes e corações. No caso dessa empresa de caminhões, era crucial que aumentássemos a nossa rede de revendedores. E, inclusive, um belo aumento: precisávamos triplicar a rede de 40 pontos para 120 em todo o Brasil.

Entusiasmo com a marca

Também contamos isso para os colaboradores e os revendedores. Levamos as pessoas para a Europa em uma visita à sede mundial da empresa, fomos para vários outros países nos quais a companhia tinha operação. Ver de perto a força da marca os fez pensar: "Puxa, essa é uma empresa que vai crescer." Passamos essa percepção para esses investidores. "Haveria um reposicionamento da marca, alguns novos produtos, todos ganhariam mais caso aderissem", dissemos. E eles aderiram. Não gastamos um tostão na expansão da rede, os concessionários simplesmente se juntaram a nós, e esse aumento da capilaridade foi vital para o sucesso da meta.

Essa experiência me mostrou que o alinhamento das metas com todos os *stakeholders* e uma comunicação cuidadosa e competente para convencê-los foram o segredo do sucesso desse plano. Se simplesmente comunicássemos aos envolvidos, por meio de PowerPoint e longas explanações, que sairíamos de US$300 milhões para US$1 bilhão de faturamento anual em cinco anos, a reação seria, na melhor das hipóteses, de descrença: "Ih, lá vem mais um diretor-geral carreirista que está aqui nos fazendo perder o nosso tempo. Daqui a poucos meses vai embora", eles provavelmente diriam.

Elaborar um plano de negócios, após a definição de uma meta, tem uma vantagem também para quem o faz. Esse mergulho em uma visão de médio e longo prazo nos permite experienciar insights bem relevantes, como quanto a organização tem para investir nesse negócio, e examinar se aquela meta proposta, afinal, promete a rentabilidade necessária para tornar o negócio viável. Será que o retorno de todo o investimento requerido será maior do que aquele dinheiro todo ofereceria se aplicado no mercado financeiro?

Em resumo, um plano de negócios precisa apresentar uma história crível. E que ela seja simples e clara para todos que a ouvirem. Vamos ganhar participação no mercado? Vamos? Ótimo, e como faremos isso? Por que os clientes vão nos preferir aos concorrentes? O preço de mercado é R$100. Se conseguirmos ser mais eficientes e alcançar uma redução de custo de 20%, repassaremos 10% para os clientes e venderemos a R$90, mais barato que os concorrentes.

Se o seu plano tem uma lógica simples como essa, que pode ser contada de uma maneira informal, rabiscando as etapas em uma única folha, o sucesso certamente estará muito próximo. Mas se, ao contrário, precisar de 100 slides de PowerPoint, provavelmente não há ali um plano consistente. De novo, um bom plano é uma história bem contada.

Pessoas não compram detalhes técnicos. Evidentemente os planos devem ser consistentes e bem fundamentados, mas as pessoas amam mesmo é trabalhar com um propósito. "Que legal, vamos triplicar o tamanho da empresa!" Esse tipo de emoção é o que move as pessoas. O investidor em uma concessionária quer estar associado a uma marca vencedora. Ele quer poder dizer, no meio de uma crise, que a marca que ele apoia está na contramão da crise. E não é por estar iludido, em um devaneio. Não, mas por ter acreditado em um plano consistente, que aponta para uma meta exequível e atraente.

Ter a adesão das pessoas às iniciativas capazes de promover o crescimento da empresa é essencial. Isso cria a coesão interna necessária para que haja uma boa execução dos projetos no dia a dia dos negócios e traga resultados cada vez mais satisfatórios.

Além de planos bem-feitos, bem comunicados e executados, o sucesso sempre dependerá do cuidado com o caixa, como venho destacando. Veremos no próximo capítulo por quais razões o caixa é o coração dos bons negócios. Mostrarei também como deve ser feita uma gestão eficaz do caixa e quais armadilhas devem ser evitadas.

CAPÍTULO 3

Caixa, o sangue que circula no corpo das empresas

Em uma das primeiras aulas de Economia que assisti nos Estados Unidos, o professor da disciplina de Finanças lançou uma frase que me pareceu estranha na época, e um pouco vaga. Ele afirmou: "Cash is king." Em português, "O caixa é rei". "Como assim?", pensei. "O que ele quer dizer com isso?" Mas o significado era claro: "O caixa é o item fundamental para a sobrevivência e o sucesso de uma empresa." Mesmo assim, levei alguns anos para internalizar esse conceito da maneira como ele deve ser entendido e praticado.

Infelizmente, a maioria dos empreendedores brasileiros continua sem reconhecer a majestade e a importância do caixa. O resultado desse desconhecimento é bem evidente. Com certeza, todos os que me leem já se assombraram com aquela cruel estatística de que uma em cada quatro empresas brasileiras fecha as portas antes de completar dois anos de vida.[7] Essa alta taxa de mortalidade é decorrente, principalmente, da falta de cuidados básicos com o caixa.

. . . .

7   Disponível em: <https://m.sebrae.com.br/Sebrae/Portal%20Sebrae/Anexos/sobrevivencia-das-empresas-no-brasil-102016.pdf>.

Outro dado também alarmante, divulgado pelo Instituto Brasileiro de Geografia e Estatística (IBGE),[8] revelou que após 5 anos de fundação, pouco mais de 60% das empresas morreram. Segundo o estudo, de um total de 733,6 mil empresas criadas em 2010, apenas 277,2 mil, ou seja, 37,8% daquele total, haviam sobrevivido até 2015.

No entanto, esses números chocantes costumam soar de maneira ainda mais sinistra para a maioria dos empreendedores quando estes constatam que entre as vítimas dessa mortandade estão muitas empresas que dão lucro! Como assim? A empresa está crescendo, tem clientes, vende bem e dá lucro. Como e por que ela iria à falência?

Isso acontece porque o lucro e o caixa da empresa são coisas diferentes. A confusão entre esses dois conceitos talvez seja o vírus letal que leva as empresas a adoecer até morrer. Saber lidar com geração de caixa, portanto, é o grande nó que faz tropeçar o empreendedorismo, especialmente no Brasil. Costuma-se confundir geração de caixa com o saldo bancário da conta empresarial. São coisas distintas. Mas, afinal, o que é geração de caixa?

Vamos imaginar: uma organização começa o ano com R$1 milhão de saldo bancário e chega ao dia 31 de dezembro com R$1,7 milhão na conta-corrente. O que ela gerou de caixa nesse ano foram R$700 mil. O saldo total final é de R$1,7 milhão, mas como no começo do ano a organização já tinha R$1 milhão, o que foi gerado ao longo do ano foram os R$700 mil. Esse valor é a geração de caixa. O caixa é o que sobra no banco. A geração de caixa é a diferença entre o que havia no caixa inicialmente e o que está disponível no final de um dado período.

---

8   Estudo realizado em 2010.

Pedro abre uma loja

Como venho repetindo, esses conceitos não são bem compreendidos, mas acredito que poderão ficar mais claros se acompanharmos como eles se comportam quando observamos de perto o nascimento e o desenvolvimento de um negócio. A seguir, trago o exemplo de um empreendedor que decidiu abrir um pequeno negócio. Embora seja um caso imaginário, segue com rigor o comportamento típico de empresários que venho observando ao longo dos anos em que atuo como consultor.

Pedro é um jovem de classe média que vive em uma cidade no interior de São Paulo. Ao terminar de cursar o ensino médio, ele decidiu que abriria um negócio de revenda de computadores. Querido pela família, conseguiu convencer pais, tios e primos a se cotizarem, além de suas próprias economias, para garantir o capital que ele considerava suficiente para começar o negócio. Seu pedido de ajuda e suas economias lhe renderam R$10 mil. Além de votos de sucesso e tapinhas nas costas dos parentes que não tinham renda suficiente para apoiar a empreitada.

Pedro se sentou diante do computador e, depois de muita pesquisa, encontrou um grande fornecedor do qual poderia comprar um computador por um custo[9] de R$2 mil. Na revenda do equipamento por R$3 mil, ele teria um lucro bruto de R$1 mil, o que lhe parecia um bom resultado. Pedro estava ciente de quem, desse lucro bruto, ele teria de abater algumas despesas, como o transporte até o fornecedor, campanha patrocinada na internet, para anunciar o produto à venda, impostos e outras despesas. Feitas as contas, esses gastos chegariam a R$500.

• •

9   Custos são os gastos da empresa com o produto final relativos à aquisição ou produção de mercadorias. Exemplos: matéria-prima, mão de obra, gastos de fabricação de produtos, embalagens etc. <https://www.treasy.com.br/blog/custos-e-despesas-saiba-a-diferenca/#O-que-e-custo>.

Para calcular o quanto o negócio poderia render de lucro líquido, Pedro utilizou a seguinte fórmula:

||||||||||||||||||||||||||||||||||||||||||||||||||||||||||||||||||||||||||||||||||||||

Lucro = Valor da venda – custo de produção (ou aquisição do produto, como é o caso da loja de computadores de Pedro) – despesas fixas[10] – despesas variáveis[11]

||||||||||||||||||||||||||||||||||||||||||||||||||||||||||||||||||||||||||||||||||||||

Com foco, energia e muita fé, Pedro iniciou o seu negócio em janeiro. Nesse seu primeiro mês de atividade, quando estava ainda se instalando, e tendo feito pouca publicidade, Pedro vendeu apenas um computador. No final do mês, portanto, ele estava na seguinte situação: o negócio começou com um investimento de R$10 mil, e obteve R$3 mil como resultado de vendas. Pedro pagou R$2 mil pelo produto, e seu lucro bruto foi de R$1 mil. Desse montante, retirou R$500 para cobrir despesas diversas. Dessa maneira, seu lucro líquido foi de R$500 no mês. Aplicando a fórmula anterior, teríamos o seguinte:

||||||||||||||||||||||||||||||||||||||||||||||||||||||||||||||||||||||||||||||||||||||

Lucro líquido = R$3 mil (o valor da venda) – R$2 mil (custo de produção ou de aquisição) – R$500 (despesas fixas e despesas variáveis)

||||||||||||||||||||||||||||||||||||||||||||||||||||||||||||||||||||||||||||||||||||||

. . . .

10 Despesas fixas são gastos que independem dos custos de produção ou das vendas mensais. São representadas pelo pagamento de aluguéis, impostos, remuneração de colaboradores fixos, entre outras. <https://www.treasy.com.br/blog/despesas-fixas-e-variaveis/#O-que-sao-Despesas-Fixas>.

11 Despesas variáveis são gastos ligados diretamente à produção ou à prestação de serviços. Elas mudam de acordo com a intensidade produtiva do negócio. Exemplos delas são frete, conta de energia elétrica, compra de insumos, custo de embalagens, remuneração da força de venda e outras. <https://www.treasy.com.br/blog/despesas-fixas-e-variaveis/#O-que-sao-Despesas-Variaveis>.

Ou seja: Lucro líquido = R$500

Se olharmos apenas para alguns números, podemos considerar que esse primeiro mês foi excepcional para o pequeno negócio de Pedro. Por exemplo, a margem líquida foi de 16,7%, que é a tradução em percentual do lucro líquido de R$500 em uma venda de R$3 mil. Ao examinarmos o quanto esses R$500 significam diante do capital investido inicialmente (R$10 mil), teremos o excelente retorno sobre o investimento mensal de 5%. Esse é um resultado excepcional. Eu desconheço qualquer aplicação no Brasil, e no exterior, que propicie um retorno mensal consistente de 5% sobre o capital investido.

Essa movimentação pode ser visualizada na Tabela 3.1 a seguir:

Loja de computadores no primeiro mês

Mês	Venda (R$)	Custo aquisição (R$)	Capital inicial (R$)	Despesas (fixas e variáveis) (R$)	Lucro líquido (R$)	Estoque (R$)	Contas a receber (R$)
Janeiro	3.000	2.000	10.000	500	500	0	3.000

Tabela 3.1

Mas não falamos ainda de todos os números envolvidos no negócio de Pedro. Continuemos a observar os passos do nosso jovem empreendedor, assim entenderemos melhor o que é o fluxo de caixa e por que ele é um item que, quando contrariado, pode ser perigoso para os negócios.

Se Pedro comprasse os computadores à vista e pagasse também à vista todas as suas despesas fixas e variáveis, e — muito importante — o cliente pagasse em dinheiro pela mercadoria que havia adquirido, tudo seria perfeito. O negócio seria simples e rentável. Caso isso acontecesse, o lucro seria exatamente igual à geração de caixa: R$500. Nesse caso, é imaginado a situação em que o computador chegou à loja de Pedro e foi imediatamente vendido. Ou seja,

Pedro não precisaria fazer um estoque, tendo mercadorias já pagas que ficassem na sua loja à espera de alguém se interessar por elas.

Necessidade de capital de giro

Infelizmente, na imensa maioria dos casos, não é assim que as coisas se passam para os empreendedores. No seu dia a dia, Pedro descobriria rapidamente que há uma diferença entre lucro e caixa, diferença essa que é provocada pela NCG, sigla para Necessidade de Capital de Giro. O que é isso? Tratam-se dos recursos que o empreendedor precisa ter em mãos para investir no estoque, somados ao prazo que ele dá para os seus clientes, e subtraídos do prazo que os fornecedores dão para realizar o pagamento das mercadorias adquiridas.

Mas Pedro tem um pequeno negócio que está começando agora. Ainda é pouco ou não é conhecido pelos potenciais comprado- res. E o mercado não está exatamente com falta de vendedores de computadores. Por essa razão, para competir com os grandes magazines e atrair mais clientes, Pedro decide oferecer aos clientes um prazo de pagamento de 60 dias a partir da data da venda.

Um ponto-chave para que Pedro tenha um lucro de R$500, é que ele compre o computador do fornecedor por R$2 mil, e o venda por R$3 mil. Mas na empresa em que Pedro compra as mercadorias não tem choro, os R$2 mil devem ser pagos à vista, do contrário, o preço de venda será maior do que isso e comerá uma parte importante do seu lucro. Ou seja, apesar de vender com 60 dias de prazo para os seus clientes, ele deve pagar os R$2 mil à vista para o fornecedor.

Há ainda outro complicador. Pedro percebeu que precisava ter uma variedade de modelos de computador em estoque para satisfazer os seus clientes. "Diferentes modelos e marcas de com- putadores à mostra ali na loja poderiam favorecer a compra por impulso", ele pensou. Ao considerar essa possibilidade, decidiu ter quatro computadores, prevendo que venderia pelo menos um por mês. E como já havia vendido um deles no primeiro mês, Pedro adquiriu, no total, cinco computadores do distribuidor, ficando com quatro deles em estoque.

Dessa maneira, a conta NCG, a Necessidade de Capital de Giro, ao final do primeiro mês de operação ficou da seguinte maneira: R$3 mil de contas a receber de clientes e um estoque no valor de R$8 mil — relativo à compra dos 4 computadores que estavam à mostra na loja (no primeiro mês, ele comprou 5 computadores. Vendeu um ao longo do mês e terminou o mês com 4 em estoque). Como foi dito, a essa altura Pedro começou seu negócio com um capital de R$10 mil, que já não existia mais desde o pagamento à vista por 5 computadores, o que comeu todo o seu capital inicial. Contudo, na realidade, o que não existe mais é o caixa. Não podemos dizer que Pedro perdeu o seu capital. Houve uma transformação de R$10 mil de dinheiro (caixa) em estoque e contas a receber de clientes. Podemos até fazer um paralelo. Se temos R$30 mil no banco e compramos um carro por esse valor (vamos desconsiderar aqui o efeito real da depreciação tão logo o o consumidor retira o seu carro da concessionária), o patrimônio de R$30 mil não se altera. Era dinheiro em banco que passa a ser dinheiro em carro.

Além disso, ele desembolsou os R$500 relativos às despesas do mês. Como nenhum cliente o pagou ainda, devido o prazo de 60 dias para quitar a compra, Pedro, já no seu primeiro mês de operação, precisou tomar R$500 reais de empréstimo em uma instituição financeira.

É nesse momento que lucro líquido e fluxo de caixa se mostram claramente diferentes. O lucro está apenas no papel (neste nosso exercício, em nome da simplicidade, não levaremos em conta possíveis inadimplências, embora elas sejam um fator relevante na vida real), pois não houve ainda recebimento algum pelas vendas realizadas. E o fluxo de caixa, o grande fantasma que assusta os empreendedores, começa a atacar Pedro, que acaba de recorrer

Venda em dobro

Chegou fevereiro, o segundo mês de operação da loja de computadores. Pedro foi competente ao determinar o preço e a qualidade do computador que vendia, assim, conseguiu dobrar as suas vendas. Vendeu mais 2 computadores a R$3 mil, faturando, assim, R$6 mil. O prazo para os clientes foi mantido em 60 dias, e suas despesas saltaram, parcialmente em virtude da venda de duas unidades, para R$1 mil, o dobro de janeiro.

Apesar do fluxo de caixa desfavorável, ele decidiu manter a sua decisão de ter 4 unidades em estoque para cada computador vendido. Como Pedro vendeu 2 e ainda mantinha 2 no estoque após a venda das 2 unidades, decidiu comprar 6 computadores para chegar à meta de 120 dias de vendas em estoque a R$2 mil cada (visto a relação 4 unidades em estoque para cada unidade vendida), um gasto de R$12 mil. Portanto, os computadores foram pagos à vista para os fornecedores, como havia sido feito nas compras anteriores.

Dessa maneira, a Necessidade de Capital de Giro (NCG) se mostrou assim: com R$9 mil de contas a receber dos clientes, que até esse mês de fevereiro não haviam pago nada ainda, somados a R$16 mil em estoque, referentes aos 8 computadores comprados, a NCG agora subia para R$25 mil.

O "acumulado" dos dois meses de operação da loja mostraria que Pedro havia desembolsado R$23,5 mil. Ou seja, R$22 mil para a compra de computadores (R$10 mil em janeiro e R$12 mil em fevereiro), e empregado R$1,5 mil em despesas.

Os números apresentados merecem uma reflexão (veja as tabelas 3.2, 3.3 e 3.4 logo a seguir). Mostram uma situação que desmente aquela nossa percepção intuitiva de que, quanto mais faturarmos, melhor. Ao focar apenas no faturamento, e estar convicto de que está sendo "bem-sucedido" nos negócios, Pedro saiu de uma situação em que tinha R$10 mil de capital no banco para um saldo final negativo de caixa de R$13.500 em apenas dois meses. Mas por que isso aconteceu? Por que Pedro foi obrigado a investir em capital de giro? É que ao final do segundo mês, ele tinha R$9 mil para receber dos clientes, e ainda mantinha R$16 mil em estoque, sem poder contar com qualquer financiamento dos fornecedores.

Quanto mais ele crescer, vender e lucrar, com esse ciclo financeiro, mais endividado ficará. E os lucros dificilmente serão suficientes para pagar, ao longo do tempo, os juros do empréstimo que terá de honrar com o banco. Em pouco tempo, se continuar essa forma de fazer negócio, Pedro estará quebrado, e é provável que ficará um bom tempo sem ir aos almoços de família, para não ter de enfrentar os seus credores. O motivo da sua frustração e sofrimento não será a falta de lucro, mas a falta de caixa.

Essa matemática simples apresentada mostra que a má gestão do caixa, algo muito presente no Brasil, é a principal causa para que mais de 50% das empresas sejam fechadas antes de completarem 5 anos de existência.

Loja do Pedro no segundo mês

VISÃO DO LUCRO			
DRE RESUMIDO (R$)	JAN.	FEV.	ACUM.
FAT	3.000	6.000	9.000
CMV	-2.000	-4.000	-6.000
LUCRO BRUTO	1.000	2.000	3.000
DESPESAS	-500	-1.000	-1.500
LUCRO LÍQUIDO	500	1.000	1.500

Tabela 3.2

VISÃO DO CAIXA		
FLUXO DE CAIXA RESUMIDO (R$)	**JAN**	**FEV**
SALDO INICIAL DE CAIXA	0	-500
APORTE INICIAL DE PEDRO	10.000	0
COMPRA DE COMPUTADORES	-10.000	-12.000
DESPESAS	-500	-1.000
RECEBIMENTO DE CLIENTES	0	0
SALDO FINAL DE CAIXA	-500	-13.500

Tabela 3.3

NECESSIDADE DE CAPITAL DE GIRO (NCG) (R$)		
	JAN	FEV
(+) VALORES À RECEBER DE CLIENTES	3.000	9.000
(+) ESTOQUE	8.000	16.000
(-) FORNECEDORES	0	0
(=) NECESSIDADE DE CAPITAL DE GIRO (NCG)	11.000	25.000

Tabela 3.4

Vulnerabilidades do negócio

Há alguns pontos vitais que devem ser levados em conta para aumentar a possibilidade de sucesso para os empreendedores. A história de Pedro nos mostra algumas das vulnerabilidades que os negócios têm, principalmente para aqueles – não se ofenda, Pedro! – que não têm um bom conhecimento sobre o fluxo de caixa.

Uma dessas fragilidades é algo óbvio: não conseguir manter o endividamento em níveis aceitáveis. Ter dívidas, sobretudo com bancos, prejudica a rentabilidade (e, consequentemente, o caixa), por aumentar o risco da empresa. Se você é alguém que está bastante capitalizado, conseguirá sustentar o crescimento durante um espaço largo de tempo para criar riqueza sem fazer dívidas. Já aqueles que têm pouco capital precisam saber dosar o seu crescimento de acordo com a sua capacidade de financiamento.

Há maneiras de fazer isso. Algo que pode melhorar a vida do empresário é conseguir negociar prazos maiores com os fornecedores. Essa possibilidade funciona como uma fonte de financiamento gratuita, pois você tem a mercadoria em mãos e pode pagar depois que melhorar significativamente a situação de caixa da empresa. É dinheiro no bolso, sem ter de pagar juros.

Outro ponto de risco, e que foi uma das principais razões que levou Pedro para a situação de insolvência, é usar como estratégia de negócios dar prazos extensos aos clientes. Para tornar seu negócio atraente, e fazer frente à concorrência dos grandes estabelecimentos, Pedro permitia que os clientes o pagassem em 60 dias depois da compra, mas, por sua vez, precisava pagar à vista ao fornecedor de computadores. Essa é uma mistura impossível de dar um bom resultado.

Admito que essa questão do prazo ao cliente é algo de difícil negociação. Se os concorrentes dão prazos mais generosos para os compradores, por que estes prefeririam o seu negócio, caso você venda o mesmo produto cobrando à vista? Só os parentes de Pedro fariam algo parecido para ajudá-lo. Portanto, é preciso adequar o seu plano de negócios às práticas do mercado. Mesmo assim, é uma estratégia perigosa oferecer prazos. Muito mais seguro e eficaz seria investir em produtos de qualidade superior, ou em estratégias de marketing, como um bom pós-venda, para se diferenciar da concorrência na conquista e na retenção de clientes.

Embora não se aplique à empresa do Pedro, já que ele escolheu uma revenda de computadores como o seu negócio, há um outro recurso que pode ajudar empresários a enfrentar a falta de caixa quando estão envolvidos em uma atividade econômica que exige o uso de máquinas e equipamentos para produzir os bens que comercializa.

Trata-se de uma facilidade dada pela legislação que permite a esse tipo de empreendedor abater um percentual anual do seu imposto em função da depreciação ou amortização dos seus bens de capital, ou seja, do maquinário utilizado para produzir sua mercadoria. Dependendo do porte da empresa, essa amortização pode ser bastante significativa. Em um exemplo hipotético, se você tem uma máquina que foi adquirida por R$6 mil, poderia abater R$100 mensalmente, a título de depreciação do equipamento. Claro, se considerarmos que a empresa é lucrativa e paga aproximadamente 35% de imposto de renda e contribuição social, haveria uma economia mensal de R$35,00 (R$100 x 35%) no pagamento de impostos. Essa diferença impactaria positivamente o caixa da empresa, pois ao reduzir o lucro "tributável", a empresa economiza no pagamento de impostos.

Serviços do caixa

As dificuldades em relação ao caixa não são uma exclusividade daqueles que decidem se dedicar ao comércio, portanto, é imprescindível ter de gerenciar estoques, algo que requer conhecimentos e habilidades específicos. Isso não quer dizer que empreendimentos que não tenham estoques físicos, como aqueles voltados para a prestação de serviços, possam deixar de gerir com extremo cuidado o seu caixa. Um segundo exemplo, também fictício, mostrará o que pode surgir diante dos profissionais da área de serviços em relação ao caixa e trará alguns insights de como lidar com essas questões.

Antônio é um consultor de gestão de empresas. Quando montou o seu escritório, pensou exatamente no que eu citei há pouco: "Ah, vou vender meus serviços como consultor e, por isso, não precisarei ter estoque algum, o que evitará que eu tenha problemas de caixa." Se Antônio imaginava que não teria problemas de caixa, é porque escolheu como cliente-foco exatamente pessoas que enfrentam dificuldades para lidar com seu próprio caixa. Neste caso, empresários que estão sem dinheiro, precisando com urgência dos seus serviços.

Sentado à sua mesa, Antônio pensou: "Se eu quiser receber dos meus clientes no curto prazo, não conseguirei cliente algum, dado que, por definição, eles não têm caixa, não têm recursos." Ao raciocinar dessa maneira, ele imaginou como estratégia fazer suas vendas a prazo. Antônio calculou que, do momento em que iniciasse o trabalho com o cliente até que este começasse a ver os primeiros resultados, se passariam noventa dias. Essa quantidade de dias não são uma semana, portanto, ele demoraria a receber os primeiros pagamentos. Além disso, a exemplo do que aconteceu com Pedro, Antônio também não tinha recursos abundantes como capital inicial. Então, como ele lidaria com isso? "Vou reduzir os meus custos operacionais[12] ao mínimo e terceirizar tudo o que eu conseguir", respondeu.

Convencido de ter tomado a melhor decisão, Antônio começa a prospectar clientes. Ainda no primeiro mês, surge o primeiro trabalho de sua nova empresa. Esse cliente proporcionará um faturamento mensal de R$25 mil, mas, como foi dito, terá um prazo de 90 dias para fazer o pagamento. Na empresa, Antônio tem despesas fixas que chegam a R$5 mil por mês. São gastos com o contador, aluguel, luz, conta do celular da empresa, entre outras que ele paga mensalmente.

As despesas variáveis representam algo como 30% do faturamento. Nelas está o pagamento do analista que é contratado para examinar as finanças do cliente, quando surge um trabalho. Esse analista é pago à vista, ao contrário de Antônio, já que sempre é bom lembrar sobre o recebimento do pagamento três meses depois de ele ter realizado o trabalho. O imposto também é uma despesa variável que recai sobre cada nota fiscal emitida por Antônio ao

---

12 São os gastos para manter os negócios de uma empresa funcionando. Exemplos: água, luz, internet, telefonia, funcionários, sistemas de gestão etc. <https://nfe.io/blog/financeiro/como-calcular-custo-operacional-empresa/>.

final dos trabalhos, e podemos imaginar que essa alíquota é de 15% sobre cada nota emitida.

Antônio não se sente angustiado em pagar essas despesas variáveis porque faz o seguinte raciocínio: "Meu negócio não tem risco, eu só pago outras pessoas quando faço uma venda. Se eu vender zero, minha despesa variável também será zero. Nesse caso, não pagarei nem imposto, pois não emitirei nota alguma, e também não terei de contratar um analista financeiro para me ajudar."

A tranquilidade de Antônio não elimina o fato de que ele só receberá dos clientes 90 dias depois, então o dinheiro para pagar o analista e as outras despesas variáveis terá de sair de algum lugar. E há mais um desafio. Como escolheu trabalhar com clientes sem caixa e que estão passando por dificuldades, há, portanto, um certo risco de inadimplência. Logo, Antônio calcula esse índice em 20%. Ou seja, de cada 5 pessoas que irá atender, provavelmente uma delas não honrará o que foi acertado ou atrasará o pagamento. Parece que Antônio terá de usar o cheque especial em algum momento, com a cobrança da taxa de 8% ao mês, mais as aplicações financeiras, nas quais ele colocará o seu dinheiro no momento em que for possível ser algo entre 0,5% ao mês.

A Tabela 3.5 mostra como está estruturado o negócio de Antônio.

O caminho da empresa de Antônio

Faturamento mensal por cliente (R$)	25.000
Despesas fixas (aluguel, energia, contador) (R$)	5.000
Despesas variáveis (impostos, subcontratações etc.) (% do faturamento)	30
Prazo de recebimento de clientes (em dias)	90
Prazo de pagamento aos fornecedores (em dias)	À vista
Inadimplência (%)	20
Taxa de juros — cheque especial (%)	8
Rendimento de aplicações financeiras (%)	0,5

Tabela 3.5

Síndrome do faturamento

Nosso amigo Antônio, e isso não é muito bom, tem aquela síndrome do faturamento, sobre a qual já falamos. Ou seja, faz o seu plano de negócios pensando que quanto mais faturar, melhor será o seu desempenho. Antônio, Antônio, olhe para o seu caixa! Mas Antônio está confiante, pois no primeiro mês já surgiu um cliente que pagará os acertados R$25 mil. Portanto, seu faturamento neste mês é de R$25 mil. Sim, sabemos que ele só receberá esse dinheiro daqui a 3 meses, mas deixaremos isso temporariamente de lado para pensar no regime de competência, ou seja, as receitas ou despesas consideradas nos meses em que são realizadas. Assim como fez Pedro, Antônio começou a sua empresa em janeiro.

No final do mês, o contador de Antônio explicou qual era a situação ao término daqueles 31 dias. A empresa havia vendido R$25 mil em serviços. As despesas variáveis, que correspondiam a 30% do faturamento, foram de R$7,5 mil. As despesas fixas somavam R$5 mil. Nesse mês, Antônio não teria de pagar juros. O resultado das subtrações — R$25 mil dos serviços, menos R$7,5 mil de despesas variáveis, menos R$5 mil de despesas fixas — era de R$12,5 mil. Portanto, esse seria o lucro do mês.

Dinheiro na mão, mesmo, Antônio só teria dali a três meses. Mas considerando o regime de competência, ou seja, receitas e despesas do mês, esses R$12,5 mil eram o lucro líquido.

Vamos dar um salto no tempo para verificar como a empresa estaria em dezembro. Ao longo do ano, Antônio conquistou um cliente por mês, e agora atende 12 deles. Com esse movimento, ele dispõe de um faturamento de R$300 mil. As despesas variáveis se mantêm no patamar dos 30%, o que significa, portanto, R$90 mil. E as despesas fixas ainda somam R$5 mil, porque nesse período Antônio permaneceu no mesmo escritório, ainda pagando um salário mensal para o seu contador. Surge aqui uma miragem: o lucro em dezembro é de R$205.651. Parece algo extraordinário, não é mesmo? Se olharmos para os resultados de todo o ano, Antônio lucrou, em média, R$105 mil por mês. Uau! Quem não gostaria de estar nesse patamar? Mas não devemos nos entusiasmar. Vamos descobrir o que está escondido atrás desses números que parecem tão atraentes.

A Tabela 3.6 traz várias rubricas e resultados mês a mês. São parâmetros comumente utilizados em demonstrativos financeiros. No entanto, em meio a todos esses dados escondem-se custos que são invisíveis quando os resultados empresariais são examinados superficialmente. Vamos começar pelo primeiro mês. O que devemos verificar são as entradas e os recebimentos que vieram dos clientes para observar o desembolso feito por Antônio ao sustentar o negócio.

Lucro sem entrada

Quanto entrou de dinheiro na empresa no mês de janeiro? Zero reais. E quanto saiu? R$12,5 mil, sendo R$7,5 mil de despesas variáveis mais R$5 mil de despesas fixas. Isso quer dizer que Antônio teve um prejuízo de R$12,5 mil? Não, ele teve um lucro de R$12,5 mil, pois já havia acertado o seu primeiro trabalho pelo qual receberia R$25 mil. E se pegarmos esses R$25 mil e retirarmos os R$12,5 mil de gastos, dá uma sobra, ou lucro, de R$12,5 mil.

No segundo mês, surgiu mais um cliente para a empresa. Portanto, Antônio dobrou o famoso faturamento, alcançado um lucro de R$29 mil. Mas mesmo com um número que parece tão bom, ainda não entrou nenhum dinheiro no caixa dele. E essa situação se repetiria no mês seguinte. Apenas em abril entraria algum dinheiro. Se olharmos na coluna "Entradas e Recebimentos" da Tabela 3.5, veremos que foram R$20 mil. Mas não deveriam ser R$25 mil, que é o que Antônio cobra pelos seus serviços? Sim, mas aqui consideramos aqueles 20% da inadimplência que costuma infernizar a vida dos empreendedores.

Ao mesmo tempo que esses R$20 mil chegavam às mãos de Antônio, saíram da conta dele R$40 mil, nos quais estão incluídos os juros de 8% do cheque especial. As coisas não estavam fáceis, ele passou 5 meses no negativo. Como dissemos, Antônio tinha pouco capital para investir. Havia entrado no negócio com aquele discurso confiante: "É um excelente negócio, não tem como errar, as margens são altas, não tenho estoque..."

Esse pensamento é uma miragem. No quinto mês, maio, Antônio não havia se dado conta de que precisava de R$92.976 de limite no cheque especial, sem ter retirado sequer R$1 do negócio, conforme mostra a coluna "Resultado Acumulado". Somente no mês seguinte o resultado do período relativo a junho apontaria pela primeira vez, desde janeiro, uma geração de caixa positiva: R$2.562. Contudo, isso não refrescou muita coisa ao diminuir o resultado acumulado para R$90.414.

Ou seja, nessa história aparentemente fantástica, Antônio só conseguiria ver a cor do dinheiro no décimo mês de operação, outubro, quando o resultado acumulado atingiria, nesta simulação, R$57.460. Mas atenção! Isso só poderia acontecer se o banco desse a ele R$93 mil de cheque especial, do contrário, já estaria fora do negócio há algum tempo. Quantas pessoas no Brasil têm acesso a quase R$100 mil no cheque especial?

A tabela a seguir contém toda a movimentação do único ano da empresa de Antônio.

Mês	JAN	FEV	MAR	ABR	MAI
DRE (em R$)					
Faturamento	25.000	50.000	75.000	100.000	125.000
Número de clientes	1	2	3	4	5
Despesas variáveis	-7.500	-15.000	-22.500	-30.000	-37.500
Pagamento de juros		-1.000	-2.680	-5.094	-6.702
Despesas fixas	-5.000	-5.000	-5.000	-5.000	-5.000
Lucro do exercício	12.500	29.000	44.820	59.906	75.798
Lucro acumulado	12.500	41.500	86.320	146.226	222.024

Geração de caixa

	JAN	FEV	MAR	ABR	MAI
Entradas	-	-	-	20.000	40.000
Saídas	-12.500	-21.000	-30.180	-40.094	-49.202
Resultado de caixa	-12.500	-21.000	-30.180	-20.094	-9.202
Acumulado de caixa	-12.500	-33.500	-63.680	-83.774	-92.976

JUN	JUL	AGO	SET	OUT	NOV	DEZ
150.000	175.000	200.000	225.000	250.000	275.000	300.000
6	7	8	9	10	11	12
-45.000	-52.500	-60.000	-67.500	-75.000	-82.500	-90.000
-7.438	-7.233	-6.012	-3.693	-188	287	651
-5.000	-5.000	-5.000	-5.000	-5.000	-5.000	-5.000
92.562	110.267	128.988	148.807	169.812	187.787	205.651
314.586	424.852	553.841	702.648	872.460	1.060.247	1.265.898
60.000	80.000	100.000	120.000	140.000	160.000	180.000
-57.438	-64.733	-71.012	-76.193	-80.188	-87.213	-94.349
2.562	15.267	28.988	43.807	59.812	72.787	85.651
-90.414	-75.148	-46.159	-2.352	57.460	130.247	215.898

Tabela 3.6

Essa experiência pela qual Antônio passou tem um lado ainda mais espinhoso e que é comum a muitos empreendedores brasileiros: o de ter a sua empresa alavancada pelo cheque especial. Se acontecesse de Antônio ter um caixa acima de zero, ele aplicaria esse dinheiro a 0,5% ao mês, tendo algum ganho financeiro. Se o caixa está abaixo de zero, Antônio pagaria 8% ao mês pelo uso do cheque especial.

Aperto na garganta

Assim, quando sua empresa estava R$12,5 mil no negativo em janeiro, ele pagaria R$1 mil de cheque especial. Já no mês de maio, quando o saldo acumulado era negativo em R$92.976, esses 8% significariam R$7.438, sendo mais dinheiro do que ele despende com a despesa fixa mensal. Imagino que ao ler este parágrafo, vários empreendedores sentirão um aperto na garganta por saber o que é tal situação. É surpreendente a quantidade de empresários que financiam parte de suas operações no rotativo do cartão de crédito, no cheque especial e em outros recursos financeiros que cobram juros altíssimos, inviabilizando a continuidade de muitos negócios.

Há algumas outras armadilhas ocultas no caminho dos empresários brasileiros. Antônio caiu em uma delas ao definir a sua estratégia para ganhar clientes. Como foi dito, ele miraria naqueles com pouco caixa exatamente por terem pouco caixa, então "faria sentido" dar um prazo mais longo para que pagassem pelos serviços. Antônio, pode-se dizer, está certo sob o ponto de vista comercial. Sua estratégia poderia ser certeira, desde que ele tivesse um caixa sólido para bancar a operação até começarem a surgir os primeiros resultados positivos.

O "desde que tivesse um caixa sólido" é algo que 99,9% das pessoas não conseguem compreender. Na cabeça do Antônio, e de milhares e milhares de empreendedores, a percepção do negócio é mais ou menos esta: "Eu vou ganhar muito dinheiro, vou faturar de cada cliente R$25 mil por mês. Eu faturei R$100 mil nesse mês, com um custo de só R$30 mil, então meu lucro bruto é de R$70 mil. E o melhor: não tenho estoque!" Nessa visão parcial, quase infantil do negócio, ele não faz as contas, não olha para o caixa, não vê o seu balanço. Por isso, já no terceiro mês passa a ser um devedor de quase R$64 mil ao banco.

Vamos repetir: *"Cash is king."* O caixa é rei. Ele deve ser tratado e respeitado como tal. O caixa é o sangue que circula no "corpo" das empresas, e com a falta crescente de sangue, os órgãos colapsam rapidamente até levar à morte. Embora eu venha alertando para os maus resultados que surgem quando miramos nos parâmetros incorretos do negócio, como a ênfase exagerada no faturamento, certamente há várias outras variáveis que devem ser conhecidas e vistas com atenção pelo empreendedor. Um desses elementos fundamentais é o lucro, assunto do nosso próximo capítulo, onde esclareceremos algumas visões equivocadas que costumam ter a respeito dele.

CAPÍTULO 4

Quando R$6 milhões de faturamento valem mais do que R$10 milhões

Todo final de ano, as empresas costumam se sentar na sala de reuniões para elaborar seus orçamentos para o novo ano que está se iniciando. Esse é um dos períodos em que meus serviços de consultor mais costumam ser requisitados. É também quando pergunto para os meus clientes o que eles desejam para o próximo ano. Porque assim como nós prometemos, enquanto pulamos sete ondas na praia, ou no brinde no réveillon, coisas como "Este ano volto para a academia", as empresas também têm os seus desejos e promessas de Ano Novo.

Portanto, nessa época, escuto declarações como "Quero pagar minhas dívidas ou reduzi-las", "E de quanto exatamente será essa redução?" Poucos sabem o que responder. Conversamos um pouco mais, e afinal chegamos a um consenso. "Eu tenho uma dívida de R$1 milhão e quero abatê-la pela metade", finalmente dizem. Ok, então tem-se uma meta bem quantificada, reduziremos R$500 mil de dívidas em 12 meses.

Mas eu costumo fazer mais perguntas. "Como faremos isso? Por meio do faturamento ou do lucro?" A resposta deveria ser simples e direta, não é mesmo? No entanto, mais uma vez, a maioria das pessoas trava nesse momento. Olham fixo para mim, coçam a cabeça e dizem: "Mas eu tenho de faturar pelo menos R$5, 7 milhões, senão não vale a pena." E eu digo: "Esquece o 'tenho de faturar', é o lucro que pagará a sua dívida."

O lucro também é precioso mesmo para quem não é endividado. Se o desejo de fim de ano for "Quero aumentar o meu patrimônio em meio milhão de reais", de novo, quem permitirá tal coisa? O lucro, não o faturamento. Portanto, para enfrentar dívidas ou aumentar o patrimônio, o lucro sempre deverá ser o ponto de partida para qualquer análise sobre os passos que uma organização deve seguir.

Essa confusão entre faturamento e lucro é algo bastante corriqueiro. Para deixar bem claro o que deve ser levado em conta por uma organização ao fazer o seu planejamento financeiro, nos últimos dez ou quinze anos da minha carreira, eu sempre começo o trabalho de estabelecimento de metas e planejamento de baixo para cima, que é a direção contrária à qual tradicionalmente as organizações traçam seus planos.

Em geral, começa-se um planejamento a partir do faturamento almejado. Subtrai-se dele o custo variável e chega-se ao lucro bruto. Deste, retira-se o valor da despesa fixa, e finalmente obtém-se o lucro líquido. O que eu defendo é que faz muito mais sentido você começar com a sequência inversa. O empresário diz querer um lucro de R$100 mil por mês. Para chegar a esse resultado, quanto ele pode ter em despesas fixas e em despesas variáveis? Ele responde que as suas despesas fixas podem chegar a até R$5 mil, e as variáveis devem se restringir a 30% do faturamento, por exemplo. Quanto, de uma maneira realista, ele irá faturar? Seiscentos mil reais é uma possível resposta.

Essa abordagem é bem diferente do que se vê com frequência no mercado. Por exemplo, outro empresário também está confiante que irá faturar R$600 mil, mas quanto somam suas despesas? Em grande parte das vezes, ele não faz qualquer ideia, e aí arrisca algum palpite: "O meu concorrente gasta 40% do faturamento dele em despesas, então também gastarei 40%." Parece incrível, mas é isso o que acontece.

Escritório na Faria Lima

Ao "chutar" o valor dos seus gastos dessa maneira, esse empresário reduz significativamente qualquer possibilidade de eficiência do seu planejamento. Não tem noção do nível de despesa que o seu negócio pode suportar. Por exemplo, ele pode decidir que tem condições para alugar um escritório na Avenida Faria Lima,[13] com duas secretárias. Essa escolha terá um impacto sobre as suas despesas fixas que talvez o negócio não seja capaz de suportar. Provavelmente ele assumirá outros gastos sem fazer quaisquer cálculos sérios sobre a sustentabilidade deles. É comum que muitas despesas "necessárias" ou "pequenas demais" entrem para sempre no negócio justamente nesse momento. Com isso, o lucro que poderia ser potencialmente de, digamos, R$100 mil cai para R$50 mil, fazendo com que ele não explore toda a potencialidade da empresa.

Se você inicia o seu planejamento determinando o lucro que deseja ter, você define o limite das suas despesas com esse parâmetro. Isso provavelmente o obrigará a "desistir" de alguns gastos. É a diferença entre o querer e o poder nos negócios. O quanto você movimenta na sua empresa permite que você mantenha um escritório na Faria Lima com duas secretárias? Não? Então o indicado é uma sala mais modesta ou um home office. O que importa é o lucro no fim do exercício.

Calcular todo o desempenho de uma empresa por um ano, começando a fazer contas a partir do lucro, não é algo tão simples de ser feito. Isso vai de alguma forma contra aquela postura intuitiva de achar que quem de fato importa é o faturamento. Uma das formas de fazer isso é o "orçamento base zero", uma

---

13 Avenida na Zona Oeste da cidade de São Paulo, no bairro dos Jardins, importante centro comercial e financeiro.

ferramenta de grande utilidade usada por grandes organizações, como a Ambev, por exemplo.

Planejar no conceito "orçamento base zero" é como se no dia 31 de dezembro você determinasse qual é o lucro desejado para o final do ano seguinte. Digamos que você escolha R$1 milhão como ganho. Você é uma pessoa realista e sabe que seu faturamento ficará em torno de R$2 milhões. Como o alvo é ter R$1 milhão de lucro, você já está informado de antemão de que suas despesas fixas e variáveis não poderão ultrapassar R$1 milhão. Por tal razão, essa maneira de planejar é conhecida como orçamento base zero. Parte-se do princípio de que a empresa definirá sua estrutura de despesas a partir daquele momento, como se ela nascesse naquele exato 31 de dezembro. Cada gestor e cada colaborador tem que justificar a necessidade da despesa no ano que se inicia para responder a perguntas muito objetivas: "Por que esta despesa é absolutamente necessária?", "Qual seria o impacto negativo (se de fato haveria) no caso de eliminação desta despesa?" O fato de que gastamos com algo no passado jamais poderia servir de justificativa para gastarmos no futuro. Finalmente, o princípio da eficiência indica que devemos reduzir as despesas sempre. Ou de forma ainda mais direta, como diria o empresário Beto Sucupira: "Custo é como unha, tem de cortar sempre".[14]

O orçamento base zero mostra sua força quando é determinado um limite para as despesas em uma organização. O mais comum é que imediatamente seja aberta uma intensa temporada de negociação por parte de diretores, gerentes e todos os demais integrantes que têm alçada para fazer gastos. É o momento em que surge uma certa tensão na organização, dando início a um verdadeiro cabo de guerra entre diferentes áreas que tentam puxar o cobertor mais para o seu lado. Cada departamento garantirá enfaticamente que seus gastos já estão no limite e que, se

. . . .

14 Disponível em: <https://exame.com/pme/historias-de-gente-grande/>.

forem reduzidos, simplesmente não conseguirão desempenhar suas funções.

Toda e qualquer despesa precisará ser defendida novamente pelas áreas envolvidas diante de comitês ou do CEO e CFO. Por exemplo, tomemos o responsável pelo comercial. Ele dirá: "Preciso de R$400 mil para ações de promoção nos PDVs, mais R$300 mil para força de vendas, e outros R$300 mil de verba para participação em eventos e feiras de negócios." Portanto, na soma dos itens da lista, ele precisa de R$1 milhão.

Com seu laptop debaixo do braço, ele tentará defender sua reivindicação perante o CEO e o CFO. Experientes, eles perguntarão: "Você precisa de R$400 mil para ações nos PDVs, mas por que não são R$250 mil? A força de vendas precisa de R$300 mil, mas por que o concorrente gasta só R$200 mil?" Existe uma curva que é forçada sempre para baixo, colocada pelo CEO e CFO. Os responsáveis pelas áreas tentarão se esforçar para mostrar o realismo de seus números, mas quase sempre terão de ceder para se adequar à estratégia da organização de limitar seus gastos para priorizar um lucro almejado.

Pouca ambição

A eficiência do orçamento base zero já foi comprovada por organizações de sucesso. Pelos bons resultados que apresenta, deveria ser algo a ser adotado largamente. Mas nas reuniões de orçamento ainda costumam surgir ideias de estratégias que caminham na direção contrária. Por exemplo, é comum vermos dirigentes que raciocinam da seguinte forma: "Já que os gastos no ano anterior foram de R$1 milhão e a inflação prevista será de 5%, a previsão de gastos será reajustada para R$1.050.000." Um pouco simplista demais isso, não?

Ao fazer um ajuste de rota tão pouco ambicioso assim, é destruída qualquer possibilidade de gerar eficiência no negócio. É como dizer: "Não quero lucrar mais, não quero maior produtividade, nem conquistar mercados." Ao passo que no orçamento base zero ocorre exatamente o contrário. Literalmente, a ideia é partir do zero. Este ano, o alvo é ter R$500 mil de lucro? Se temos hoje R$400 mil, então precisamos melhorar em R$100 mil. Como isso será feito até o final do próximo ano?

Há várias formas inteligentes. Vender a mesma quantidade, mas com um preço maior. Diminuir estoques e, com isso, todas as despesas associadas a eles. Reduzir custos e despesas. Tornar a operação mais eficiente. Renegociar preços com fornecedores. Aliás, sobre este último quesito, admiro o modo como algumas empresas japonesas conseguem redução de preços com seus fornecedores.

No lugar de impor uma redução unilateral de preços, usando de sua força por serem grandes corporações, essas empresas têm um diálogo com seus fornecedores que costuma ser assim: "Hoje eu te pago R$1 pela unidade de seu produto, você tem um custo de R$0,50 e um lucro de R$0,50. Eu gostaria muito de pagar R$0,90 pelo seu produto, mas não quero fazer isso às suas custas, não quero que você reduza sua margem a R$0,40."

Então a empresa envia seus engenheiros para a fábrica do fornecedor e passa a trabalhar ali para ajudá-los a reduzir o custo unitário dos produtos. Esse fornecedor conseguirá melhorar a eficiência de seus processos e baixará o custo para R$0,35, aumentando sua margem para R$0,55. E a empresa japonesa pagará R$0,90 centavos pelo produto, incrementando sua própria lucratividade. Verdadeiro ganha-ganha.

Eu me estendo descrevendo sobre o orçamento base zero porque ele confirma o conceito que venho tratando seguidamente aqui, de que o planejamento de uma organização, e eventuais correções de rumo, é bem-sucedido quando tem foco no lucro e na formação do caixa. O sucesso não está em um grande faturamento, mas no lucro a ser auferido. É a partir da definição de quanto uma organização pretende lucrar que se deve construir o restante da estratégia financeira de uma empresa.

Quatro cenários

Apresentarei em seguida o exemplo imaginário de uma empresa que está buscando aumentar seu lucro e tem diante de si quatro diferentes cenários. Fico esperançoso de que, trazendo essas possibilidades, eu consiga mostrar a você, leitor, como a decisão de aumentar o faturamento não é necessariamente o que traz os melhores resultados para sua empresa. Pode parecer um pouco árido o que virá a seguir. Muitos números. Mas prometo que, após as simulações, amenizarei a dureza das tabelas apresentando um exemplo real, no qual estive envolvido como consultor e que mostrará como as soluções para uma maior rentabilidade de uma organização podem estar até mesmo na redução de seu faturamento.

Nosso exemplo é o de uma empresa da área de vestuário, uma loja de roupas. A proprietária dessa loja, Joana, não está satisfeita com seu lucro, decidindo querer uma receita maior. Para isso, ela contrata um consultor para pedir o desenho de alguns cenários. A empresa tem um faturamento de R$100 mil. O Custo das Mercadorias Vendidas (CMV) é 70% desse valor, ou seja, R$70 mil. O lucro bruto é de R$30 mil, logo, 30% do faturamento. Desse lucro bruto, R$20 mil correspondem às despesas fixas. Portanto, o lucro líquido será o resultado do lucro bruto menos as despesas: R$10 mil. A margem líquida, que sempre se mede em percentual, será de 10% sobre o faturamento. No nosso caso, equivale àqueles R$10 mil correspondentes ao lucro líquido. Confira esses números na Tabela 4.1.

Faturamento		R$100.000,00
CMV	70%	-R$70.000,00
Lucro bruto		R$30.000,00
Margem bruta		30%
Despesas fixas	20%	-R$20.000,00
Lucro líquido		R$10.000,00
Margem líquida		10%

Tabela 4.1

Até então, Joana vendia 100 produtos a R$1 mil cada um, o que proporcionava o faturamento de R$100 mil. "Vou aumentar minha venda em 20%", ela diz. A partir de agora, Joana comercializará 120 produtos, aumentando o faturamento para R$120 mil, conforme pode ser visto na Tabela 4.2.

Aumento do faturamento (unidades vendidas) em 20%

	Cenário base	Variação	Novo cenário
Faturamento	R$100.000,00	20%	R$120.000,00
CMV	**-R$70.000,00**		**-R$84.000,00**
% do faturamento	70%		70%
Lucro bruto	R$30.000,00		R$36.000,00
Margem bruta	30%		30%
Despesas fixas	**-R$20.000,00**		**-R$20.000,00**
% do faturamento	20%		16,70%

| Lucro líquido | R$10.000,00 | R$16.000,00 |
| Margem líquida | 10% | 13,30% |

Variação lucro líquido	
R$	R$6.000,00
%	60%

Relação variação faturamento x lucro líquido	3 x

Tabela 4.2

Como o Custo das Mercadorias Vendidas (CMV) equivale a 70% do faturamento, há, nesse cenário, um salto dos R$ 70 mil da situação inicial para R$84 mil. A margem bruta, que é de 30%, também se expressará em um valor maior do que na situação anterior, alcançando R$36 mil. As despesas fixas — a conta de luz do escritório, o aluguel, funcionária, o consultor — se manterão inalteradas em R$20 mil.

Nesse cenário, a proprietária da loja de roupas chegou a R$16 mil de lucro líquido, aumentando R$6 mil em relação aos R$10 mil de lucro na situação anterior. Portanto, em termos percentuais, esse aumento de lucratividade foi de 60%. Isso também impactou a margem líquida da empresa. O que é a margem líquida? É o lucro líquido dividido pelo faturamento. Ele era 10% no cenário inicial, e agora, com o aumento do faturamento em 20%, saltou para 13,3%.

Redução de custo

Sem ainda tecer considerações sobre qual dessas situações seria a mais favorável, passemos para o segundo cenário. Nessa situação, Joana investiria seriamente na redução do Custo das Mercadorias Vendidas (CMV), negociando melhor com os fornecedores, e na logística. Dessa maneira, as vendas continuarão no mesmo valor do cenário inicial, mantendo o faturamento em R$100 mil. Como as negociações com fornecedores e a diminuição do custo das mercadorias foram bem-sucedidas, o lucro bruto saltou de R$30 mil e passou para R$ 36 mil, pois a proprietária decidiu comprar peças de vestuário por R$64 mil, no lugar dos R$70 mil anteriores.

Ou seja, a margem bruta aumentou em 6 pontos percentuais. Saiu de 30% em um cenário base para 36%. As despesas fixas não mudaram, continuaram em R$20 mil. O lucro bruto passou a ser de R$36 mil. Esse valor, menos os R$20 mil da situação inicial, é de R$16 mil. Aumentar a venda em quantidade em 20%, como está no cenário 1, ou reduzir o custo em 6 pontos percentuais (8,6%, neste caso) dá o mesmo resultado no lucro, conforme pode ser visto a seguir, na Tabela 4.3.

Redução do custo (CMV) em 6 pontos percentuais

	Cenário base	Variação	Novo cenário
Faturamento	R$100.000,00		R$100.000,00
CMV	-R$70.000,00		-R$64.000,00
% do faturamento	70%		64%
Lucro bruto	R$30.000,00		R$36.000,00
Margem bruta	30%		36%
Despesas fixas	-R$20.000,00		-R$20.000,00
% do faturamento	20%		20%
Lucro líquido	R$10.000,00		R$16.000,00
Margem líquida	10%		16%
Variação lucro líquido			
R$			R$6.000,00
%			60%
Relação variação do CMV x lucro líquido			7 x

Tabela 4.3

Ternos mais caros

No terceiro cenário, a decisão foi de simplesmente aumentar o preço da mercadoria em 6%. Isso certamente não afugentaria os clientes, que, se estavam dispostos a pagar R$1 mil em um terno, não desistirão da compra por ter de desembolsar R$60 a mais para investir R$1.060 pelo vestuário no total. A quantidade de produtos vendidos será a mesma, 100 unidades, que, com o novo preço, somarão R$106 mil.

Dessa maneira, o custo da mercadoria não muda, Joana continua comprando pelo mesmo valor dos fornecedores, mas vendendo com um novo preço. Com isso, o lucro bruto aumenta para R$36 mil, que correspondem aos R$106 mil de faturamento, menos o custo da mercadoria de R$70 mil. Em termos percentuais, isso se traduz em 34% de margem bruta. A despesa fixa não muda, e chegamos aos mesmos R$16 mil de lucro. Ou seja, vários caminhos levam a Roma. Nesse exemplo, vender 20% a mais em quantidade leva ao mesmo resultado que aumentar o preço em 6%, como pode ser conferido na Tabela 4.4.

Aumento de preço de 6%

	Cenário base	Variação	Novo cenário
Faturamento	R$100.000,00	6%	R$106.000,00
CMV	-R$70.000,00		-R$70.000,00
% do faturamento	70%		66%
Lucro bruto	R$30.000,00		R$36.000,00
Margem bruta	30%		34%
Despesas fixas	-R$20.000,00		-R$20.000,00
% do faturamento	20%		18,90%
Lucro líquido	R$10.000,00		R$16.000,00
Margem líquida	10%		15,10%

continua

continuação

Variação lucro líquido	
R$	R$6.000,00
%	60%
Relação variação aumento do preço x lucro líquido	10 x

Tabela 4.4

Menos despesas fixas

Vamos examinar a quarta alternativa de que nossa proprietária da loja de roupas poderia lançar mão para melhorar sua performance. Nesse caso, o faturamento continuaria o mesmo, R$100 mil, o que significa que o lucro bruto também continuará em 30%, ou R$30 mil, o mesmo do cenário inicial. Mas desta vez ela conseguiu reduzir suas despesas fixas em 30%, baixando o gasto dos R$20 mil iniciais para R$14 mil. Portanto, o lucro líquido foi para R$16 mil. Esses números estão expressos na Tabela 4.5.

Redução de despesas fixas em 30%

	Cenário base	Variação	Novo cenário
Faturamento	R$100.000,00		R$100.000,00
CMV	-R$70.000,00		-R$70.000,00
% do faturamento	70%		70%
Lucro bruto	R$30.000,00		R$30.000,00
Margem bruta	30%		30%
Despesas fixas	-R$20.000,00	-30%	-R$14.000,00
% do faturamento	20%		14%
Lucro líquido	R$10.000,00		R$16.000,00
Margem líquida	10%		16%

Variação lucro líquido	
R$	R$6.000,00
%	60%

Relação variação das despesas fixas x lucro líquido	2 x

Tabela 4.5

Qual é o melhor cenário?

Vamos considerar que esses quatro cenários são factíveis. Porém, qual entre eles trará mais benefícios para Joana e exigirá menos energia e dinheiro para chegar aos bons resultados que ela almeja? Entre essas possibilidades, qual seria mais difícil? Aumentar em 20% as vendas ou reduzir as despesas fixas em 30%? Será que elevar em 6% o preço também traria problemas com os clientes?

Agora vamos pensar em algo de que até então não falamos, o estoque, pois a maneira como lidamos com ele impactará o resultado do lucro e, ainda mais importante, o caixa. Imaginemos que Joana, com venda de 100 peças de vestuário mensalmente, tem esse estoque físico todo início de mês. Vamos concordar que a compra desse estoque é o único investimento que ela faz também.

Nós dissemos na situação atual do negócio de Joana (Tabela 4.1) que o custo da mercadoria era equivalente a 70% do valor da venda, R$100 mil. Assim, o custo da mercadoria é de R$70 mil. No primeiro cenário (Tabela 4.2), que propõe o aumento do faturamento em 20%, o estoque terá de saltar para 120 peças em 30 dias, e seu valor enquanto custo será de R$14 mil, mais alto do que na situação inicial da empresa. O lucro líquido, neste primeiro cenário, será de R$6 mil.

Vamos comparar este cenário 1 com o cenário 3, aquele em que Joana decide aumentar em R$60 o preço do terno para o consumidor, que até então custava R$1 mil (Tabela 4.4). O crescimento do lucro nos cenários 1 e 3 é o mesmo, R$6 mil. A diferença é que o primeiro cenário propõe aumentar o faturamento, enquanto o terceiro promove um pequeno reajuste no preço da mercadoria. Vamos examinar os outros. O cenário dois (Tabela 4.3) propõe a redução do Custo das Mercadorias Vendidas (CMV) em 8,6% (6 pontos percentuais de melhoria de margem), o que também traria um acréscimo de lucro de R$6 mil, assim como acontece com o lucro no cenário 4 (Tabela 4.5), no qual é proposto um corte de 30% no valor das despesas fixas.

Entre esses quatro cenários, eu apontaria o terceiro, pois há o aumento no preço do terno em 6% (Tabela 4.4), como o mais confortável, dado que exigiria menos investimentos e riscos para Joana. Como premissa, combinamos que o único investimento feito nos quatro cenários seria no estoque. Sabendo disso, vamos voltar a comparar o cenário 3 (Tabela 4.4) com o 1 (Tabela 4.2). No primeiro, há um investimento em estoque de R$84 mil, por ela ter decidido aumentar o faturamento em 20%, com um lucro de R$16 mil. No cenário 3, o lucro será o mesmo, mas o estoque custará R$70 mil.

Com esses números, podemos medir o retorno sobre o capital investido, um dado de grande importância em finanças. Chegamos nesse número com um cálculo simples para se obter um percentual. No cenário 1, temos o investimento no estoque de R$84 mil para um lucro de R$16 mil, o que resultará em um retorno sobre capital de 19% ao dividirmos R$16 mil por R$84 mil. No cenário 3, o capital investido em estoque é de R$70 mil para um lucro de também R$16 mil, o que aponta para um retorno sobre o capital de 22,9%. O que seria preferível, então? Para usufruir do mesmo lucro de R$16 mil, é melhor investir R$84 mil, como no cenário 1, ou R$70 mil, como o 3? O correto é que, quanto menos capital empatarmos em um negócio, melhor.

Talvez alguém possa argumentar que aumentar preços sempre traz um risco: o de atiçar uma reação da concorrência ou afastar os clientes assustados com o reajuste. No cenário 3, falamos em um aumento de 6% no preço final. Não é muito, não é mesmo? Darei um exemplo real. Um cliente meu vendia gravatas que custavam R$61,59, um número quebrado. Se aumentarmos esse valor em 6%, teremos um aumento de R$3,70. Acho bastante improvável alguém conseguir diferenciar R$65,29 de R$ 61,59 no preço final de uma gravata. É irrisório. Mas a diferença que isso faz para o lucro e o caixa da empresa é fantástica.

A análise desses quatro exemplos traz uma mensagem importante, com o ponto mais essencial de toda esta minha exposição. A de que há várias opções para quem pretende ampliar seus lucros sem ser o aumento do faturamento por meio das quantidades vendidas, que é o contrário do que muitos pensam como um modo único. Aliás, acreditar que o sucesso de uma empresa se dá pela decorrência única e exclusiva de um grande faturamento é um erro que pode ser fatal. Via de regra, margens maiores vencem de maior faturamento nove em cada dez vezes!

Rede de farmácias

Pude constatar essa verdade na prática quando acompanhei um cliente que enfrentava prejuízos seguidos, pois mesmo empenhando esforços para aumentar o faturamento, não conseguia vislumbrar uma saída para a crise em seus negócios. Essa empresa de farmácias estava já na sua terceira geração, em uma rede local constituída por três lojas. Na configuração daquele momento, dois irmãos homens, Renato e Bruno, tocavam o negócio, como é muito comum em empresas familiares, e dividiam as diversas áreas entre eles. Um dos irmãos, Renato, cuidava de compras e vendas, ou seja, da parte comercial. Bruno era responsável pelas atividades financeira, administrativa, de recursos humanos e de toda a parte de *backoffice*.

Quem me convidou para uma conversa foi Bruno, o irmão financeiro. Foi uma conversa interessante, ele era agradável e bem informado. Mas nesse primeiro contato, repetiu-se um discurso típico de quando clientes empreendedores contratam o serviço de uma consultoria: Bruno já tinha um diagnóstico do problema que estavam enfrentando e acreditava ter, mais ou menos, uma solução na sua cabeça. Já assisti a esse comportamento muitas vezes. O que os clientes querem ao pedir o auxílio de um profissional é que este valide, endosse a solução que eles acreditam ser a correta para enfrentar suas dificuldades.

O quadro que Bruno me apresentou foi o seguinte: "Nós temos um problema de caixa, e o que está provocando esse problema são as vendas, que estão caindo. Costumávamos faturar um volume importante, mas o faturamento caiu e repercutiu no caixa." Esse irmão financeiro se orgulhava do seu trabalho como diretor financeiro e dos controles, que, modéstia à parte, ele considerava muito bons: "Temos todos os relatórios, todas as informações, diferentemente de muitas outras empresas. Essa é a minha área de *expertise*, então eu controlo bem isso."

Ao final do primeiro encontro, ele me apresentou seu diagnóstico: "Se a gente vender mais, resolveremos esse desafio. É disso que eu preciso, que você me ajude a vender mais, para resolvermos nosso problema de caixa." Bruno me assegurou, mais uma vez, que eu não precisaria me preocupar com a parte das finanças, pois disso ele já cuidava bem. O que se repetia era a necessidade de vender mais, faturar mais. Ou seja, o simpático Bruno havia contraído o vírus do faturamento, um agente infeccioso responsável pela letalidade em 60% das empresas em seus primeiros anos de vida.

Anotadas todas as considerações do meu cliente, comecei a fazer o trabalho de diagnóstico da empresa, o que eu chamo de anamnese, como fazem os médicos. A primeira pergunta que eu faço é se a empresa está dando lucro ou prejuízo. Mas esse tipo de questionamento só faz sentido no tempo que o empresário sempre pode tomar algumas medidas que permitam que a empresa gere caixa e escondam momentaneamente uma situação de prejuízo.

Por exemplo, ele pode reduzir seus estoques, vendendo mercadorias, e não comprar reposições. Com isso, produz-se entrada de caixa, pois está entrando dinheiro, e a empresa não está pagando ninguém. Mas isso é por um curto espaço de tempo. Uma hora o estoque acabará, e atitudes como essa mascararão os resultados, como acontece quando estamos nos sentindo mal e tomamos analgésicos para tirar a dor. Isso pode esconder sintomas de algo mais grave, que deveríamos ter começado a tratar logo quando surgiram os primeiros sinais.

Aquela rede de farmácias estava dando prejuízo já havia algum tempo. Em um primeiro momento, eles diziam: "Ah, foi só um ano de prejuízo." Mas, comparando ano após ano, estava claro que a operação estava deficitária. Os proprietários, durante um longo tempo, foram vendendo patrimônio próprio para cobrir os buracos na empresa. O patrimônio acabou, e eles começaram a se endividar procurando os bancos.

Eles não tinham caixa, pois nenhuma empresa que tenha prejuízo ao longo do tempo consegue gerar caixa. A seguir, a Tabela 4.6 mostra essa situação vivida pela empresa. Os irmãos haviam colocado como meta faturar R$10 milhões até o final do ano, acreditando que com esse montante passariam a ter lucro, gerar caixa e começar a reduzir suas dívidas. Mas a tabela mostra mais: quando eles faturaram R$9,2 milhões, o lucro líquido foi negativo em R$75 mil. O cenário 1 pode ser visto conforme a Tabela 4.6.

Cenário 1

Faturamento	R$9.299.143,00

CMV	-R$5.557.347,00
	59,80%

Lucro bruto	R$3.741.796,00
Margem bruta	40,20%

Despesas fixas	-R$3.816.894,00
	41%
Lucro líquido	-R$75.098,00
Margem líquida	-0,80%

Tabela 4.6

Melhor R$6 milhões do que R$10 milhões

Depois de examinar os números dessa rede de farmácia, Bruno voltou a dizer que acreditava que, faturando R$10 milhões, ele seria capaz de acertar suas contas para voltar a ter lucro. Nesse instante, fiz uma proposta que o assustou. Eu disse que, pelos meus cálculos, era melhor faturar R$6 milhões do que R$10 milhões. Claro, ele não acreditou. Foram necessários muito suor e esforço para convencê-lo. Mas eu ainda havia guardado um outro choque: a melhor coisa para o grupo era fechar uma das farmácias.

"Como? Fechar uma de nossas farmácias? Ficar com só duas?" Eu entendi a perplexidade do meu cliente. Empreendedores têm esse impulso do crescimento correndo na veia deles. É muito difícil tomar a decisão de fechar uma loja ou divisão de negócios. É bom que os empresários queiram crescer, mas também é preciso que escutem a razão quando é ela quem mostra o caminho do lucro.

Após muito sofrimento pessoal, lerem e relerem as projeções que eu havia feito, Bruno e Renato concordaram em fechar uma das farmácias, como sugerido. A unidade era localizada em um bairro de menor poder aquisitivo, e vinha registrando prejuízos recorrentes e derrubando a lucratividade de todo o grupo. Depois que eles passaram a contar com "apenas" duas farmácias, houve uma grande transformação nos números, como está mostrado na Tabela 4.7, a seguir. Para maior clareza, trago tanto o cenário anterior quanto o que surgiu após a redução do faturamento.

2 cenários

	Cenário 1	Cenário 2	Variação
Faturamento	R$9.299.143,00	R$5.783.420,91	-38%
CMV	-R$5.557.347,00	-R$3.180.881,50	-43%
	59,80%	55%	
Lucro bruto	R$3.741.796,00	R$2.602.539,41	-30%
Margem bruta	40,20%	45%	
Despesas fixas	-R$3.816.894,00	-R$2.313.368,37	-39%
	41%	40%	
Lucro líquido	-R$75.098,00	R$289.171,05	
Margem líquida	-0,80%	5%	

Tabela 4.7

Examinando as duas situações, podemos ver a evolução da empresa antes e depois de fechar uma de suas unidades. No momento em que fui chamado, a empresa faturava R$9,3 milhões, como está na primeira coluna. O Custo de Mercadorias Vendidas (CMV) atingia aproximadamente R$5,6 milhões, equivalentes a uma fatia de 59,8% do faturamento. Portanto, o grupo experimentava 40,2% de margem bruta, o que significavam R$3,741 milhões. No entanto, as despesas fixas batiam esse montante de 41% do faturamento, e chegavam a R$3,816 milhões. Com isso, o resultado era um prejuízo de R$75 mil. Um quadro preocupante, que já era praticamente crônico na empresa.

E aí fechamos uma das farmácias. O primeiro resultado foi melhorar a margem bruta, que saiu de 40,2% para 45%, conforme está na segunda coluna. Como havia agora duas farmácias, no lugar das antigas três, o faturamento despencou em 38%. Isso poderia ser um grande problema, mas não foi, porque os custos variáveis (CMV), que estão diretamente ligados às vendas, diminuíram ainda mais, em 43%, junto das despesas fixas, que, de 39%, passaram de R$3,8 milhões do quadro inicial para R$2,3 milhões. Ao focarem seus esforços na gestão das duas farmácias remanescentes, os irmãos conseguiram melhorar a qualidade do estoque de mercadorias, priorizando as vendas dos produtos de maior lucratividade, simultaneamente à redução das outras despesas que não eram realmente necessárias.

Parece milagre

Nesse momento, acontece algo que pareceria milagroso, caso não fosse pura matemática financeira: o lucro, que jazia em R$75 mil negativos, levantou-se da sepultura e subiu aos céus, com R$289 mil positivos. Não há máquina de calcular que tenha uma tela grande o suficiente para mostrar a variação percentual de um resultado negativo como aquele comparado com esse lucro de quase R$300 mil. Mas a margem líquida dá uma mostra dessa mudança: a evolução de 0,8% negativos para saudáveis 5% positivos.

Trago esse caso aqui para mostrar para os leitores que atuam em outros segmentos — seja nos setores primário, secundário ou terciário — a decisiva importância do lucro. Todos sabem que é importante lucrar, mas, como já enfatizei, frequentemente confundem lucro e faturamento. O caso dos irmãos das farmácias é elucidativo nesse sentido para mostrar que mesmo uma queda no faturamento é capaz de tornar a empresa muito mais lucrativa do que quando se mira de maneira obcecada no crescimento do faturamento.

Gostaria de fazer mais alguns comentários a respeito dos meus clientes, Bruno e Renato, os donos das farmácias. Mesmo depois que comemoramos os bons resultados das mudanças feitas, revertendo aquela trajetória de prejuízos seguidos que acabaria por provocar a falência de todo o negócio, eles, embora se declarassem satisfeitos, às vezes diziam coisas como: "Ah, mas nosso faturamento era de quase R$10 milhões... E tínhamos três farmácias..." Como se vê, o vírus do faturamento resiste por muito tempo no organismo, mesmo depois de uma infecção quase mortal ter sido debelada.

Os irmãos eram pessoas inteligentes e razoáveis. Entenderam que a menor das três farmácias dava prejuízo e, diante da minha insistência, se conformaram com o fato de que as perdas dessa farmácia não poderiam ser revertidas. Mas resistiram enormemente quanto à ideia de fechar o estabelecimento. E aqui está um conceito que é interessantíssimo. É conhecido pela expressão em inglês *sunk cost*, que pode ser traduzida por "custo afundado". Refere-se a custos irrecuperáveis.

Bruno e Renato se agarravam ao que já havia sido investido no estabelecimento, e muitos empreendedores fazem a mesma coisa. "Já colocamos R$500 mil lá. Se fecharmos esta farmácia, perderemos todo esse dinheiro que investimos", eles diziam. O que não percebiam é que todo investimento ali não se traduzia em lucro, mas em um prejuízo crescente. Vamos imaginar que eles, após terem investido aqueles R$500 mil, não fechassem o estabelecimento e a cada mês tivessem que colocar mais R$50 mil para cobrir os prejuízos da farmácia. Em 30 dias, o prejuízo passaria para R$550 mil. Se demorassem outro mês, a perda já seria de R$600 mil. Esse dinheiro nunca seria recuperado. *Sunk cost*! Não havia mais salvação para aquela farmácia.

Considero natural essa resistência por parte desses meus clientes em acatar as medidas que sugeri. Não é fácil fechar uma loja, um ponto de venda, uma filial, diminuir o negócio, mesmo que seja nominalmente. Imaginem isso acontecendo em uma empresa com mais de 50 anos. O escritório era cheio de retratos do fundador, que tem a segunda geração empreendedora olhando para ele como referência. Nas últimas cinco décadas, eles construíram uma fortuna com foco apenas no faturamento. Aí eu chego e digo: "Esqueçam o faturamento." Não é fácil. A vida toda eles apostaram no aumento de vendas.

Custo dos descontos

Por mais que sentissem que o negócio estava encolhendo — eram três farmácias, o faturamento era de R$9,2 milhões, que agora está em menos de R$6 milhões —, a realidade é que ele aumentou muito em valor. O lucro chegou a R$289 mil, coisa que há muito tempo eles não viam. E não foi só o fechamento de uma das farmácias que ajudou a melhorar a margem. Havia custos ocultos que prejudicavam os negócios: um deles, os descontos dados aos clientes.

Bruno e Renato estavam convencidos de que quanto maior fosse o faturamento, melhor. Fazia parte também da personalidade deles um certo otimismo que dizia que sempre venderiam mais. Esse sentimento fazia com que eles investissem em estoques. Vamos exemplificar: se imaginassem que poderiam vender R$ 10milhões no ano, ou seja, R$833 mil em cada um dos 12 meses, então eles compravam produtos suficientes para ter R$833 mil em estoque em suas farmácias.

Mas a visão favorável que eles sustentavam sobre a própria capacidade de vender não era correspondida pela realidade. As mercadorias encalhavam em seus depósitos. Como precisavam pagar seus fornecedores, regularmente eram tomados pelo pânico de terem de se livrar daquelas mercadorias para fazer dinheiro, e passavam a dar grandes descontos nos produtos, vendendo-os a preço de custo ou, algumas vezes, até abaixo.

Isso acontecia porque a negociação deles com os fornecedores não era das mais favoráveis. Pressionados a pagar pelos produtos que adquiriam, se apressavam em desovar seus estoques o mais rápido que pudessem, e as margens eram deixadas de lado. Era uma dupla perda. Não geravam lucro e, sem capital, ainda pagavam juros pela compra de um estoque elevado, que havia sido financiado por recursos tomados em banco.

Por que eles agiam dessa maneira? O que os levava a continuar formando estoques elevados, mesmo quando o mercado mostrava sistematicamente que aquelas compras estavam superdimensionadas? O que me responderam de maneira sincera foi: "Sempre havia sido assim nos 50 anos de existência da empresa." As compras sempre foram feitas em volumes altos, e os prazos para pagar os fornecedores sempr foram baixos. "A empresa sempre teve muito dinheiro, não havia problema em pagar os fornecedores", contou Bruno.

Foi com muita dificuldade que eles venceram o constrangimento de ir até os fornecedores para pedir um prazo maior no pagamento da mercadoria adquirida. A inércia, a tradição, o costume, o "sempre fizemos assim" só nos ajudam quando estamos indo bem nos negócios. Mesmo assim, temos de tomar cuidado, pois as condições mudam de uma hora para outra.

As empresas correm riscos não só quando estão se deslocando a passos de tartaruga, mas também nos momentos em que os negócios estão se expandindo. É nesse momento que as fragilidades operacionais podem comprometer o crescimento dos negócios, como as vividas por essa rede de farmácias. E crescimento dos negócios é o tema de que trataremos no próximo capítulo.

CAPÍTULO 5

O quanto sua empresa pode crescer?

Em determinado momento da minha carreira, fui o diretor responsável pela unidade de negócios de pneus de uma grande empresa multinacional para cinco países da América do Sul — Argentina, Chile, Paraguai, Uruguai e Bolívia. Cada um deles oferecia um desafio particular, o que tornou essa experiência profissional riquíssima. Minha família morava na Argentina. Eu viajava pela região e passava ao menos uma semana por mês no escritório do Chile.

Exatamente ali, no Chile, tínhamos uma questão para resolver. Esse país tem a economia mais aberta da América Latina. Como se sabe, consomem-se nesse mercado produtos originários do mundo inteiro. Os chilenos não têm fidelidade a marcas específicas em relação aos automóveis, muito menos relacionado aos pneus, o que tornava esse mercado peculiar. Os consumidores dali têm à sua disposição uma invasão de pneus chineses, coreanos, e está tudo bem para eles que seja assim. É, portanto, um mercado bastante competitivo.

Passei a ir ao país mensalmente com uma missão clara: aumentar a participação da minha empresa no mercado premium de pneus, que era dominado por uma forte concorrente. Essa concorrente controlava 30% do mercado, enquanto a minha empresa respondia por 5%. Mas havia aí um detalhe perturbador: a concorrente oferecia uma linha com 150 diferentes tipos de pneus e controlava um terço do mercado. Já minha companhia, apesar de vender seis vezes menos em volume, tinha um portfólio quatro vezes maior, com 600 tipos de pneus. Isso mesmo, 600 diferentes modelos de pneus!

Para olhares distraídos, pneus podem parecer que são todos iguais. Não é verdade, há centenas de configurações de acordo com o tipo e o uso do veículo nos quais serão instalados. Existem pneus para neve, cidade, pneus off-road, caminhões, tratores, aviões. Todos os modelos fabricados pela minha empresa no mundo estavam no Chile, e isso fazia com que nossa logística fosse extremamente complicada, e os estoques nos nossos revendedores, altíssimos.

A ajuda de Pareto

Quando esse quadro chileno se revelou para mim, me lembrei do Princípio de Pareto.[15] De acordo com uma regra desenvolvida pelo italiano Vilfredo Pareto, 20% dos produtos geram 80% dos resultados de uma empresa, assim como 20% dos clientes são responsáveis por 80% do lucro auferido. Logo, pedi ao escritório chileno uma planilha que relacionasse os pneus, do número 1 ao número 600, ao lucro correspondente que cada um deles gerava. Quem apareceu à minha frente? O Pareto! Do total de pneus, 20%, ou seja, 120 modelos, eram responsáveis por 80% do lucro

---

15 O Princípio de Pareto afirma que, para muitos eventos, 80% dos efeitos vêm de 20% das causas. Essa "regra" foi sugerida por Vilfredo Pareto (1848–1923), o qual havia identificado essa relação quando estudava a distribuição de renda na sua Itália natal. Segundo seus levantamentos, 80% das terras pertenciam a 20% da população. Para sua surpresa, ele constatou que essa mesma proporção se repetia em outros países europeus, e também no seu quintal, no qual 20% dos pés de ervilha produziam 80% das ervilhas colhidas. Em anos posteriores, verificou-se que a regra 80-20 era válida para outros fenômenos: 20% das pessoas detinham 80% da renda em um país; 20% dos empregados respondiam por 80% dos resultados em uma empresa, entre outros. Disponível em: <http://www.80-20presentationrule.com/whatisrule.html>.

da operação da minha empresa no Chile. Os 80% dos pneus restantes — 480 modelos – traziam 20% do lucro.

Reuni a equipe e disse: "Escutem, nós temos uma complexidade logística absurda de cara para distribuir 600 diferentes tipos de pneus." E perguntei: "O que vocês podem fazer para reduzir essa quantidade de modelos que temos aqui?" Como já informei, nessa época eu ia ao Chile regularmente, então passei um dever de casa para os colaboradores dali: "Daqui a duas semanas, voltarei, então venham para a reunião com uma proposta de redução do número de produtos, mas sem perder vendas. Não quero perder nem clientes, nem dinheiro."

Aparentemente todos concordaram comigo que havia algo estranho no fato de termos quatro vezes mais variedade de modelos no estoque do que o concorrente, que vendia seis vezes mais do que nós. Eu me despedi deles com a sensação de que havíamos chegado a um acordo. Quando voltei ao Chile, duas semanas mais tarde, cheguei com a expectativa de que apresentariam um estudo propondo uma redução importante na variedade de itens no estoque.

Começou a reunião, e eles explicaram longamente as dificuldades que enfrentaram para fazer cortes ao estudar todo o portfólio. Falavam e falavam, e eu comecei a ficar impaciente, até que pedi para me mostrarem como ficaríamos a partir de então. A redução foi ínfima, saímos de 600 para algo como 575 diferentes modelos. E eles defendiam com ênfase que nenhum pneu a mais poderia ser cortado, caso contrário, nossos resultados despencariam.

Engoli minha irritação para dizer que não queria escutar aqueles argumentos. Eu retornaria dali a duas semanas, e dessa vez gostaria de ver uma redução significativa ou uma proposta de melhoria mais abrangente. Na reunião seguinte, eles entraram na sala satisfeitos. Me agradeceram por ter aberto os olhos de que era possível racionalizar o portfólio e explicaram que haviam feito um trabalho detalhado para chegar à melhor alternativa. A diminuição foi de 600 para 450 produtos. "Uma redução de 25%", disseram orgulhosos.

Foi quando perdi minha paciência, e disse: "Tudo bem, nós estamos aqui há mais de um mês esperando que vocês fizessem esse trabalho." E continuei: "Como não deu certo, eu farei isso na planilha Excel.[16] Utilizarei o Conceito de Pareto, farei um ranking, colocarei ao lado de cada pneu o lucro[17] que ele traz e cortarei 450 deles. Como? Dessa forma aqui!" E, voilà! Só deixei os 150 modelos mais rentáveis na lista.

Não tomei essa atitude de uma maneira impensada, impulsiva. Eu havia estudado o desempenho de vendas de cada um daqueles produtos com cuidado. Era algo assim: o pneu número um vendia 1.000 unidades por ano, e o seu lucro era de aproximadamente US$10 por ano simulado. Por consequência, esse modelo gerava um lucro total de US$10 mil por ano. O pneu número dois vendia menos, 100 unidades por ano, mas sua rentabilidade era bem maior, US$90 para cada pneu, somando US$9 mil em 12 meses.

Dessa maneira, fiz um ranking da lucratividade dos modelos com base em sua contribuição para o lucro total da empresa. Na reunião, abri a planilha e disse que os pneus a partir do número 151 para baixo não seriam mais importados da fábrica. Informei que venderíamos aqueles que estivessem em estoque, e quando acabassem, seriam esquecidos para sempre. Informaríamos os revendedores sobre essa decisão, e a partir daquele momento só traríamos para o Chile aqueles 150 modelos. Cortei 450 itens do estoque sem nenhuma dor no coração, pois sabia que eles representavam muito pouco em valor e custavam muito em investimento e logística, além de gerar complexidade para a operação. Não

16 O Excel é um software desenvolvido e distribuído pela Microsoft Corporation. Trata-se de um programa que permite realizar tarefas de contabilidades e financeiras graças às suas aplicações para criar e trabalhar com folhas de cálculo, mais conhecidas como planilhas. Disponível em: <https://conceito.de/excel>.

17 O lucro de cada unidade é o valor de venda do produto menos todos os custos e despesas associados à sua venda.

canso de lembrar que, na grande maioria dos casos em negócios, a simplicidade gera lucro, enquanto a complexidade é destruidora de valor e caixa.

A reação do mercado

É claro, os chilenos queriam me bater, e certamente me consideraram um idiota por fazer algo assim. Por eu ser o chefe da divisão, felizmente me trataram com respeito e refrearam algum instinto mais agressivo que estava fervendo em suas cabeças. Mesmo assim, ainda reclamaram. "Vai ser um problemão, uma dificuldade, os revendedores vão detestar." Eu mantive minha decisão. Disse a eles que o tempo de estudos já havia passado e que discussões democráticas eram boas, mas que havia chegado a hora em que alguém deveria tomar uma decisão. E disse ainda que eu arcaria com todas as consequências daquela resolução. A partir daquele instante, teríamos só 150 modelos de pneu no portfólio. Restava esperar para saber como o mercado reagiria.

Resumindo uma longa história, duas semanas depois, mandamos uma carta para nossa rede de revendedores dando conta dessas resoluções. A equipe se angustiava com a pior expectativa possível. Nossos revendedores ficariam magoados, decepcionados com nossa empresa. Nada disso, a reação da rede foi extraordinária. Eles ligaram, escreveram cartas agradecendo pelas medidas tomadas, nos revelaram sentimentos que nunca pensamos que estavam presentes. Porque a vida deles era um inferno, um martírio. Eles nunca gostaram daquele enorme portfólio, mas sem ter o que fazer, acabaram se acostumando. Principalmente os concessionários de nossa concorrente, que também eram da nossa empresa, e diziam que era muito melhor trabalhar com a nossa concorrente porque ela permitia processos muito mais simples e eficientes do que os de nossa empresa.

A equipe chilena ficou surpresa. Eles de fato achavam que eu era um incompetente, e era uma questão de meses para que as vendas começassem a cair. Isso não aconteceu. As vendas e os lucros aumentaram, pois ganhamos participação no mercado. Moral da história: houve uma redução dramática de toda a complexidade na importação, comercialização e na entrega dos 600 modelos diferentes de pneus. O custo de logística despencou. Antes, esse custo era terrível, por ser um dos mais altos do setor e um custo importante para nós. E ainda melhoramos o nível de serviço. A logística era ineficiente, além de dispendiosa. O revendedor pedia um pneu, e não conseguíamos entregar no prazo desejado pelo cliente. As vendas eram perdidas com isso. E como eu disse, os chilenos não eram fiéis a marcas. Eles iam à loja. Se o pneu que queriam não estivesse disponível para pronta entrega, seguiam para a loja de outra marca e compravam aquilo de que precisavam. Apenas alguns ficavam insatisfeitos, porque queriam manter o pneu original que vinha do fabricante.

Repassamos a economia de custo para o consumidor, tornando nossos preços por unidade mais competitivos e aumentando a margem por pneu vendido. Passamos a ganhar mais dinheiro, ter mais clientes satisfeitos e muito menos dor de cabeça. E, o melhor de tudo, a equipe me procurou para comunicar que havia feito um estudo, por iniciativa própria, que apontou para novas oportunidades de redução de estoque. Assim, um ano depois, nosso portfólio havia diminuído para 130 modelos de pneus. Fui comemorar assistindo a um show do nosso extraordinário violonista Toquinho, em Santiago, no Chile, país de seu grande amigo, o poeta Pablo Neruda.

A armadilha do faturamento

Essa experiência confirmou uma verdade do mundo corporativo. Em negócios, simplicidade é sinônimo de rentabilidade. O contrário também é verdadeiro: a complexidade provoca custos e despesas desnecessários, os inimigos ferozes do caixa. A empresa cresceu em lucratividade. Aumentou também o seu faturamento, e mais uma vez devemos dar ênfase ao lucro. A minha empresa no Chile gerou mais caixa porque, além de ganhar dinheiro, trabalhou com um estoque menor. Tivemos uma redução importante do dinheiro que estava parado no estoque, o que é um gerador de caixa. A mesma coisa ocorreu com a rede de revendedores; eles conseguiram vender mais com menos capital empatado em estoque.

A maneira com que os chilenos — e isso nem de longe é uma prerrogativa só deles — se agarraram à ideia de que um estoque monstruoso como aquele garantiria uma boa posição no mercado é uma das armadilhas na qual as empresas costumam cair. As crenças de que quanto mais vender e quanto maior for o faturamento, melhor será, ou a de que é possível perder dinheiro em um ano para lucrar no seguinte, são ciladas que costumam ferir ou mesmo matar organizações aparentemente sólidas. O que realmente importa são o lucro e o caixa.

Há ainda uma outra arapuca que terá grande relevância neste capítulo e que merece um parágrafo exclusivo para sua apresentação. A arapuca é o impulso de querer fazer a empresa crescer em um ritmo exagerado e irreal sem levar em conta importantes fundamentos financeiros. Existe uma grande diferença entre o quanto um empresário quer que sua empresa cresça e o quanto ela é capaz de efetivamente crescer.

Existe uma fórmula matemática que nos permite calcular com precisão qual é o percentual possível que um empreendimento pode crescer de maneira sólida e segura sem o risco de morrer na praia em dois, três anos, seja por falta de capital de giro ou sufocado pelas dívidas e pelos prejuízos acumulados. No entanto, apresentarei essa fórmula mais à frente, pois acredito que a relevância dela ficará mais evidente após examinarmos alguns exemplos. Por exemplo, a questão de como diferentes posturas empresariais podem resultar em bons ou maus resultados para aqueles que gerenciam empresas.

Quando sou chamado por alguma organização interessada em promover crescimento para prestar meus serviços de consultor, a primeira coisa que olho não é o estoque, se ele está enxuto ou exagerado. Eu começo a análise pelo lucro, a última linha dos demonstrativos financeiros. E é aí que se revela a saúde da companhia, como que em um raio x.

Foi isso o que aconteceu recentemente com um de meus clientes de consultoria. À primeira vista, sua vitalidade parecia estar na melhor forma possível. Quando examinamos os últimos 5 anos, verificamos que as vendas haviam crescido 53%. Isso é um crescimento extraordinário! Quem duvidará disso? Mas o lucro bruto, que é o faturamento subtraído dos custos variáveis, aumentou apenas 2%, já que os gastos necessários para propiciar esse crescimento das vendas saltaram 67% em relação àqueles de 5 anos antes. A rigor, depois de agregarmos na análise o fato de que as despesas fixas também cresceram muito mais do que o lucro bruto, esses números mostram que a empresa de meu cliente ganhava menos dinheiro do que 5 anos antes.

Sempre combaterei essa visão de que o crescimento de um negócio é resultado do aumento do faturamento. Isso não quer dizer nada. Pelo contrário, se uma empresa tem R$1 milhão de lucro, é muito melhor que ela alcance esse resultado com um faturamento de R$10 milhões do que com um de R$100 milhões. É muito mais arriscado, pois exige um nível de investimento muito maior. Sem dizer que a complexidade de vender R$100 milhões é muito, muito maior, do que comercializar R$10 milhões.

Miopia contábil

A síndrome da crença no crescimento do faturamento tem como um de seus efeitos tornar as pessoas míopes. Elas sofrem uma disfunção ocular que torna borradas para elas as linhas corretas dos balanços. Como resultado, ficam eufóricas com o crescimento das vendas. "Estou faturando muito mais!", elas comemoram. Tomadas por essa disfunção perceptiva, são incapazes de se dar conta, como no caso daquele meu cliente, de que em 5 anos haviam conseguido fazer crescer o lucro bruto em apenas 2%, enquanto toda a operação da empresa tornou-se desproporcionalmente mais cara, complexa e perigosa.

No fim das contas, esse empresário andou para trás nos negócios. Por quê? Porque ele passou os últimos 5 anos correndo atrás do faturamento. Eu digo às pessoas: "Cuidado com aquilo que você decide focar. Se você escolher o tema errado, o caminho também se mostrará incorreto. Agora, se o foco estiver direcionado para o lucro e a geração de caixa, dificilmente você permitirá que seu custo cresça em 67% e seu lucro bruto não ultrapasse os 2%", como relatei.

Aqueles que alcançaram resultados assim podem ficar desolados e desanimados ao se conscientizarem de que nada avançaram nos negócios ou até andaram para trás. Depois de tantos anos de esforços e sacrifícios, podem dizer a si mesmos: "Todo esse tempo eu estava indo na direção errada. É melhor eu fechar as portas, não sou bom para isso." Obviamente, não concordo com tal postura. Sempre é possível reverter uma situação desfavorável, aprender a evoluir. A não ser que o empresário esteja completamente insolvente, há como mudar a mentalidade operacional para enxergar os procedimentos corretos que são capazes de trazer lucratividade e crescimento.

É imprescindível olhar para os dados corretos que permitirão a uma gestão levar a empresa a aumentar de maneira sólida sua lucratividade. E é igualmente necessário ter claro o quanto a estrutura financeira permite o crescimento da empresa, conforme foi dito anteriormente. Acredito que dois exemplos — o de um dono de restaurante e o de um consultor — mostrarão os caminhos e os obstáculos que costumam surgir diante dos empresários na abertura de seus negócios.

Henrique era dono de uma empresa de instalação de painéis de gesso. Instalava tetos, paredes de dry wall, e fazia outros serviços. As coisas não iam de todo mal, mas Henrique estava cansado dessa atividade que não dava entusiasmo. O que ele gostava mesmo era de cozinhar. Convidava os amigos para almoços e criava receitas, porque havia herdado um caderno de receitas com centenas de comidas baianas da avó, que guardava como um tesouro. Ele acreditava que um dia o caderno traria sua redenção econômica e felicidade.

Com o apoio da esposa, Laura, decidiu passar a empresa de gesso para a frente, e então quis abrir um restaurante. Henrique era uma pessoa organizada, e como a ideia de entrar no ramo da alimentação já existia havia algum tempo, ele construiu uma boa poupança ao longo do tempo para realizar esse sonho. Além disso, vendeu um dos carros da família e um pequeno terreno que comprara ainda nos tempos de solteiro, fortalecendo ainda mais suas reservas financeiras.

Dendê e cadeiras

Laura ficou um pouco tensa com toda essa movimentação preparatória, mas tranquilizou-se depois de Henrique ter jurado de pés juntos que não pediria nenhum empréstimo no banco e só usaria capital próprio na empreitada. Com o sinal verde da esposa, Henrique comprou R$75 mil em mercadorias, como carnes, peixes, legumes, frutas, cereais, farinha, azeite de dendê, pimenta, os insumos necessários para a confecção do cardápio. Outros R$400 mil foram investidos no aparato de cozinha, como mesas, cadeiras, talheres, pratos e outros itens. Antes de começar a operação, ele gastou no total de R$475 mil.

Inaugurado o restaurante, Henrique logo percebeu que precisaria ter no caixa R$10 mil. Isso porque a maioria dos clientes pagava a conta com cartão de crédito, o que significava que ele só receberia o dinheiro dali a 30 dias. Henrique tinha despesas a pagar que não poderiam esperar todo um mês, para isso eram necessários esses R$10 mil no caixa. O faturamento em um mês de operação do restaurante foi de R$200 mil. Então, somam-se os R$200 mil que só virão ao final de 30 dias com os R$475 mil de investimento mais os R$10 mil necessários para o caixa. Logo, temos R$685 mil, que era o capital que Henrique havia levantado com sua poupança e venda de bens.

Henrique aproveitou os dois dias em que Laura foi para a casa dos pais, no interior, para tentar uma pequena contravenção: ir ao banco tentar um empréstimo para capital de giro, o que foi negado pelo gerente. Ficou desapontado, mas pelo menos se livrou de quebrar a promessa com a esposa de não se endividar.

No final de um ano faturando R$200 mil mensalmente, Henrique alcançaria um faturamento de R$2,4 milhões. Como sua margem líquida — o equivalente ao lucro líquido dividido pelo faturamento, que é expressa sempre em percentual — é de 5%, Henrique alcançará um lucro líquido anual de R$120 mil. Essa situação pode ser visualizada a seguir, na Tabela 5.1.

O restaurante de Henrique no primeiro ano

Capital próprio	100%
Capital de terceiros (dívidas)	0%
Capital próprio em R$	R$685.000

Investimento	**R$685.000**
Antes do início da operação	R$475.000
Móveis e equipamentos	R$400.000
Estoque de mercadorias	R$75.000
Após o início das operações	**R$210.000**
Caixa para tocar a operação	R$10.000
Vendas a prazo	R$200.000
Ativos	**R$ 685.000**

Faturamento mensal	R$200.000
Faturamento anual	R$2.400.000
Margem líquida	5%
Lucro líquido anual	R$120.000

Tabela 5.1

Henrique se arrependeu de tentar quebrar a palavra dada a Laura. Ele amava sua esposa, que havia dado uma força significativa quando iniciou o negócio. Além da solidariedade, ela passou a bancar uma parte maior das despesas domésticas até que o restaurante começasse a dar dinheiro. Inspirado pela tranquilidade financeira que Laura garantia, Henrique decidiu-se pela retenção dos lucros.

Retenção dos lucros? O que é isso? Diante daquele lucro de R$120 mil por ano, Henrique poderia decidir se embolsava o dinheiro como pessoa física ou reinvestia todo esse montante ou uma parte dele no negócio. Ele resolveu que colocaria 75% do lucro no seu bolso e direcionaria os 25% restantes para a empresa. Dessa forma, a retenção do lucro foi de 25% do resultado líquido anual. "Eu preciso pagar minhas contas, não é mesmo?", disse. Decidido dessa maneira, R$30 mil — 25% do lucro de R$120 mil — foram reinvestidos no restaurante.

A esta altura, temos uma conta interessante que pode ser feita. Devemos lembrar que Henrique havia investido R$685 mil no negócio (R$485 mil antes da entrada em operação, com despesas de mobiliário, alimentos e outros, mais os R$200 mil faturados, que só seriam pagos após um mês pelos cartões de crédito), e que, em média, seu faturamento situava-se nos R$200 mil mensais. Se dividirmos o investimento de R$685 mil pelo faturamento mensal de R$200 mil, chegaremos a R$3,43 reais. O que significa esse número? Algo muito importante. Ele quer dizer que para cada R$1 real de faturamento obtido, Henrique precisa investir aproximadamente R$3,43. Esses investimentos podem ser também chamados de ativos.[18]

O faturamento cresce

Henrique pensava em todos esses números, mas continuava trabalhando. A cada semana, colocava uma novidade no cardápio, tirada do caderno de receitas da avó. E os clientes gostavam. Graças ao boca a boca, no início do segundo ano de funcionamento, o movimento no restaurante começou a aumentar. A freguesia cresceu em 10% sobre os R$200 mil de vendas mensais do ano anterior, fazendo com que o faturamento mensal saltasse para R$220 mil.

Uau, isso é bom! É tudo o que os empreendedores desejam! Contudo, neste livro estamos sistematicamente alertando sobre

· ·

18 Ativo é tudo o que pode gerar faturamento e lucro. O ativo pode ser uma venda a prazo, o estoque, maquinário, propriedades e outros elementos que possam gerar valor.

o fato de um aumento do faturamento em si não representar ganhos reais. O importante é o lucro e o caixa. Então, examinemos o que esse aumento no movimento no restaurante de Henrique pode significar. Assim, retornaremos para aquela relação de R$3,43 reais de investimento necessários para cada R$1 que Henrique fatura.

Se inicialmente ele precisava de R$685 mil em investimentos para garantir o faturamento de R$200 mil mensais no restaurante, essa necessidade de capital também subirá em 10%, que é o percentual de aumento da freguesia, passando para R$753,50 mil. Como Henrique havia decidido no final do ano manter R$30 mil do lucro na empresa, ele somou R$685 mil mais R$30 mil. O capital investido na empresa é de R$715 mil. Faltam, então, R$38,5 mil para chegar aos recursos necessários para atender ao aumento da freguesia. De onde tirar esse dinheiro?

Existem apenas dois modos de injetar dinheiro em uma empresa. Via recursos próprios do proprietário (aportes e/ou retenção dos lucros) ou de terceiros. Não há outra possibilidade. Henrique não tinha esse dinheiro, teria que ir ao banco. Mas aí há o *fator Laura*. Ele prometeu à mulher que não se endividaria em uma instituição financeira. E, além disso, sua primeira tentativa de obter um empréstimo já havia falhado. Mas então, o que fazer? O restaurante está cheio, e Henrique nem mesmo faz propaganda. Vai expulsar os clientes? Fechar mais cedo?

Todas essas dúvidas poderiam ser tiradas da frente se ele soubesse da existência daquela fórmula que mencionei alguns parágrafos atrás. Ela leva em conta algumas variáveis por ser capaz de fornecer o percentual máximo que uma empresa pode se expandir sem ter de aumentar o nível de endividamento. No caso desse restaurante especializado em comida baiana, ele poderia crescer 4,4%, o que significa que teria um teto de vendas de R$208.759 por mês no segundo ano de operação do negócio. Destrincharei os componentes de tal fórmula um pouco mais adiante.

Vamos deixar nosso amigo Henrique com sua angústia por alguns momentos. Temos outro caso que também poderá nos trazer alguns *insights* de como perceber os perigos ao se deixar levar pela seguinte crença: "Devemos procurar fazer nossa empresa crescer a qualquer custo, independentemente das suas possibilidades de fazê-lo." Portanto, desta vez falaremos de Igor, o consultor.

Necessidade de investimento mesmo sem estoque

Os investimentos necessários para um consultor se estabelecer são bem mais pontuais do que aqueles de que um restaurante precisa para funcionar. O que Igor precisa fazer é montar um escritório, que inclusive pode ser localizado na própria casa, um *home office*, e adquirir alguns poucos móveis e eletrônicos. Ele comprou uma mesa, uma cadeira, um notebook simples e um celular. A conta a ser paga por tudo isso chegou em R$5 mil. Ele investiu zero estoque, pois consultores não têm estoque. Ele necessita ainda de um caixa para despesas, como Uber, ir a um restaurante quando estiver longe de casa, ou seja, pequenas despesas que para ele somariam R$2,5 mil ao ano.

Um dia, Igor sentou-se na sala de casa com a esposa, Flávia, para fazer algumas contas. Ele previu que faturaria R$50 mil mensais, o que significaria R$600 mil ao ano. Disse à esposa que venderia seus serviços aos clientes em 15 parcelas iguais e mensais no prazo médio de 240 dias, ou seja, oito meses. Flávia incentivou o marido a seguir em frente, concordando com o seu plano de negócios. Mas assim como fez a esposa de Henrique, aquele do restaurante, Flávia obrigou Igor a jurar que nunca iria a um banco pedir dinheiro emprestado. O irmão dela, Rafael, havia tomado essa má decisão. Se deu muito mal, com toda a família obrigada a correr para ajudá-lo a sair da enrascada, inclusive Flávia, que precisou vender o seu carro para colaborar com o socorro financeiro.

Igor jurou por tudo que era sagrado que não faria isso. Mesmo porque ele iniciaria o negócio com capital próprio. Então, com tudo acertado, ele começaria a trabalhar. A cada mês, faturaria R$50 mil, mas nos primeiros 30 dias de operação não receberia nada, pois a venda é a prazo. No segundo mês, entrariam mais R$50 mil de um novo contrato, pingando a primeira prestação, equivalente a 1/15 dos R$50 mil contratados no primeiro mês: R$3,33 mil. No terceiro mês, receberia R$6.666,66, correspondentes à segunda parcela do primeiro contrato e à primeira parcela do segundo contrato. No quarto mês seriam 3 parcelas, e assim por diante. Ao final de 12 meses, o que seria recebido somaria cerca de R$220 mil.

Ele tem lucro na operação. Aliás, a margem líquida da prestação de serviços é altíssima: 60%. Tal margem faz com que o lucro líquido atinja R$360 mil ao final de um ano. Como Igor empregou no escritório R$387,5 mil de capital próprio em 12 meses (R$380 mil somados aos R$ 5 mil utilizados para comprar o mobiliário e R$2,5 mil em despesas com transporte e alimentação fora de casa), chegamos na triste conclusão de que ele pagou para trabalhar no seu primeiro ano de operação. Esses números podem ser verificados nas tabelas 5.2 e 5.3.

A consultoria de Igor

Capital próprio	100%
Capital de terceiros (dívidas)	0%
Capital próprio em R$	R$387.500

Investimento	**R$387.500**
Antes do início da operação	**R$5.000**
Estoque de mercadorias	R$ -
Móveis e equipamentos	R$5.000
Após o início das operações	**R$382.500**
Caixa para tocar a operação	R$2.500
Vendas a prazo	R$380.000
Ativos	**R$387.500**

Faturamento mensal	R$50.000
Faturamento anual	R$600.000
Margem líquida	60%
Lucro líquido anual	R$360.000

Retenção dos lucros	20%
Retirada dos sócios (dividendos)	80%

Lucro reinvestido no negócio	R$72.000

Giro dos ativos	1,5
Relação em R$ Investimentos (Ativos) /faturamento mensal	**R$7,75**

Alavancagem	1,0

Tabela 5.2

Evolução mensal

Contrato	1	2	3	4	5	6	7	8
1	R$3,33	R$3,33	R$3,33	R$3,33	R$3,33	R$3,33	R$3,33	
2		R$3,33	R$3,33	R$3,33	R$3,33	R$3,33	R$3,33	R$3,33
3			R$3,33	R$3,33	R$3,33	R$3,33	R$3,33	R$3,33
4				R$3,33	R$3,33	R$3,33	R$3,33	R$3,33
5					R$3,33	R$3,33	R$3,33	R$3,33
6						R$3,33	R$3,33	R$3,33
7							R$3,33	R$3,33
8								
9								
10								
11								
12								

De seu lucro líquido no final do ano, R$360 mil, Igor também decidiu reter parte do total em 20%, ou R$72 mil, reinvestindo na empresa. Os 80% restantes foram direcionados para seus gastos pessoais. Ele não havia feito dívidas até esse momento, sem estar alavancado, para não usarmos outro termo.

Assim como foi calculado para o restaurante de Henrique, é possível saber qual é a relação entre investimentos e faturamento mensal da consultoria do Igor. Na divisão do investimento de R$387,5 mil pelos R$50 mil de faturamento mensal, teremos como resultado R$7,75. Portanto, para cada R$1 de faturamento, Igor deverá investir R$7,75 na sua empresa.

O negócio dessa consultoria é extremamente lucrativo: R$360 mil reais no ano. Mas vamos também definir o quanto ele poderia crescer sem se endividar em alguma instituição financeira. Nesse caso, a fórmula apontaria para 18,6% ao ano. Ou seja, Igor conseguiria sair de um faturamento mensal de R$50 mil para R$59,29. E se ultrapassasse a barreira dos 18,6%

9	10	11	12	Recebido no ano	Saldo a receber após 1 ano
R$3,33	R$3,33	R$3,33	R$3,33	R$36,67	R$13,33
R$3,33	R$3,33	R$3,33	R$3,33	R$33,33	R$16,67
R$3,33	R$3,33	R$3,33	R$3,33	R$30,00	R$20,00
R$3,33	R$3,33	R$3,33	R$3,33	R$26,67	R$23,33
R$3,33	R$3,33	R$3,33	R$3,33	R$23,33	R$26,67
R$3,33	R$3,33	R$3,33	R$3,33	R$20,00	R$30,00
R$3,33	R$3,33	R$3,33	R$3,33	R$16,67	R$33,33
R$3,33	R$3,33	R$3,33	R$3,33	R$13,33	R$36,67
	R$3,33	R$3,33	R$3,33	R$10,00	R$40,00
		R$3,33	R$3,33	R$6,67	R$43,33
			R$3,33	R$3,33	R$46,67
				R$ -	R$50,00
				R$220,00	R$380,00

Tabela 5.3

de incremento, primeiro teria que renegociar seu combinado com Flávia, para depois se sentar à mesa do gerente do banco.

Mas a "maldição" que atingiu Henrique também passou para Igor. Ele foi um ótimo consultor, sua fama correu pelas empresas, e os clientes começaram a bater à sua porta. A demanda pelos seus serviços cresceu em 30%, e seu faturamento mensal saltou para R$65 mil mensais. Como Igor precisou colocar R$7,75 para cada R$1 a mais em seu faturamento, essa conta subiu para R$503,75 mil, acima dos R$459,5 mil (R$387,5 mil + R$72 mil de lucros retidos), que eram tudo que ele tinham para garantir o seu negócio. Faltaram então R$44,25 mil para bancar os gastos provocados pelo aumento do faturamento.

Pedir dinheiro emprestado para a Flávia? Nem pensar. Ela estava endividada com a compra de um novo carro para repor aquele que vendeu para cobrir os passos errados do irmão, fora que estava traumatizada com dívidas em bancos. Igor disse à esposa que sairia de tarde para ir até o shopping center comprar um sapato. Era mentira, ele foi escondido até o banco pedir um empréstimo. Nada feito, o gerente disse que não poderia fazer tal operação. Com essa situação, ele entrou no 13º mês de operação da empresa no vermelho, com a conta bancária no negativo. Isso aconteceu porque Igor rompeu a barreira dos 18,6%. Ele não poderia ter feito seu faturamento crescer em 30%, como aconteceu.

Giro dos ativos

Todos esses limites de expansão dos negócios significam que Henrique e Igor nunca poderão ampliar suas possibilidades de crescimento? Não, isso não é verdade, já que sempre é possível e desejável crescer. Eles podem melhorar o que é chamado giro dos ativos.[19] O exemplo mostrado na Tabela 5.1 do restaurante do Henrique indica que o limite de crescimento sem utilizar recursos de terceiros é de 4,4%. E para cada R$1 de faturamento produzido, são necessários R$3,43 de investimento. Mas se, por exemplo, reduzirmos o estoque pela metade, passando de R$400 mil para R$200 mil, a relação entre investimento (R$485 mil) e faturamento mensal (R$200 mil) mudaria para aproximadamente R$2,43 em investimento para cada R$1 no faturamento. A capacidade de crescimento da empresa saltaria para 6,2% ao ano. Isso é melhorar o giro dos ativos, ou seja, melhorar a eficiência do negócio.

Henrique ainda poderá aumentar o preço das refeições, algo que não exige investimentos e aumenta o lucro. A não ser que o reajuste seja exagerado a ponto de espantar a freguesia. Ao dobrar a margem líquida dos 5% originais para 10%, o lucro líquido anual também se multiplica por dois, saltando para

· ·

19 O giro do ativo é um indicador contábil que relaciona os ativos de uma organização com sua receita líquida. O objetivo de calcular o giro do ativo é medir se uma empresa está utilizando devidamente o seu ativo (bens, investimentos, estoque etc.) para produzir riqueza por meio da venda de seus produtos ou serviços. Disponível em: <https://maisretorno.com/blog/termos/g/giro-do-ativo>.

R$240 mil, assim como a capacidade de crescimento, que agora irá para 12,4%!

Igor, o consultor, também se beneficiará da mudança de alguns parâmetros financeiros. Ele poderá reduzir o prazo que dá para os clientes, diminuir a retirada e aumentar sua retenção dos lucros. E se no lugar dos 20% atuais ele passar a deixar 40% do lucro na empresa, essa decisão permitirá que haja um crescimento de até 37,2%. Nada mal para quem tinha barreira para o aumento dos negócios em 18,6% no cenário anterior.

O reinvestimento na própria empresa proporciona um crescimento baseado em juros compostos,[20] fazendo aumentar exponencialmente a taxa de retorno do capital investido nela. Provavelmente é um resultado muito maior do que Henrique e Igor ganhariam se aplicassem o dinheiro na poupança ou em qualquer outro investimento conservador de renda fixa. Se os dois retivessem parte de seu lucro, estariam se diferenciando de boa parte dos empresários. Quando há obtenção de lucro no negócio, uau! Retiram tudo ou quase tudo para si mesmos, e pouco ou nada reinvestem de volta nas empresas. Com o passar dos anos, vão desidratando seus empreendimentos, que murcham aos poucos até morrer.

A retirada de todo o lucro deixa as empresas sem qualquer reserva para enfrentar tempos difíceis. Uma mostra disso foi a crise provocada pela pandemia do coronavírus, que eclodiu no país em março de 2020 e surpreendeu quase todas as empresas brasileiras — pequenas, médias e grandes —, que se viram sem

---

20 A diferença entre juros simples e juros compostos é a base que se leva em conta para calcular essa taxa. Nos juros simples, a taxa é cobrada sempre sobre o valor inicial. Nos juros compostos, a taxa é cobrada sobre o valor do último mês, ao qual já estão acrescidos os juros do mês anterior, e assim por diante. Dessa maneira, um montante calculado utiliza juros compostos para agregar valor em um ritmo maior do que é calculado em juros simples. Disponível em: <https://www.btgpactualdigital.com/blog/financas/tudo-sobre-juros-compostos/>.

caixa suficiente para enfrentar a queda brutal no faturamento que se seguiu.[21]

A lição importantíssima que podemos tirar é a de que as empresas não crescem por decreto. Elas não se tornam maiores de acordo com a vontade do dono, nem pelo potencial comercial que possam ter. Elas crescem de acordo com suas possibilidades financeiras.

Alavancagem financeira

Afinal, o que faz as empresas crescerem? A prática financeira mostra que isso pode ser feito com o auxílio de quatro alavancas. Já falamos aqui a respeito de três delas. A primeira delas é a melhoria do giro dos ativos do seu empreendimento, diminuindo seus estoques e mantendo o nível de vendas. Outra alavanca é aumentar a sua margem, o que permite crescer mais. A terceira alavanca diz respeito à retenção do lucro no negócio.

A quarta alavanca carrega uma redundância, pois ela é chamada exatamente de alavancagem financeira. O que é isso? É se endividar para proporcionar um crescimento para a empresa. Fazer dívidas é algo que estamos condenando enfaticamente neste livro. Mas é possível se endividar de uma maneira controlada e lúcida, sabendo com certeza os limites que tal endividamento pode atingir para não sair do controle de gestores e empresários.

Henrique e Igor terão de se esforçar para convencer suas esposas de que isso é verdade, pois prometeram solenemente nunca recorrer a bancos para trazer dinheiro para as empresas. Vamos ajudá-los com bons argumentos, e em seguida explicaremos aquela fórmula sobre a qual venho falando, a que nos permite calcular até onde uma empresa pode crescer.

· ·

21 Disponível em: <www.moneytimes.com.br/coronavirus-40-das-empresas-brasileiras-aguentam>.

Apenas um exemplo nos fará entender como é possível o empresário se endividar sem perder o sono à noite. Agora falaremos de uma empresa de maior porte, que fatura R$100 milhões ao ano. Essa organização fabrica espelhos retrovisores para a indústria automobilística. O seu resultado operacional[22] é de 10%. Seus ativos — estoque, prazo para os clientes, máquinas e outros — somam R$50 milhões, e por isso ele faz o giro duas vezes, já que o faturamento é de R$100 milhões no primeiro ano. Todos esses números estão na **Tabela 5.4.**

Essa empresa crescerá 13% ao ano, o que a fará sair de um faturamento de R$100 milhões no primeiro ano para R$300 milhões em 10 anos. Ou seja, ela triplicará o seu faturamento. Ao examinar a linha do lucro líquido, veremos o primeiro ano situado em cerca de R$7 milhões, chegando a R$20 milhões depois de uma década, quando acumulará R$120 milhões de lucro em todo esse período. Sua margem líquida está em 6,5%, que é o lucro líquido dividido pela receita.

Os gestores dessa empresa pensam da mesma maneira que Laura e Flávia, as esposas que tinham ojeriza a dívidas. Eles também não querem saber de ir aos bancos para alavancar a empresa. No primeiro ano agindo dessa maneira, eles tomam os R$7 milhões de lucro líquido e o transformam em ativos. O reinvestimento é 100% feito na empresa, e fazem isso em todos os anos seguintes.

Esses R$7 milhões somam-se aos R$50 milhões que eram o valor inicial dos ativos. Consequentemente, os R$57 milhões em ativos permitem que a empresa consiga vender R$113 milhões no próximo ano sem nenhum centavo de endividamento. Conforme já dito, o valor da empresa é igual aos ativos menos os passivos, que neste caso resultaria em exatamente R$57 milhões, visto que essa empresa de espelhos para carros optou por não se endividar.

· ·

22 Resultado operacional é o mesmo que lucro operacional, ou seja, é o lucro que é apurado antes do desconto de despesas financeiras e impostos.

Fábrica de espelhos sem alavancagem

		1	2	3
Alavancagem 1 — 50% capital próprio				
Receita	R$100	R$100	R$113	R$128
Resultado operacional	10%	R$10	R$11	R$13
Despesas financeiras	26,8%	-R$7	-R$8	-R$9
LAIR		R$3	R$3	R$4
Impostos — alíquota	35%	-R$1	-R$1	-R$1
Lucro líquido		**R$2**	**R$2**	**R$2**
Lucros acumulados		**R$2**	**R$4**	**R$7**
Margem líquida		2,1%	2%	1,8%
% Retenção dos lucros	100%	R$2	R$2	R$2
Ativos		R$57	R$64	R$72
Valor da empresa para o acionista		R$27	R$29	R$32
Crescimento da receita	13%			

Ao final de 10 anos, com os gestores mantendo-se firmes em sua posição de não recorrer aos bancos, o valor da empresa saltará para R$170 milhões. Ter essa disciplina nem sempre é algo fácil. Decisões empresariais costumam ser tomadas de maneira emocional, por mais desastroso que o costume se mostre. Talvez essa empresa tivesse capacidade instalada para vender mais

4	5	6	7	8	9	10
R$144	R$163	R$184	R$208	R$235	R$266	R$300
R$14	R$16	R$18	R$21	R$24	R$27	R$30
-R$11	-R$13	-R$15	-R$18	-R$21	-R$24	-R$28
R$4	R$4	R$3	R$3	R$3	R$2	R$2
-R$1	-R$1	-R$1	-R$1	-R$1	-R$1	-R$1
R$2	**R$2**	**R$2**	**R$2**	**R$2**	**R$2**	**R$1**
R$9	**R$11**	**R$14**	**R$16**	**R$17**	**R$19**	**R$20**
1,6%	1,4%	1,2%	1%	0,8%	0,6%	0,3%
R$2	R$2	R$2	R$2	R$2	R$2	R$1
R$82	R$92	R$104	R$118	R$133	R$150	R$170
R$34	R$36	R$39	R$41	R$42	R$44	R$45

Tabela 5.4

do que os R$113 milhões, pois é o limite de seu faturamento no segundo ano de operação sem dívidas, conforme explicado. Ele poderia chegar, por exemplo, a R$130 milhões. É uma tentação, não? Dezessete milhões de reais a mais! Mas aí teriam de ir ao mercado financeiro para levantar recursos, e com todos os riscos que isso sempre trará.

Dívidas no espelho

E como há sempre gente disposta a correr riscos, é possível examinar essa fábrica de espelhos pelo lado inverso, como uma empresa que aceitaria crescer usando 50% de capital próprio mais 50% do capital de terceiros, ou de dívida, para chamar pelo nome mais certeiro. Como no exemplo anterior, essa empresa também teria um crescimento de 13% ao ano. Assim, ela pagaria zero de juros ao mês, só que, neste caso, os juros serão de 2% ao mês. As despesas financeiras serão de 26,8% ao ano. Os números podem ser vistos na **Tabela 5.5.**

Alguns resultados no segundo cenário serão idênticos aos do primeiro. Por exemplo, o faturamento não se altera: R$113 milhões no segundo ano e R$300 milhões no décimo ano. O que muda é essa empresa ter uma outra composição de capital, 50% próprio e 50% de terceiros. Isso significa que metade do valor dos ativos, que eram R$50 milhões, foi financiada com empréstimos obtidos junto aos bancos, ou seja R$25 milhões. Os juros passam a representar R$25 milhões multiplicados por 26,8%, dado que o custo anual da dívida é de 26,8%. Os juros são pesados na realidade brasileira.

Há outras mudanças. O lucro líquido do primeiro ano, que era de R$7 milhões no cenário em que a empresa atuava apenas com capital próprio, caiu para R$3 milhões, pois a legislação tributária brasileira permite o abatimento do valor da despesa financeira do imposto de renda devido. Mas também há outra importante mudança no lucro líquido. Quando somados todos os 10 anos de vida dessa organização, o lucro líquido acumulado chegará a R$20 milhões. Enquanto no exemplo anterior, que não havia alavancagem, o décimo ano de vida da empresa teria o dobro: R$120 milhões de lucro líquido. O mais incrível é que ambos os cenários (com e sem alavancagem, ou seja, dívidas) traz o lucro operacional no período de 10 anos exatamente o mesmo: R$184 milhões. Perceberam os efeitos nocivos dos juros ao longo do tempo?

Mesmo que a empresa de espelhos automobilísticos retenha 100% de seu lucro no cenário em que está alavancada, seu valor será diferente do cenário anterior, por não haver dívidas. E será menor porque o patrimônio líquido é igual aos ativos menos os passivos, como já dissemos. Então, o que acontecerá no primeiro ano? A empresa tem ativos no valor de R$52 milhões (inclusive o giro dos ativos), mas tem uma dívida relativa aos empréstimos de R$25 milhões. Cinquenta e dois milhões de reais menos R$25 milhões é igual a R$27 milhões. E no cenário sem dívidas, o primeiro ano fechou com a empresa valendo R$57 milhões. A verdade é que, no primeiro cenário (sem alavancagem financeira), o empresário investiu R$50 milhões no primeiro ano para ver se o patrimônio aumentaria para R$57 milhões ao final dele, havendo um crescimento de 14%, enquanto no segundo cenário (com alavancagem), ele teria investido R$25 milhões para ver o valor aumentar para R$27 milhões ao final do primeiro ano, tendo um aumento de 8,6%.

Essa subtração do montante dos juros devidos do valor da empresa ocorrerá sucessivamente todos os anos. Assim, no ano 10, ela terá um valor de R$45 milhões. Se os acionistas quiserem se desfazer da empresa, eles conseguirão vendê-la por esse valor. Por outro lado, a evolução do cenário em que as dívidas não estivessem presentes seria bem diferente. No final da década, o valor da empresa seria de R$170 milhões, quase 4 vezes mais. Portanto, ao final de 10 anos, a diferença é extremamente significativa a favor do cenário sem alavancagem. Isso é um crescimento de 240% *versus* 80%, sendo 3 vezes maior.

Fábrica de espelhos sem alavancagem

		1	2	3
100% capital próprio	x			
Receita	R$100	R$100	R$113	R$128
Resultado operacional	10%	R$10	R$11	R$13
Despesas financeiras		R$-	R$-	R$-
LAIR		R$10	R$11	R$13
Impostos - alíquota	35%	-R$4	-R$4	-R$4
Lucro líquido		R$7	R$7	R$8
Lucros acumulados		R$7	R$14	R$22
Margem líquida		6,5%	6,5%	6,5%
% Retenção dos lucros	100%	R$7	R$7	R$8
Ativos		R$57	R$64	R$72
Valor da empresa para o acionista		R$57	R$64	R$72
Crescimento da receita	13,0%			

4	5	6	7	8	9	10
R$144	R$163	R$184	R$208	R$235	R$266	R$300
R$14	R$16	R$18	R$21	R$24	R$27	R$30
R$-	R$-	R$-	R$-	R$-	R$-	R$-
R$14	R$16	R$18	R$21	R$24	R$27	R$30
-R$5	-R$6	-R$6	-R$7	-R$8	-R$9	-R$11
R$9	R$11	R$12	R$14	R$15	R$17	R$20
R$32	R$42	R$54	R$68	R$83	R$100	R$120
6,5%	6,5%	6,5%	6,5%	6,5%	6,5%	6,5%
R$9	R$11	R$12	R$14	R$15	R$17	R$20
R$82	R$92	R$104	R$118	R$133	R$150	R$170
R$82	R$92	R$104	R$118	R$133	R$150	R$170

Tabela 5.5

Fórmula do crescimento

Imagino que a diferença dos resultados atingidos quando utilizamos capital próprio e quando atuamos alavancados tenha ficado clara. Infelizmente, poucos empresários se dão conta da existência desses dois mundos tão distintos, e de como a vida pode ser levada em cada uma dessas dimensões.

Sobretudo, ignoram-se os limites de crescimento utilizando o próprio capital sem comprometer os resultados e a sanidade com dívidas monstruosas. No entanto, isso não significa que seja impossível crescer de maneira saudável tendo alguma alavancagem. Sim, é possível ter algum nível de dívida e seguir em frente sem grandes sustos. Como fazer isso? Usando a famosa fórmula do crescimento. Primeiro temos que responder uma pergunta fundamental: "Realmente preciso me endividar para lucrar e gerar mais caixa do que eu conseguiria sem dívidas?" Caso a resposta seja "sim", então precisamos calcular de maneira precisa o impacto do pagamento dos juros no lucro final da empresa, principalmente os riscos associados a um nível de endividamento maior. Como uma orientação geral, ótimas empresas financiam 2/3 de seus ativos com capital próprio. Ou seja, 1,5 de alavancagem financeira deveria ser o limite máximo aceitável para um crescimento sustentável e saudável.

Portanto, finalmente, já é o momento em que podemos revelar os ingredientes que compõem tal equação. Ela leva em consideração quatro fatores: a alavancagem financeira, a margem líquida, a retenção dos lucros e o giro do ativo. Este último é aquela relação entre o faturamento e os ativos da empresa já foi explicada. O que a fórmula diz é a precisão da multiplicação desses quatro elementos, desta forma, você terá como resultado o percentual que a empresa poderá crescer.

Como seria a aplicação dessa fórmula para a fábrica de espelhos retrovisores em um cenário em que estivesse trabalhando apenas com capital próprio?

Temos a fórmula:

||||||||||||||||||||||||||||||||||||||||||||||||||||||||||||||||||||||||||||||||||||||||||||

X = Alavancagem financeira x margem líquida x retenção do lucro x giro dos ativos

||||||||||||||||||||||||||||||||||||||||||||||||||||||||||||||||||||||||||||||||||||||||||||

No caso da empresa com capital próprio, seria expressado da seguinte maneira:

X = Alavancagem financeira (total dos ativos / capital próprio. Quando o empresário utiliza 100% de capital próprio, o resultado dessa divisão é igual a 1) x margem líquida (6,5%) x retenção do lucro (100%) x giro dos ativos (R$100 milhões de faturamento divididos por um ativo de R$57 milhões, relativos ao valor do capital = 1,76)

Portanto:

||||||||||||||||||||||||||||||||||||||||||||||||||||||||||||||||||||||||||||||||||||||||||||

X = 1 x 6,5% x 100% x 1,76

X = 11,4 %

||||||||||||||||||||||||||||||||||||||||||||||||||||||||||||||||||||||||||||||||||||||||||||

Essa fórmula não foi inventada por mim. Todos os que já passaram por alguma faculdade de Economia ou algum outro estudo mais aprofundado de contabilidade e finanças deveriam conhecê-la. Talvez os integrantes dos departamentos financeiros já a tenham visto. Talvez nem todos se lembrem dela quando dão seus pareceres aos CEOs sobre o quanto a empresa deverá crescer ou se endividar demasiadamente.

Mas é ínfimo o número de empresários e gestores que sabem da razão de o crescimento ser algo matemático, podendo ser controlado para não causar danos colaterais à organização. Infelizmente, muitos empreendedores nunca viram tudo isso. Eles acreditam inteiramente que aquilo que limita o crescimento é sua capacidade de venda e de conseguir novos clientes. É claro, vendas são de grande relevância na vida de uma organização. Sem elas não há entradas de dinheiro, e nenhuma empresa sustentaria seus negócios. No entanto, a boa gestão de vendas em uma organização é aquela que leva em conta as metas de lucro e de geração de caixa. No próximo capítulo, conversaremos sobre o tão importante alinhamento entre vendas e finanças.

CAPÍTULO 6

Vender pensando em lucro e caixa

Miguel era o proprietário de sua própria banca de melancias desde os 17 anos de idade. Nascido em uma família de feirantes, ainda criança ele se habituou a sair de madrugada com o pai e os tios para montar as barracas nas feiras livres e apregoar os produtos. Miguel gostava do negócio, e além da sua precocidade empreendedora, também tinha a qualidade de ser curioso. Quando o movimento de fregueses diminuía, Miguel se distraía lendo os jornais usados para embrulhar as mercadorias. As seções de Economia eram suas preferidas, e, brincando com os feirantes vizinhos da sua barraca, dizia que seu negócio de melancias um dia ainda viraria notícia.

Afinal, ele se divertia com tudo o que estava descrito ali e, esperto, fazia a mesma coisa na sua banca: comprava melancias por determinado preço e vendia mais caro. Era assim que cuidava das vendas. A sua caminhonete Ford F100 modelo 1974 fazia o papel da logística, e o marketing era assegurado pela sua própria capacidade vocal: "Olha aí, freguesa! Leva a melancia. Verde como os seus olhos, vermelha como os seus lábios, doce como o mel." Miguel caprichava quando surgia uma possível compradora atraente.

E ele tinha razão. Todos os fundamentos de um negócio tradicional estavam ali entre as melancias que comercializava. Se Miguel vestisse um terno e uma gravata, não faria feio em uma reunião da alta gerência de uma grande empresa. Mesmo porque, ele muito provavelmente compartilharia de uma mesma crença incorreta que assola as organizações — das barracas de melancias às poderosas multinacionais: a de que, para garantir o sucesso de um empreendimento, o que realmente importa é vender cada vez mais, sejam produtos ou serviços.

Já vimos em capítulos interiores que a busca de um faturamento cada vez maior não significa ter um lucro maior. Pelo contrário, vender em quantidades crescentes significa gastos também crescentes. A partir do momento em que os gastos crescem a uma velocidade superior ao crescimento das vendas, a febre do faturamento pode matar organizações, mesmo aquelas que indicam aparentemente boa saúde. Desde sempre houve essa certeza de que o mais importante é vender, fechar um negócio, criar demanda para produtos ou serviços. A premissa é a de que, se eu vender, serei bem-sucedido, logo, ganharei dinheiro. Essa é uma crença universal lamentável.

Os eventuais danos que a ênfase exagerada e mal fundamentada no crescimento das vendas pode provocar na rentabilidade de uma empresa não é um segredo conhecido apenas por poucos iniciados. É provável que mesmo naquelas organizações em que a obsessão por faturamentos exagerados provoque grandes problemas, algum dos gestores presentes saiba que o sucesso nos negócios está na geração de lucro, no caixa da empresa, e não no volume de vendas.

Áreas que não se falam

Essas vozes solitárias surgem com dificuldades para serem ouvidas e acatadas em virtude de uma disfunção recorrente nas organizações: a falta de comunicação entre as diversas áreas que as compõem. Por exemplo, nas grandes empresas, a área de compras dificilmente conversa com a área de produção, que, por sua vez, não tem o costume de entregar um minuto de sua atenção à área de vendas.

Essa falta de entendimento entre os integrantes é uma das grandes responsáveis pela desconexão entre as vendas e o lucro. Como isso se dá? Isso começa no nível da alta gestão da organização. Com seus mestrados e especializações no exterior, esses gestores costumam pensar da seguinte maneira: "Eu ganho o meu bônus para comprar insumos na quantidade X, produzir com uma qualidade Y e vender por um preço Z. Se as vendas se transformarão em caixa ou não, aí já não é problema meu."

Vejamos a típica forma de pensar do responsável pela área de produção: "Terei o produto pronto no prazo que o presidente quer. Farei isso com o menor custo possível e com uma qualidade aceitável, pois esse é meu papel. Se o encarregado de compras adquiriu os insumos por um preço mais alto que poderia obter caso pesquisasse com mais atenção, ele é quem tem de responder por isso, não eu. Também não posso ser responsabilizado pela demora do pessoal da logística em entregar tudo isso para o cliente."

Sim, estou exagerando um pouco, mas não muito! Não há dúvidas de que as equipes trabalham isoladas, e em grande parte das empresas, fisicamente separadas. Há uma área de marketing, uma de finanças, outra de logística e a de vendas. As equipes de vendas são dispostas longe das pessoas de finanças, que estão distantes da logística, que mal sabe onde está o marketing. Cada uma em seu quadrado.

Essa distância faz surgir o sentimento entre os colaboradores de que eles prestam serviço apenas para a sua área, no lugar de trabalharem para uma organização. "Eu não trabalho na empresa, trabalho para o departamento financeiro." Ou "Eu não trabalho para o presidente, mas para o diretor de finanças", as equipes poderiam dizer. O pessoal de vendas também tem um pensamento semelhante. No final das contas, essa percepção favorece um ambiente de competição. Um "nós contra eles", e não um clima de colaboração.

Essa competição fica acirrada quando chega o momento de decidir como o dinheiro da empresa será utilizado. E por serem desconectadas de um objetivo comum, cada área tem sua visão e objetivos próprios. O pessoal da área de vendas costuma se movimentar com um otimismo um pouco exagerado, são empolgados, pois querem fazer muitas coisas acontecer. Já os integrantes da área de finanças tendem a ter um perfil mais conservador e avesso a riscos.

Esse embate tem potencial para gerar problemas. Por exemplo, a equipe de vendas é incentivada a trabalhar com metas e encorajada a vender o máximo possível, enquanto os integrantes da área de finanças são estimulados a cuidar do caixa, para que ele não seja arruinado. Então poderemos ter uma situação similar à de um motorista que acelera e freia o próprio carro ao mesmo tempo. O veículo correrá o risco de capotar ou fundir o motor. Essa analogia é clara porque o crescimento de vendas fará aumentar os custos e investimentos da organização, como já vimos anteriormente, ao mesmo tempo em que uma boa administração do caixa tentará exatamente controlar esses desembolsos de caixa.

É desconcertante como as metas fixadas pela empresa costumam ser desconsideradas. Isso acontece pelo fato de que os objetivos estratégicos determinados pela alta liderança das organizações muitas vezes não chegam até o conhecimento dos colaboradores das diversas áreas. Ou, quando o fazem, chegam apenas como um número vago, sem que o alinhamento mais profundo entre as várias áreas tenham sido feito anteriormente.

Distribuição de metas

Vamos imaginar que no início do ano foi decidido que uma empresa teria como meta expandir seu lucro em 10% nos 12 meses seguintes, inclusive utilizando a fórmula do crescimento sustentável sobre a qual falamos no capítulo anterior. Quem determinará esse crescimento será o presidente ou CEO, e o proprietário, nas empresas de menor porte.

Nas organizações maiores, quem normalmente distribui as metas que estão em sintonia com essa taxa de crescimento prevista para os diversos departamentos é o CFO, *Chief Financial Officer*, em inglês, ou simplesmente diretor financeiro, em português. Ele desenhará, com cada diretor, as metas adequadas para a estratégia da companhia, inclusive a de vendas.

Portanto, a conversa com as áreas será imprescindível para que toda a organização caminhe no mesmo passo. Ainda no nosso exemplo, a equipe de vendas é informada de que a meta é aumentar em 10% o lucro até o final do ano. Após fazer suas contas, ela poderá chegar à conclusão de que o faturamento terá de crescer 7%, e as despesas terão que crescer a um ritmo ainda menor para atender a esse objetivo de lucro.

Dessa constatação surgirão decisões práticas: "Teremos de buscar novos clientes ou vender mais para aqueles que já temos?" "Quanto custará conquistar um novo cliente?" "Até quanto ainda posso vender para aqueles que já estão em nossa carteira?" Essa postura é a mais saudável e indicada para gerar valor que engorde o caixa, ao invés daquele embate entre os que queriam vender o máximo possível e os que tentavam preservar o caixa até as últimas consequências, sob o risco de incorrer em dívidas e possíveis perdas.

Mesmo esse CFO que acredita no poder da comunicação poderá ter diante de si um copo de amargura para engolir ao tentar determinar as metas de crescimento junto do CEO e dos acionistas da organização. Muitos empresários, presidentes ou CEOs têm um perfil mais próximo da área comercial do que da área de finanças. Isso costuma induzir a crença de que o importante são os altos volumes de venda. Vender. Vender. Vender mais é o caminho do sucesso.

Outra perda a ser lamentada quando há uma baixa troca de informações entre as diversas áreas de uma empresa é a da subutilização da inteligência instalada na organização. Um exemplo clássico é o do analista financeiro que costuma ter mais informações sobre as finanças da empresa do que o gerente de vendas, mas não passa adiante o que sabe. Ao não ser comunicado claramente pelo financeiro sobre quais são as metas da empresa, o setor de vendas se movimenta no escuro. Essa falta de comunicação sobre a pretensão de construir o valor dentro da organização tem resultados catastróficos. Ainda há uma assimetria no domínio das informações corporativas. A área de finanças sempre tem uma visão mais holística do negócio. Ela é capaz de entender o que se passa em quase todas as áreas, mas nem sempre faz o uso que deveria ser feito dessas informações privilegiadas. Por sua vez, a área de vendas conhece bem melhor os meandros do mercado. No entanto, diante da falta de informações do financeiro, a atitude é ficar calado para guardar o que sabe para si.

Cultura do sigilo

Esse comportamento da área financeira não é inspirado pelo desejo de prejudicar as demais áreas. Eles agem assim por existir uma certa cultura enraizada no mercado: não se deve abrir o jogo sobre a margem de lucro de cada produto, e nem pensar em divulgar isso para fora da empresa, porque mesmo internamente esse dado é tratado como algo sigiloso. O temido é que os concorrentes usem essa informação para tentar minar a participação de mercado da organização.

Por exemplo, se o departamento de vendas da empresa rival sabe qual é a margem de lucro de algum produto de outra organização, ele terá informações que permitirão a adequação da própria margem para competir com vantagens sobre o concorrente. Ou ainda poderá promover descontos que obrigarão a concorrência a reduzir seus preços abaixo do custo de produção.

Essa omissão de informações pode gerar uma guerra interna na organização. Quando é percebida a falta de cooperação, a área de vendas pode ficar ressentida por não ter a informação que gostaria sobre margens, lucratividade, investimentos e outros dados, e então decide se vingar para tentar virar o jogo. "Vocês do financeiro têm os seus segredos, suas informações confidenciais, e nós também temos as nossas. Mas não vamos revelar nada sobre o que os concorrentes estão fazendo e planejando", poderão dizer.

Portanto, é necessário criar uma cultura organizacional que incentive, ou até force, a comunicação entre os integrantes de diversos departamentos. Isso pode acontecer quando um CFO acompanha o diretor de vendas, o gerente de vendas e o vendedor em uma visita a um cliente importante. Ou quando a equipe de vendas participa de um treinamento na área de finanças. Já ouvi pessoas desdenhando de reuniões desse tipo como uma perda de tempo. "Por que eu vou explicar para o cara de vendas a evolução do nosso custo? O que ele pode fazer com essa informação?"

Esses argumentos estão incorretos. Quando é criado um ambiente favorável ao diálogo, o profissional de vendas começa a falar com os integrantes de finanças sobre as oportunidades que estão surgindo no mercado. Normalmente, o departamento financeiro sabe como precificar os produtos ou serviços com exatidão, mas ele não está no dia a dia da disputa por vendas, e por exemplo, não é capaz de perceber as novas necessidades sentidas pelos clientes, algo que quem vive no cotidiano de vendas percebe claramente. É fácil entender o bom resultado que essas duas *expertises* unidas podem trazer. A partir dessa conversa, descobre-se uma oportunidade de mercado precificada por um valor que remunerará e trará lucro para a empresa.

Quando há uma troca de visões e experiências como essa, o ambiente de trabalho se transforma profundamente para melhor. Formam-se profissionais bem informados, surgindo uma cultura de cooperação. Vamos imaginar um vendedor típico que passou toda a vida em contato com os clientes, mas com um conhecimento apenas pontual sobre os números da empresa. Um dia ele se sentará com alguém que explicará como a organização ganha dinheiro, decide margens e prioriza investimentos. Acreditem, esse aprendizado abre uma dimensão inteiramente nova para esse vendedor, e isso o fará muito mais engajado do que era até então.

O mesmo acontecerá com alguém da área de logística. O profissional passou toda a vida na empresa contratando caminhão para sair de um depósito e entregar a mercadoria em outro, discutindo valor de frete, preocupado com cargas desviadas, atrasos. Mesmo ali há anos, ele não sabe como os consumidores usam os produtos que manda carregar nos caminhões. Ao ter uma visão mais abrangente da empresa e entender a importância do trabalho, esse colaborador passa a enxergar sua função de uma maneira totalmente nova, se orgulhando do que faz.

Um MBA na mesa

Sou testemunha do bom resultado que essa interação entre diferentes áreas pode proporcionar. Nos primeiros anos de minha carreira executiva, trabalhei na área de vendas da Cargill, uma multinacional de origem norte-americana especializada no processamento de alimentos. Cinco de nós dividíamos uma mesa quando uma pessoa da área de Controladoria[23] se juntou a nós também. Acredito que ele estava ali com o setor de vendas porque parte de seu trabalho era coletar informações da área comercial.

Conviver com aquela pessoa, que generosamente nos repassava seus conhecimentos específicos, para mim, foi o equivalente a fazer um MBA em finanças. Ele nos passava informações muito interessantes, nos ajudava a formatar nossos procedimentos, já que as pessoas que integram a controladoria são hábeis com planilhas Excel, controles e outas ferramentas. Às vezes ele verificava algo que estávamos fazendo e dizia: "Isso aqui não será aprovado." Nós perguntávamos: "Mas por quê?" E ele nos explicava qual

. . . .

23 A controladoria é ligada à área financeira. Sua missão é gerir as finanças da empresa. É ela quem calcula se a margem cobrada é satisfatória, quais são os custos da área de produção, se eles estão presentes no preço final do produto etc. Sua função final é cobrar os resultados esperados das diversas áreas para assegurar que a empresa atingirá a meta de lucro determinada.

deveria ser o procedimento. Acatávamos as sugestões, e o nosso documento recebia a aprovação do gestor.

Foi uma grande sorte do departamento comercial ter aquele profissional da controladoria ali do lado. Por sua vez, ele também se enriqueceu profissionalmente com aquela experiência. Ali ele sentiu como era a realidade de vendas e, com isso tornou-se um especialista em finanças ainda melhor. Passou a entender como funcionava o mercado, ainda mais como criávamos valor para os clientes.

A convivência com a área de tesouraria[24] também pode trazer *insights* valiosos. Uma de suas funções é "zerar" o caixa todos os dias, ou seja, nunca deixar os recursos do caixa além do mínimo necessário para o funcionamento da organização e nem imobilizados em uma conta bancária que não remunere juros, que poderiam vir das mais diversas aplicações financeiras existentes no mercado.

Portanto, a tesouraria cuida para que o caixa esteja o mais próximo possível de zero, assegurando que, além dos ganhos operacionais, o próprio dinheiro em caixa também produza mais valor. Não é preciso dizer que o caixa nunca poderá ser negativo, pois isso significará que falta dinheiro, e então será preciso fazer um empréstimo para pagar juros. Mas sobrar dinheiro em caixa é um indício inegável de que o financeiro da empresa não está sendo administrado com competência.

Três milhões de reais parados

Há uma crença de que as áreas de controladoria e tesouraria só podem existir em empresas de grande porte. Isso deve ser visto com uma certa reserva. Uma experiência recente me mostrou isso. Trata-se de um empreendimento de uma empresa cliente de porte médio que fatura anualmente por volta de R$100 milhões, o que a coloca como uma empresa de médio porte.

---

24 A função da tesouraria é cuidar do caixa da empresa. É ela quem indica as melhores aplicações financeiras para trazer mais valor para o caixa.

Ao levantar os números dessa empresa, percebi que ela mantinha R$3 milhões em caixa. Esse montante estava parado na conta-corrente já havia dois meses, perdendo seu valor para a inflação. Eu mantinha uma reunião semanal com os gestores, então logo comecei a indagar sobre aquele dinheiro. Por que eles não o colocavam em uma aplicação financeira? Eles me respondiam que estavam estudando qual seria a melhor aplicação que poderia ser feita. A razão para tal é que eles não empregavam um tesoureiro na empresa, talvez para economizar em salários.

Na semana seguinte, voltei a perguntar sobre o destino daquele dinheiro. De novo explicaram que ainda estavam examinando as possibilidades do mercado financeiro. Na terceira semana, me impacientei, pois o dinheiro continuava parado perdendo valor no caixa. Fiz uma planilha para mostrar o quanto daqueles recursos estava indo pelo ralo. Calculei uma aplicação que remunerasse o capital investido em 0,5% ao mês. Isso fazia com que eles perdessem R$500 por dia. Em um mês, eram R$15 mil jogados pela janela. "Quanto vocês pagariam para um analista de tesouraria os orientar em seus investimentos?", perguntei. "R$3 mil?", responderam sem certeza. "E estão perdendo R$15 mil todos os meses, que poderiam ser embolsados sem fazer qualquer esforço?", indaguei.

Em meio às dificuldades que a falta de conversas entre os diferentes setores pode provocar, a relação conflituosa que ocupa o alto do pódio é aquela entre o responsável pelas finanças e os integrantes da área de vendas. Pode funcionar assim: o CFO decide que a empresa está trabalhando com prazos muito longos para os clientes e que isso representa um problema grave — aliás, ele tem toda a razão —, mas joga a responsabilidade em mudar esse quadro nas costas do gestor de vendas e sua equipe. "Vão lá e reduzam o prazo de pagamento", ele diz para a equipe de vendas. "Hoje estamos dando sessenta dias de prazo, avisem que agora serão trinta dias."

Dar uma ordem dessas sentado sob o ar-condicionado da sala é muito fácil. O desafio é chegar na frente do cliente para dizer: "Eu vim aqui avisar que a partir do próximo mês o seu prazo de pagamento será de trinta dias, e não mais sessenta, mas continue comprando de mim." É muito provável que o cliente agradeça a visita do vendedor e no dia seguinte passe a comprar de outro fornecedor.

Se aquele CFO que determina com toda essa certeza dentro de sua sala que o prazo será reduzido visitar o cliente junto com o vendedor, ele verá que a vida real pode ser algo bem diferente do que imagina. Normalmente, os diretores de finanças voltam dessas visitas mais humildes. Se ele fala grosso, os clientes também falam. Se ele é um CFO que zela pelo caixa de sua organização, a empresa que compra seus produtos tem igualmente um CFO que também briga pela boa saúde do caixa. Ele aprenderá que não é capaz de reduzir prazos "por decreto". Ele terá de negociar, com todos os avanços e recuos, vitórias e derrotas, que as negociações requerem.

Vinhos que viram vinagre

Quando proprietários com esse perfil mais impulsivo decidem agir de acordo com seus instintos, os resultados são desastrosos, mesmo os de empresas de menor porte. Ainda mais sem levar muito em conta os fundamentos financeiros dos quais estamos tratando neste livro. Tenho um exemplo que mostra isso de uma maneira clara. É a história de Guilherme, que decidiu montar uma distribuidora de vinhos no atacado. Guilherme até prefere cervejas a vinhos como gosto pessoal, já que vinhos lhe dão dores de cabeça. Mas negócio é negócio. Como as pessoas estavam tomando cada vez mais vinho, ele estava muito confiante nas boas perspectivas para sua empresa.

E parecia mesmo que sua empresa atacadista vinha caminhando com uma boa saúde, até que ele proferiu a frase amaldiçoada: "Venderei mais dando mais prazo para meus clientes." Ele poderia aplicar aquela fórmula que mostraria qual seria o seu limite de crescimento. Também seria exequível remanejar seus estoques para alongar prazos de pagamento aos fornecedores. Contudo, ele preferiu essa estratégia, que chamo, sem nenhuma reserva, de suicida. Guilherme tinha bons amigos, alguns, inclusive com uma boa formação em finanças. "Não faça isso, meu amigo. Prazos longos são mortais para o caixa. Você vai se descapitalizar", avisaram. Mas, teimoso, ele não deu ouvidos.

A situação inicial da empresa de Guilherme está mostrada na Tabela 6.1.

A distribuidora de vinho de Guilherme — com prazo de 60 dias

Momento inicial	
Incremento de faturamento	20%
Faturamento	R$100.000
CMV	-R$40.000
Lucro bruto	R$60.000
Margem bruta	60%
Despesas operacionais	**-R$50.000**
Lucro líquido	**R$10.000**
Margem líquida	10%

(NCG em dias)	
Estoques	90
Prazo clientes	60
Fornecedores	30

(NCG em R$)	R$280.000
Estoques	R$120.000
Prazo clientes	R$200.000
Fornecedores	R$40.000

Tabela 6.1

No primeiro momento, o faturamento alcançado pela empresa atacadista de vinhos era de R$100 mil. O Custo das Mercadorias Vendidas (CMV) era de R$40 mil, o que proporcionava um lucro bruto, aquele apurado antes de abatermos dele as despesas fixas, de R$60 mil, significando uma margem bruta de 60%. Essas despesas chegavam a R$50 mil, portanto, o lucro líquido resultava em R$10 mil, 10% de margem líquida.

A Necessidade da Capital de Giro (NCG) para Guilherme era de 90 dias de estoque, o que equivalia a R$120 mil. O prazo para os clientes era de 60 dias, ou seja, R$200 mil. Ele devia pagar seus fornecedores em 30 dias, o que correspondia a R$40 mil de financiamento que ele conseguiria sem juros de seus parceiros comerciais. Somando os dois primeiros itens e subtraindo o terceiro, Guilherme teria uma NCG de R$280 mil.

O que Guilherme não havia contado para os amigos economistas é que ele tinha outro amigo em quem também confiava. Este pouco entendia de finanças, mas mostrou por "a + b" que Guilherme poderia aumentar em 20% o faturamento se mexesse em apenas uma única variável no demonstrativo financeiro. Essa variável era o prazo para os clientes pagarem. No lugar de 60 dias, o amigo de Guilherme sugeriu 120 dias de prazo. "Não tem erro, os clientes vão correr para a sua loja", garantiu o amigo. "Meu primo fez isso e encheu o bolso de dinheiro."

Guilherme queria encher o bolso de dinheiro, principalmente se para isso fosse necessário "Mexer em apenas uma única variável". Como ele não havia pensado nisso antes? Então seguiu o conselho do amigo da onça. Com essa mudança, o demonstrativo financeiro da distribuidora ficou como está mostrado na Tabela 6.2.

A distribuidora de vinhos de Guilherme — com prazo de 120 dias

	Momento inicial	Momento seguinte	Variação
Incremento de faturamento	20%		
Faturamento	R$100.000	R$120.000	20%
CMV	-R$40.000	-R$48.000	20%
Lucro bruto	R$60.000	R$72.000	20%
Margem bruta	60%	60%	
Despesas operacionais	-R$50.000	-R$50.000	0%
Lucro líquido	R$10.000	R$22.000	120%
Margem líquida	10%	18,3%	

(NCG em dias)		
Estoques	90	90
Prazo clientes	60	120
Fornecedores	30	30
(NCG em R$)	R$280.000	R$576.000
Estoques	R$120.000	R$144.000
Prazo clientes	R$200.000	R$480.000
Fornecedores	R$40.000	R$48.000
Variação da NCG		-R$296.000	investimento incremental
Lucro líquido		R$22.000
Geração de caixa		-R$274.000

Tabela 6.2

Guilherme entrou nesse novo universo com a convicção de que vender mais proporcionaria a ele uma maior lucratividade. Bom, o faturamento de fato aumentou em 20%, chegando a R$120 mil. O Custo das Mercadorias Vendidas (CMV) também cresceu nessa mesma proporção, passou dos R$40 mil do momento inicial para os atuais R$48 mil. A margem bruta se manteve nos 60%, mas como o faturamento havia crescido, o lucro bruto saltou para R$72 mil.

As despesas operacionais não se alteraram, repetindo os R$50 mil do quadro inicial. O lucro líquido agora era de R$22 mil. A margem líquida cravou nos 18,3%. Sensacional, parecia que tudo daria certo! Os prazos contados em dias para a Necessidade de Capital de Giro (NCG), relacionados aos estoques e fornecedores, não variaram, mantendo-se em 90 e 30 dias, respectivamente. No entanto, o prazo para os clientes saltou de 60 para 120 dias, sendo a pedra de toque da transformação desejada por Guilherme.

Essas mudanças produziram impacto na seção seguinte, expressa em reais, a da Necessidade de Capital de Giro. A NCG para os estoques aumentou de R$120 mil para R$144 mil. Enquanto o saldo a pagar para os fornecedores saiu de R$40 mil para R$48 mil, o prazo para os clientes deu um espetacular salto de R$200 mil para R$480 mil! Um aumento de 140%! A combinação dessas variações resultou em um amento da Necessidade de Capital de Giro de R$296 mil. O lucro de R$22 mil ajudou a financiar apenas uma fração dessa nova necessidade de investimento, fazendo com que a geração de caixa final negativasse em R$274 mil.

Guilherme correu para o banco assim que olhou para essas três últimas linhas. O gerente examinou seus números, pediu desculpas, mas negou qualquer possibilidade de empréstimo. Não havia a quem recorrer. Ele ficou inadimplente e fechou a empresa. O seu "amigo" conselheiro desapareceu. Guilherme tentou entrar em contato duas, três vezes, mas não conseguiu falar com ele, e acabou por desistir. Seu negócio de vinhos virou vinagre. Fechou as portas não por falta de lucro, mas por falta de caixa.

Por isso chamo essa estratégia de crescimento utilizada por Guilherme de suicida. Talvez seja difícil acreditar, mas isso é algo que acontece com muito mais frequente do que podemos pensar. É algo comum no mundo dos negócios. A estratégia para crescimento de muitas empresas infelizmente é baseada mais em "Eu darei mais prazo para vender mais", e menos em "Venderei mais para o cliente atual" ou "Venderei mais caro o meu produto". E aí acontece esse triste resultado.

Clientes infiéis

Sem dúvida, ter decidido oferecer um prazo extenso para os clientes honrarem seus compromissos foi o tiro certeiro que fez afundar os sonhos de Guilherme. Agora imaginem se ele tivesse também adotado a política de descontos para atrair a freguesia? O desastre teria sido ainda pior, e ele correria o risco de lidar com uma categoria de compradores que os bons empresários e gestores não fazem muita questão de manter. Estou me referindo dos clientes oportunistas, que só comprarão de você se seus preços estiverem abaixo do mercado e com prazos a perder de vista.

Quando você decide atrair clientes exclusivamente baseados em descontos e prazos longos de pagamento, você só terá no seu empreendimento compradores infiéis. Da mesma maneira que eles chegaram de repente, no dia seguinte irão embora para passar a comprar na concorrência caso encontrem ali preços e condições melhores do que as suas.

Há muito mais valor em desenvolver uma estratégia que mire os clientes que valorizem seu produto ou serviço. Estes estão até mesmo dispostos a pagar mais caro pelo que você oferece, por considerarem que sua empresa proporciona uma experiência que vai além do mero preço. Por exemplo, agrega qualidade de atendimento, tem o cumprimento impecável de prazos de entregas, entre outros pontos fortes. E eles serão os melhores clientes do mundo, que tomarão a iniciativa de recomendar o seu negócio para outras pessoas. Nada pode ser melhor do que isso. Reconhecidamente, a propaganda boca a boca é o modo mais eficiente de atrair pessoas para o seu negócio. E você não paga nada por ela. A recomendação de um cliente satisfeito vale ouro!

O bom relacionamento com o consumidor deve ser sempre o ponto central de qualquer estratégia empresarial. Inclusive, é possível quantificar o quanto um cliente fiel traz de valor para um empreendimento com uma conta singela. Barbeiros e cabeleireiros atuam em um negócio típico que deve o sucesso aos seus clientes fiéis. Homens e mulheres tendem a procurar, às vezes ao longo de décadas, os serviços dos mesmos profissionais quando querem cortar ou dar um trato nos cabelos.

Vamos imaginar um cliente que durante quinze anos cortou os cabelos no mesmo salão em média uma vez por mês, com um mesmo barbeiro. Júlio sentia que havia uma conexão entre ele e seu Marcos, o barbeiro. Um senhor já de idade, seu Marcos era simpático, divertido, sabia exatamente qual era o corte que Júlio queria. Não era preciso dizer nada, dar qualquer instrução. Os dois conversavam animadamente, seu Marcos contava histórias. No dia em que Júlio chegava calado, o barbeiro respeitava o silêncio para não insistir em qualquer conversa. Umas duas, três vezes, Júlio esqueceu a sua carteira em casa. Seu Marcos aceitou o fato com uma risada, permitindo que a conta fosse acertada no mês seguinte.

Life Time Value

Por conta da inflação, o preço pelo corte do cabelo certamente mudaria ao longo dos 15 anos, mas equivaleria a aproximadamente R$50, vistos os preços de hoje. Doze cortes por ano, a R$50, ao longo de 15 anos somam R$9 mil. Um bom dinheiro para quem pratica um ticket médio de R$50. Esse é o valor de um cliente fiel. O conceito é conhecido como LTV, iniciais em inglês para *Life Time Value* (algo como "valor do cliente ao longo do tempo"). Portanto, é o montante de receita gerado por um cliente ao longo de um determinado tempo. Nove mil reais eram o LTV de Júlio para seu Marcos.

O valor proporcionado por um cliente fiel ao longo do tempo representa um enorme diferencial competitivo, tanto para os barbeiros como também para grandes corporações. Imaginem quantos "Júlios" seu Marcos contava entre seus fregueses. E ele não precisava dar prazos, descontos, brindes ou investir em publicidade para manter esses clientes rentáveis. Seu gasto com marketing era zero. Seu Marcos não precisava perder tempo para vender seus serviços, batendo nas portas das casas com convites aos potenciais fregueses irem até o seu salão. O seu Custo de Aquisição de Clientes (CAC) era baixíssimo.

Esse barbeiro ainda tinha a boa fortuna de fazer uma venda recorrente. A não ser que um dia seu Marcos maltratasse Júlio ou cortasse fora um bom pedaço da sua orelha. Caso contrário, o cliente voltaria todos os meses. E mesmo após uma eventual má experiência, a probabilidade de que Júlio estivesse disposto a perdoar seu barbeiro predileto para voltar a frequentá-lo sempre seria grande.

Mas por que Júlio se comportaria dessa maneira tão dócil? Porque trocar seu Marcos por outro barbeiro teria um custo, o Custo da Mudança. O que é esse custo? Júlio poderia procurar outro profissional. Se pesquisasse, certamente encontraria outro salão no qual ele poderia pagar até R$48, economizando R$2. Ou encontrar outro corte por até R$40. Mas será que o novo barbeiro saberia cortar seu cabelo como seu Marcos sabia? Havia também o risco de o novo profissional ser um chato, que fala de política e fica repetindo os mesmos assuntos. Não, ele ficaria com seu Marcos, pois se sentia muito bem servido de barbeiro.

O *Life Time Value* é algo precioso para qualquer empresa. Os valores gerados por clientes fiéis ao longo do tempo são impressionantes. Se alguém dissesse para Júlio que ele deixou R$9 mil no salão do seu Marcos, ele provavelmente ficaria surpreso. Por outro lado, se por alguma infelicidade o barbeiro perdesse um cliente fiel como aquele, se, por exemplo, desse um escândalo quando Júlio esquecesse a carteira em casa, seu Marcos embolsaria os R$50 reais provavelmente no mesmo dia, porém perderia para sempre aquele cliente bastante rentável. O cliente se sentiria magoado e com certeza nunca mais voltaria lá.

Portanto, manter um bom cliente ao longo da vida é muito mais rentável e barato do que conquistar novos clientes. Uma carteira sólida de clientes fiéis é uma mostra clara do valor que uma marca e uma empresa conquistaram. Posturas adotadas pelo seu Marcos, como ser atencioso e simpático com a freguesia, podem ser adaptadas mesmo para empresas maiores, que, pelo seu porte, não podem evitar ser mais impessoais. Isso pode ser materializado em ambientes de atendimento agradáveis, o pessoal de frente treinado para ser gentil, atencioso e proativo com os clientes, com a estrutura de um atendimento de pós-venda eficiente, entre outras boas práticas.

Cobrar o mais caro possível

Empresas que tornam suas marcas queridas pelo público podem se dar ao luxo de cobrar mais caro pelos seus serviços ou produtos do que a concorrência, porque mesmo assim continuarão a ter uma clientela fiel. Esse é um princípio que deve ser sempre perseguido: para ganhar dinheiro, deve-se cobrar o mais caro possível e manter os custos baixos. Não só os custos de operação, mas também aqueles necessários para a aquisição de clientes.

Se você tem certeza de que seus clientes estão felizes com você mesmo quando um concorrente oferece vantagens superiores às que você dá, eles continuam fiéis à sua empresa, e isso é um dado a ser levado em conta para a decisão de aumentar seus preços. Os clientes fiéis são menos sensíveis à mudança de preço. Se você cobra mais pelo que é oferecido, talvez eles não fiquem radiantes, mas, de modo consciente ou não, o Custo de Mudança entra em ação, e por essas razões, a qualidade de seus serviços continuará firme. Se seu cliente está disposto a pagar por você oferecer confiança, um bom ambiente, empatia, então não há nada de antiético, ilegítimo ou abusivo nessa cobrança a mais.

Constatações como essa deixam claro como vender é algo que exige a mobilização de diferentes setores de uma empresa. Um dos componentes do preço final está ancorado em parâmetros subjetivos, como o cliente aceitar pagar mais por um produto porque considera que a empresa tem um ótimo serviço de pós-venda. Ou no caso do seu Marcos, porque Júlio gosta de conversar com seu barbeiro. É por isso que prefiro o termo "processo de negócios" a "processo de vendas".

Fico desconfortável quando a área de vendas se preocupa apenas em vender. O setor de vendas, assim como a área de finanças ou a de manufatura, tem de se empenhar em gerar o máximo de valor para a empresa, o máximo de lucro para o empreendimento. Essa é a razão pela qual deve haver uma interação entre os departamentos todo o tempo, como tratei anteriormente. Isso não costuma ser algo natural nas empresas. É preciso derrubar as divisórias mentais que separam as áreas, e talvez também as físicas.

Por esse motivo, os indicadores de sucesso que as equipes de vendas devem seguir em seu dia a dia precisam exibir mais do que o volume de negócios. O faturamento tão cegamente perseguido. O nível de retenção de clientes é um dado relevante para medir desempenho. A margem bruta dos produtos e serviços oferecidos também é outro indicador. Alguém pode argumentar: "Mas não são os vendedores que decidem sobre a margem a ser praticada?" Eu responderia mais ou menos assim: "Na área de vendas, muitas vezes o vendedor não consegue determinar o custo, mas o preço que o produto é vendido, sim. O nível de desconto que é dado, sim." O que nós falamos antes, o custo de aquisição de clientes, algo que engloba o marketing, o salário do vendedor, os custos de deslocamento até o cliente, seria outro indicador importante. Em outras palavras, a medição dos resultados alcançados pela força de vendas exige uma visão holística sobre o papel dos vendedores e do que trazem como valor para a empresa. Então seriam os volumes cada vez mais altos ou apenas uma sólida rentabilidade?

Vender só faz sentido quando isso traz lucro para a empresa para aumentar seu caixa. É isso que este livro está dedicado a mostrar. Isso parece uma obviedade, mas talvez o que não seja tão bem compreendido assim é que vendas e finanças se complementam. Há uma hierarquia nas empresas. Podemos visualizá-la imaginando um pódio olímpico. O número um é o caixa, pois é quem está no degrau mais alto.

Mas, pensando melhor, talvez não seja correto imaginar que as vendas estejam em um posto mais abaixo. Melhor seria imaginarmos o caixa e a venda como um personagem multifacetado. Uma analogia clara seria como aqueles seres fantasiosos compostos por dois ou três seres em um só corpo. Assim, as vendas seriam o segundo ser, que é parte da estratégia de geração de caixa, e essa união se complementa com um terceiro personagem, o valor da empresa.

Nunca devemos perder de vista o objetivo de todo negócio para criar valor, gerar lucro e caixa. A venda está a serviço disso. Não é possível separar as vendas da meta se quiser trazer dinheiro para a empresa. Vender bem é um meio de valorizar a empresa, pois é tornar os acionistas mais ricos. Mas por que tornar os acionistas mais ricos? Porque no mundo capitalista, essa expectativa de geração de riqueza fará com que o acionista invista no negócio. É esse "egoísmo" do acionista que terá como consequência a geração de empregos e de renda para a sociedade. A riqueza que ele produzirá gera impostos para os governos investir, por exemplo, em educação, saúde e segurança pública. Isso terá efeitos positivos para a comunidade onde aquela empresa está inserida. Não há recursos na sociedade que não tenham como origem a atuação das empresas.

Para gerar o lucro que permitirá ao empreendedor cumprir esse seu insubstituível papel social, as empresas devem ter uma gestão que nunca perca de vista a saúde do seu caixa. E a promoção de uma relação estreita entre suas diversas áreas evitará escolhas incorretas, como a que fez Guilherme, de deixar de lado a boa gestão do caixa, trocando por uma política de prazos suicida.

Há riscos claros no caminho empresarial, qualquer empresário e executivo os conhece. Porém, alguns não são tão evidentes assim, já que se escondem por trás das demonstrações financeiras. São os chamados custos invisíveis. É sobre eles que falaremos no próximo capítulo.

CAPÍTULO 7

Os custos invisíveis que assombram as organizações

Os negócios nunca estiveram tão bem para Marcelo, dono de uma concessionária de carros de luxo instalada na Avenida Europa, em São Paulo, uma vizinhança frequentada por Lamborghinis, Porsches, Ferraris, Bugattis, Jaguares, Mercedes e Rolls-Royces. As vendas vinham crescendo, mesmo com os maus presságios de sempre da economia. Os fregueses continuavam orgulhosos e satisfeitos por atrair olhares de admiração quando saíam nas ruas com seus automóveis de alto padrão. Melhor ainda, os clientes eram fiéis. Regularmente voltavam para trocar seus carros, ainda bem novos, por outros zero quilômetro.

Mas esse sucesso não parecia deixar Marcelo satisfeito. Pelo menos não para quem o visse andando um dia, com ar pesado, pelo *showroom* da empresa. Ele estava procurando Daniel, um de seus vendedores. Iria chamá-lo para uma conversa de demissão na sua sala. O diálogo entre os dois foi ríspido. Marcelo acusava Daniel de ter traído sua confiança. A razão é porque ele havia recebido convites da concorrência após reuniões na empresa rival, sem contar nada para o patrão.

Daniel não gostou do tom de voz de Marcelo. Explicou que havia recebido o convite, sim, e aceitara conversar por educação, mas não havia fechado qualquer acordo. Marcelo duvidou. Daniel respondeu com grosseria. Houve um bate-boca. Exaltados, os dois relembraram velhos ressentimentos. Daniel se levantou para anunciar a demissão. Marcelo continuou sentado e disse desdenhoso: "Vai tarde."

Seis meses depois, Marcelo estava preocupado em sua mesa, segurando a cabeça com as mãos. As vendas haviam caído pela metade. Desalentado, ele descobriu quem era realmente Daniel da pior maneira possível. O seu melhor vendedor. Um que relacionava-se de uma maneira extraordinária com os clientes. Marcelo soube depois que alguns deles o acompanhavam há mais de quinze anos, vindo de outras concessionárias pelas quais ele havia passado.

A partir do momento em que esses compradores souberam que Daniel havia mudado de endereço, o seguiram mais uma vez, passando a comprar do concorrente. Diferente da imaginação de Marcelo, a carteira de clientes era muito mais fiel ao vendedor do que à marca ou à concessionária de um fabricante específico. É o que costuma acontecer com os brasileiros que adquirem carros de alto padrão. Eles se sentiam seguros quando compravam com Daniel, pois apreciavam seu pós-venda. O vendedor chegava até ser convidado para as festas que ofereciam porque eles se tornavam amigos.

Marcelo sentia o gosto amargo de um dos custos invisíveis que assola as organizações: o impacto do *turnover* de pessoal sobre os resultados da empresa. Lamentavelmente, más decisões como as de Marcelo não são raras entre os empresários e gestores brasileiros, mesmo que formalmente qualquer empresário saiba que demitir colaboradores ou vê-los pedindo demissão é uma experiência desagradável. Muitos têm dificuldade em enxergar a relação direta que existe entre a alta rotatividade de pessoal e o baixo desempenho financeiro de suas organizações. Eles continuam descuidados quanto às políticas de retenção de funcionários por ignorarem essa verdade.

Embora esse desconhecimento tenha potencial para provocar danos financeiros, é compreensível que ele não seja visto de maneira clara. Afinal, trata-se de um custo invisível. O que é exatamente um custo invisível? São custos que não estão mostrados nos relatórios contábeis tradicionais, mesmo sendo relevantes, como a Demonstração do Resultado do Exercício, a DRE.[25]

Isso não é um demérito para as DRE. Sem analisarmos as informações fundamentais que as DRE, o balanço patrimonial e o DFC (Demonstração do Fluxo de Caixa) nos fornecem, não há como fazer um bom diagnóstico e nem um planejamento eficiente em uma organização. Portanto, saber ler esses demonstrativos é algo fundamental que deve estar no DNA do gestor e do líder. No entanto, o que mostram esses documentos não é suficiente para um checkup preciso da saúde da organização. Eles fornecem dados fundamentais, mas não contam toda a história.

Problemas sem dono

Esses custos não costumam ter donos dentro da empresa, por não serem imediatamente visíveis, nem os problemas que os provocam. Ou seja, não há um gestor ou um departamento diretamente encarregado para caçar aquele fantasma que ataca os resultados financeiros da organização sem deixar rastros contabilizáveis e formais de sua ação nefasta.

Não havendo um caça-fantasmas na empresa capaz de identificar e eliminar os custos invisíveis do dia a dia da organização, eles prejudicarão os resultados, e até mesmo serão capazes de tornar inviável a continuidade do empreendimento. Portanto, o maior perigo dos custos invisíveis é o desconhecimento de que eles estão presentes nos negócios.

A união do *turnover* alto com a precária retenção de pessoas compõe apenas um desses custos invisíveis. Há outros. Um deles

••••••••••••••••••••••••••

25 A Demonstração do Resultado do Exercício (DRE) é um documento contábil que apresenta o resumo financeiro dos resultados operacionais e não operacionais da empresa, que é produzido para fins administrativos e legais. Disponível em: <https://www.sebrae.com.br/sites/PortalSebrae/ufs/ap/artigos/como-fazer-um-demonstrativo-de-resultados,48f3ace85e4ef510VgnVCM1000004c00210aRCRD>.

é não conseguir promover o engajamento dos colaboradores à empresa, também relacionado à gestão de pessoas, algo que faz com que os empregados entreguem muito menos resultados. Caso estivessem satisfeitos e empenhados, não seria assim. O custo de oportunidade, que diz respeito a um ganho financeiro perdido de acordo com a escolha feita pelo gestor, é outro custo invisível. Apenas uma pequena parte do custo total do estoque em excesso é percebido pelo olhar menos cuidadoso. De forma similar, um estoque mais baixo do que o ideal também é outro custo invisível. Em relação aos preços para os produtos ou serviços fornecidos pela organização, o não aumento deles adequadamente ao longo do tempo é mais um custo invisível. E por último, mas não menos importante, não ser capaz de reter os clientes já conquistados é um desses custos também.

Vamos voltar um pouco mais sobre a questão da retenção de pessoas, o custo invisível que Marcelo, o proprietário da concessionária de carros de luxo, não conseguiu identificar. Perder bons empregados por demissão para o mercado é algo que custa dinheiro para o empreendedor. Com certeza, os acionistas brasileiros sabem que, ao demitirem alguém, terão de arcar com despesas específicas do nosso país: a multa rescisória de 40% sobre o FGTS, férias e décimo terceiro proporcionais. Mas isso é apenas uma pequena fração do custo total, a ponta do iceberg.

A demissão ocorrida na loja de automóveis de Marcelo provocou um impacto que ultrapassou muito os gastos legais ligados à dispensa de um empregado. Um bom vendedor, como Daniel, leva junto sua carteira de clientes ao trocar de emprego, sejam ativos ou em prospecção. Isso gera um impacto imediato sobre o caixa da empresa de Marcelo, na medida em que diminui sua lucratividade. E como se sabe, o caixa é o componente mais importante de um empreendimento.

Impacto do turnover

Mesmo se o empregado afastado de uma organização não levar junto clientes e parte do faturamento, ele ainda representará um gasto nada desprezível. Um *paper* publicado no site Creative Group[26] traz a síntese de onze diferentes estudos que tratam do impacto que a perda de um colaborador pode trazer para uma organização. O número é surpreendente, veja: em média, o custo da demissão corresponde a um valor entre 90% e 200% do salário anual do colaborador desligado da empresa. Dessa maneira, um gerente de vendas que recebia um salário de R$15 mil mensais provocará um impacto entre R$180 mil e R$400 mil, tanto para quando sair por vontade própria quanto se for demitido da empresa.[27]

Nessa conta estariam presentes vários custos (visíveis e invisíveis), por exemplo, o impacto com a eventual perda dos clientes, que seguem o ex-empregado para seu novo emprego. Também são contabilizados os gastos com um *headhunter*, que encontrará um substituto para o colaborador desligado e com o tempo que os gestores levarão nas entrevistas dos candidatos à vaga. Há o custo de treinamento do substituto quando ele finalmente for encontrado, e ainda mais o custo da queda de produtividade, já que o novo funcionário não performará imediatamente como o antigo colaborador.

Um exemplo singelo do que seria o custo de produtividade: você é dono de uma pizzaria, e seu pizzaiolo está com você há seis anos. Ele não desperdiça ingredientes, faz as pizzas com rapidez, e elas são gostosas, agradando à clientela, que por isso tornou-se fiel. Um belo dia, esse pizzaiolo decide voltar para a cidade dele, no interior, para abrir sua própria pizzaria, então você contrata outro pizzaiolo, menos experiente.

. . . .

26 Disponível em: <https://www.creativegroupinc.com/2017/10/17/the-real-cost-of-
    -employee-turnover-and-how-to-reduce-it/>.

27 Deve-se multiplicar o salário mensal por 13,33 para chegar no salário anual.

Caberá a você ensinar como acender o forno, a espessura correta da massa, como espalhar o molho. Sem o traquejo do antigo pizzaiolo, a produção do novo empregado será menor e mais lenta, e as entregas atrasarão. Ora ele usa ingredientes a mais, ora falta algo. As pizzas caem de qualidade, e a clientela começa a reclamar. Talvez você perca parte de seus fregueses. E por fim, a menor produtividade, somada à qualidade inferior do pizzaiolo menos experiente, cobrará seu preço.

Podemos imaginar outro exemplo para mostrar como a redução do *turnover* em uma empresa perturba o lucro líquido da organização. Uma empresa que produz componentes eletrônicos fatura R$10 milhões por mês, o que significa R$120 milhões ao ano. Sua margem liquida é de 3%, equivalente a R$3,6 milhões de lucro líquido. Essa fábrica de eletrônicos emprega 200 colaboradores, que custam o equivalente a 20% do faturamento: R$24 milhões por ano.

Cada colaborador tem um custo médio anual de R$120 mil. O *turnover* dessa organização está em 20%, que em números absolutos significa que a cada ano, 40 colaboradores saem da empresa. Cada funcionário afastado gera um custo equivalente a 200% do seu salário.

Um ponto percentual é igual a 13,3%

O acionista decidiu promover algumas mudanças na gestão de pessoas para diminuir o *turnover*, que ele considerou excessivamente alto. O resultado desse esforço significou um ponto percentual de redução. Não parece um número espetacular, mas, mesmo assim, trouxe um impacto na lucratividade da empresa. Essa diminuição na rotatividade de empregados fez com que a empresa deixasse de perder 2 funcionários por ano. O salário médio anual de cada empregado é R$120 mil, e os custos da perda por colaborador chegam a 200% desse pagamento anual. Já os 2 funcionários que se mantêm na empresa significarão R$480 mil a mais para o caixa da empresa, em comparação com a situação anterior.

Conforme o lucro líquido anterior dessa organização chegava a R$3,6 milhões, em um cenário onde 40 funcionários deixavam a organização a cada ano, o acréscimo desses R$480 mil fez com que esse lucro passasse para R$4,080 milhões. A margem líquida saltou então de 3% para 3,4%. Ou seja, 1 ponto percentual de redução no *turnover* representa um crescimento de 13,3% no lucro líquido! Impressionante, não é mesmo? O mais admirável é que, se o *turnover* for reduzido em 2 pontos percentuais, o lucro aumentará para R$4,572 milhões, um incremento de 27%!

Esses números podem ser conferidos a seguir na Tabela 7.1.

Corte de 1 ponto percentual no *turnover* aumenta o lucro em 13,3%

Faturamento mensal	**R$10.000.000**	
Faturamento anual	R$120.000.000	
Margem líquida		
%	**3%**	
R$	R$3.600.000	
Despesas com pessoal por ano		
%	**20%**	
R$	R$24.000.000	
Número de funcionários	**R$200**	
Custo anual por funcionário em R$	R$120.000	R$10.000
Turnover atual	**20%**	
Quantidade	40	
Redução de *turnover* em %	**1%**	
Perda por funcionário		
%	200%	
R$	R$240.000	

continua

continuação

Ganho com redução	
Funcionários	2
R$	R$480.000

Nova margem líquida			
%	3,4%		
R$	R$4.080.000	13,3%	13,3

Tabela 7.1

Os exemplos não deixam dúvida sobre o quanto um empreendimento pode ganhar em seu caixa se eliminar o custo invisível provocado pela perda de empregados de alta performance. Esse tipo de exercício serve para conseguir reduzir o *turnover* geral dos colaboradores. Mas qual seria o nível ideal de *turnover* para que não se transforme em um custo invisível?

O melhor dos mundos empresariais seria aquele em que não houvesse qualquer rotatividade de empregados. Porém, isso é uma fantasia. Sempre ocorrerão demissões e saídas espontâneas pelos mais variados motivos, e muitas delas provocadas por uma visão errada de gestão de pessoas por parte dos dirigentes.

Alguns autores respeitados indicam 4% como um percentual aceitável de *turnover*, mas os arranjos estruturais particulares de cada segmento da economia fazem com que o *turnover* varie de maneira significativa em cada área econômica. Por exemplo, no varejo há um *turnover* muito maior do que nos escritórios tradicionais de advocacia. Mas, de novo, os percentuais mudam também de acordo com uma melhor ou pior política de pessoal. Algumas empresas varejistas que têm boas práticas de governança conseguem manter um *turnover* por volta de 9%, enquanto a média desse setor é de 20%, ou seja, menos da metade da prática geral.

Então, o que faz as organizações oscilarem entre um alto percentual de *turnover*? Ou, ao contrário, estar abaixo da média do setor em que atuam? Em primeiro lugar, é preciso que o gestor tome consciência da importância do baixo *turnover* para a saúde financeira e do caixa da empresa. O tema retenção de funcionários deve se tornar uma verdadeira prioridade para toda a organização. Há muitas variáveis nesse jogo. É dito que as pessoas não costumam pedir demissão da empresa, mas sim do gestor imediato. Ou seja, o colaborador pode gostar da empresa, mas seu chefe não está o tratando da maneira correta. Coisas ruins acontecem no ambiente corporativo: assédios morais e sexuais, humilhações, perseguições e favorecimentos. O gestor pode se ver como a única estrela da companhia para impedir que os acionistas percebam o trabalho de seus subordinados.

As pessoas se sentirão satisfeitas na empresa caso haja um ambiente de trabalho que seja exatamente o contrário do que acabei de relatar no parágrafo anterior. A função do gestor é criar um ambiente de trabalho excepcional, no qual exista respeito, onde as chances de promoção existam, os salários sejam competitivos e os planos de carreira sejam claros. Os colaboradores não ficam em um emprego apenas pelo dinheiro. Eles são seres humanos que apreciam e precisam de afeição, respeito, tranquilidade, da empatia e do encorajamento dos chefes e colegas de trabalho.

Vestir a camisa

Tudo isso nos remete a outro custo invisível, que também está relacionado com o quesito pessoas. Trata-se da falta de engajamento delas. Esse engajamento profissional é definido de maneira clássica como a ligação que o profissional estabelece com a organização que está empregado. Esse tipo de relação vai além do simples contrato de trabalho. Pessoas engajadas estabelecem um vínculo emocional positivo com o emprego, e como resultado, têm uma performance mais comprometida, mais profunda, pois entregam maior produtividade.[28] É o que se chama de "vestir a camisa" e "espírito de dono".

Os motivos que impedem as pessoas de se engajarem em uma determinada organização são praticamente os mesmos que fazem elas pedirem demissão, aumentando o *turnover* da companhia. A diferença é que, quando não se sentem parte da organização, elas não saem necessariamente à procura de outras oportunidades no mercado. Elas podem continuar em suas posições sem produzir o máximo, como se estivessem 100% engajadas. De uma maneira coloquial, essas pessoas passam a enrolar no trabalho. A subutilização do potencial humano instalada na organização também não é algo que será visto na DRE, mas será sentida pela empresa na sua trajetória.

A conversão do dinheiro investido nos recursos humanos em resultados financeiros sempre estará abaixo do que poderia ser. Algo similar a ter um carro 2.0, que abastecido com gasolina adulterada anda menos na subida do que qualquer modelo 1.0. É papel do gestor verificar todo o tempo se o colaborador está se sentindo bem no trabalho e se todas suas necessidades são atendidas. Sobretudo, o líder precisa ter a sensibilidade para perceber se o empregado está entregando todo seu potencial ou se apenas "cumpre a tabela", fazendo o mínimo necessário à espera do expediente terminar e então voltar para casa.

Além dos olhos atentos do gestor, há outras ferramentas que permitem medir o engajamento para verificar a temperatura do clima organizacional. Pesquisas internas permitem que os empregados respondam anonimamente como está o humor dos integrantes de uma organização. Sem precisar se identificar, o colaborador fica mais à vontade para dizer exatamente o que pensa. As respostas podem mostrar que o percentual de insatisfação está mais alto do que se imaginava.

....

28 Disponível em: <https://www.metadados.com.br/blog/entenda-o-que-significa-
-engajamento-em-gestao-de-pessoas/>.

Outra maneira de enxergar a falta de engajamento é verificar o lucro por funcionário e comparar com os resultados de outros *players* do setor. Três grandes empresas atuam no mesmo segmento de porte similar (varejo popular). Ao dividirmos o lucro pelo número de funcionários, será descoberto que em uma delas cada empregado corresponde a R$1 milhão de lucro, e na outra, essa relação é de um colaborador para R$10 milhões de lucro. Conclui-se que há coisas bem diferentes acontecendo nessas empresas. E quase sempre, o que faz a diferença é o nível de engajamento dos colaboradores. Naquela que tem um resultado melhor, certamente há também mais funcionários engajados, produzindo um grau de riqueza muito maior.

Custo de oportunidade

Mesmo em negócios de pequeno e micro porte, em que o faturamento e o lucro têm poucos dígitos, as pessoas podem se resumir a poucas ou mesmo apenas uma, mas os custos invisíveis também estão presentes. É o caso do custo de oportunidade. Entre todos os desafios invisíveis que se colocam no caminho dos empreendedores, talvez este seja uma das maiores barreiras para o fluxo de dinheiro ao caixa da empresa.

Vamos relembrar o nosso amigo Miguel, que no capítulo anterior vendia melancias na feira fazendo charme com as possíveis freguesas. Ele acordava de manhã cedo e ia com sua caminhonete até o Ceasa. Comprava as melancias a R$5 e as vendia por R$10, praticando um lucro bruto de R$5 por unidade vendida.

Quando vai até seu fornecedor de melancias, Miguel passa em frente aos boxes que vendem mamões e uvas. Ele apenas dá uma rápida olhada nos preços dessas frutas. O mamão e o quilo da uva também são vendidos por R$5 reais pelo atacadista, mas quando o consumidor paga pelas melancias, mamões e uvas, a lucratividade das três frutas é completamente diferente. Na feira, o mamão, que vale R$5 no atacadista, é vendido por R$15 reais. A uva, que no box da Ceasa sai por R$5 o quilo, se encontra na feira fregueses dispostos a pagar R$20 pelo quilo.

Mas Miguel é um empresário conservador. Desde os 17 anos ele vende melancias. Não quer a complicação de comercializar mais de um tipo de fruta. Mamões amassam, uvas podem azedar rapidamente, então ele decide ficar só com as melancias, que são um produto conhecido e dominado por ele. Miguel enche a caminhonete de melancias, pois a vida continua.

No fim do ano, quando se examina o demonstrativo financeiro dele, pode ser verificado que Miguel conseguiu ter um lucro de R$5,00 por melancia vendida. Ele compra por R$5, vende por R$10, atingindo uma margem bruta de 50%, uma lucratividade que não é ruim. E, melhor ainda, assim que olhamos o resultado do ano anterior, percebemos o aumento do lucro, já que seu antigo atacadista fornecedor cobrava R$6 por melancia, e a sua margem bruta no ano anterior foi de 40%, porque Miguel também vendeu a R$10 cada unidade da fruta.

Dinheiro perdido

Então esses números mostrariam que Miguel é ótimo empresário. Ele aumentou sua margem bruta em 20% de um ano para outro, vistos apenas no demonstrativo financeiro. Um feito excepcional ao mudar de fornecedor para adquirir as melancias por R$5 a unidade. Mas o custo de oportunidade é invisível. Não está preto no branco. Na verdade, Miguel perdeu dinheiro ao deixar de lado as oportunidades que surgiram diante dele. Se houvesse tomado a decisão correta de empregar os R$5 os quais teria para comprar mamões, ele ganharia R$10 por unidade, uma margem bruta de

67%.[29] Se comprasse uvas, a margem bruta seria ainda maior, de 75%, pois ele pagaria R$5 e venderia por R$20, um lucro bruto unitário de R$15.

Então podemos afirmar que o custo de oportunidade com o caso da venda do mamão que ele não fez foi de R$5. Essa é a diferença entre os R$5 de lucro bruto que ele experimentaria quando vendesse a melancia, mais o lucro de R$10 dos mamões caso também tivesse vendido. Não ter realizado a venda das uvas resultou em um custo de oportunidade de R$10 por unidade; o resultado do lucro de R$15 que a uva proporcionaria, menos os R$5 de lucro com a venda da melancia.

Por ter se recusado a renovar seu portfólio, Miguel renunciou a resultados excepcionais para seu negócio. Se estava disposto a investir apenas R$5 por produto, ele tinha à sua frente duas oportunidades de uma margem maior. De novo, olhando apenas para o resultado financeiro, Miguel ainda correria o risco de ser premiado como o melhor comerciante daquela feira, pois aumentou sua margem de um ano para o outro. Mas se tivesse mostrado o belíssimo caixa que conseguiria com outras melhores opções de comercialização, ele seria um sério concorrente a ser nomeado "o feirante do ano".

Se trabalhasse para uma grande organização, Miguel teria assegurado para si um bônus gordo no final do ano, mesmo sem ter se dado o trabalho de pensar em mamões e uvas. Igual a esse feirante, muitos gestores também são pegos pelo invisível custo de oportunidade, que é o custo da decisão equivocada diante das circunstâncias favoráveis oferecidas pelo mercado.

O que impede os gestores de agarrarem tais oportunidades? Há várias explicações. A falta de atenção para o que se passa no

· ·

29 A margem bruta é calculada pela fórmula: Margem bruta = Lucro bruto/receita total x 100. No caso exemplificado da venda do mamão, os 67% seriam o resultado de Margem bruta = 10/15 x 100. Vide fórmula em: <https://endeavor.org.br/financas/margem-bruta/?gclid=CjwKCAjwqpP2BRBTEiwAfpiD-335utySlal_LiLMjW8nL3L4j-LMkukvRfUk3AQIYJ6PLz2889qvNBoCahUQAvD_BwE>.

mercado, o medo de errar e, principalmente, aquela frase que é um verdadeiro câncer: "Porque sempre fizemos assim." A tradição pode ser um impedimento muito forte, que cega os gestores e os impede de fazer coisas novas, tipo buscar oportunidades fora da caixa.

Às vezes, temem enfrentar o mar na preferência de permanecer em terra firme. Há essa tendência de querer jogar seguro entre boa parte dos executivos. "É melhor receber um bom bônus todos os anos do que arriscar a receber um bônus enorme. Ou passar três anos sem receber nada. Ou até perder o emprego caso eu me arrisque sem conseguir nada", costumam dizer.

Portanto, o custo de oportunidade é algo que sempre está ligado à tomada de decisão do executivo ou empresário. Ele pode perder uma boa chance de trazer mais dinheiro para o caixa por não ter decidido nada, como no exemplo do Miguel, como também pode trazer prejuízos por conta de uma decisão que se mostra equivocada.

Apenas lendo os demonstrativos financeiros não é possível saber se uma organização tirou proveito ou não dos custos de oportunidade, pois eles não estão lá. A maneira de aferir isso é com o *benchmarking*, que é algo que deve ser usado o tempo todo pelo gestor. Devemos cultivar o hábito de examinar os demonstrativos financeiros das empresas concorrentes, no exame do caixa e das margens que estão praticando, então poderemos saber o quanto elas estão lucrando vendendo melancias, ou prestando serviços imobiliários, ou também comercializando automóveis. Ao compararmos nossos próprios resultados com a média do setor e com a dos melhores *players*, logo podemos identificar onde estão nossas falhas e nossas forças.

Estoques mal dimensionados

As compras de produtos finalizados ou de matérias-primas também produzem custos invisíveis, sobretudo caso sejam feitas em quantidades e variedades inadequadas. Estamos falando do mal dimensionamento dos estoques. Quando temos estoques exagerados, eles atacam diretamente o caixa da organização, já que o dinheiro da venda desses bens entrará para a empresa em uma velocidade menor do que aquela em que precisará pagar seus fornecedores.

Ao constatar os estoques altos, a primeira tentação do gestor é "queimar" a mercadoria, ou seja, um dos mais terríveis inimigos dos negócios: a venda com desconto. Certa vez, assessorei um cliente que precificava sua mercadoria já prevendo um desconto mais à frente. Se seu produto custava R$100, ele já afirmava que daria um desconto de 3% para vender a mercadoria a R$97. "Mas por que você tem que dar 3% de desconto?", eu perguntava. "Ah, porque a gente sempre precisa dar um desconto, já que sempre sobra estoque", respondia como se fosse a coisa mais natural do mundo. Eu ficava impaciente com isso e dizia para ele: "Mas então resolva o seu problema de estoque e não perca mais dinheiro."

Quando um empresário erra com mais no seu estoque, ele perde dinheiro, porque mais tarde acabará não resistindo ao impulso de oferecer ao mercado as mercadorias com desconto. Sem contar que custa dinheiro manter esse estoque alto. Quando erra para menos, ele deixa de vender e também perde dinheiro. Na minha opinião, a raiz de todos os equívocos que são cometidos no gerenciamento do estoque está na concepção incorreta de que o importante em um negócio é vender.

Se o acionista dissesse para si mesmo que seu maior desejo como homem de negócios fosse lucrar para gerar caixa, então seria pouco provável que ele sofresse tanto com a gestão de seu estoque. Mas a premissa principal da maioria dos gestores lamentavelmente ainda é: "Eu quero vender o máximo possível, e aí serei feliz." Se o que eles querem é vender muito, o natural próximo passo será a lotação dos estoques.

Por acreditar que o importante é o faturamento, um empresário decide que, quanto maior for a variedade de produtos dentro da sua empresa, maiores serão suas chances de vender o máximo possível. Não bastasse esse pensamento incorreto, ele ainda corre um grande risco de errar na escolha dos produtos. É difícil prever o que agradará aos consumidores ou aquilo que encalhará por falta de compradores.

Mix incorreto

É nesse momento que surge outro custo invisível, como se esse empresário já não os tivesse em quantidade suficiente: o da escolha incorreta do mix de produtos dispostos em seu estoque. Prever com acerto os serviços ou produtos que agradarão à freguesia é uma arte complexa. Em países estáveis como a Suíça ou o Japão, é mais fácil ter um mix correto de mercadorias, mas essa missão é muito mais difícil em um país como o Brasil.

O que esse gestor também esquece é que um estoque muito variado o obrigará a aumentar o número de vendedores, e só com um forte treinamento da força de vendas é possível o reconhecimento das qualidades e aplicações de uma grande quantidade de diferentes itens. A existência desse estoque também exigirá investimentos extras em marketing para comunicar ao mercado que a empresa tem uma infinidade de produtos. Tudo isso custa dinheiro.

Os empreendedores que descobriram, estudando ou apanhando no dia a dia, os estoques elevados e com muitos itens diferentes como danosos para o caixa da empresa costumam repetir, igual a um mantra, "menos é mais". Um mix de produtos problemáticos não está expresso no demonstrativo financeiro de uma empresa, como dissemos. Ao contrário, os números produzidos pela contabilidade são capazes até mesmo de camuflar o problema.

Um exemplo ajudará a entender melhor. Uma empresa fatura R$100 mil por mês. O custo do produto corresponde a 50% desse valor, ou seja, R$50 mil por mês. Ao olharmos o demonstrativo financeiro dessa organização, o ideal é que mantivesse em estoque o equivalente a um mês de vendas. A leitura no balanço é exata: R$50 mil. E então ficamos felizes. "Ótimo, é exatamente o que ela deve ter de estoque!", comemoramos.

Será que deveríamos telefonar para o gestor para parabenizá-lo? Não, não devemos ligar. Primeiro porque sob a rubrica em que esses R$50 mil estão pode haver um estoque inflado com algumas mercadorias há seis meses pegando poeira no depósito, por terem um baixo giro. Segundo porque, ao contrário do que poderíamos pensar, naqueles R$50 mil podem não constar produtos que teriam mercado garantido, mas que não foram comprados pelo gestor.

Não seria correto dizer que aquela informação dos R$50 mil em estoque é inútil. Talvez não seja capaz de demonstrar por si só a boa saúde do mix de produtos, mas é um indicador do estado do caixa da empresa. Entretanto, a qualidade do estoque nunca poderá ser verificada apenas pelo demonstrativo financeiro.

Saber formar um estoque é uma das finas artes da gestão de negócios. Como acertar a mão com menos perdas em um negócio? Certamente existem diferenças entre gerenciar as 3 milhões de peças necessárias para montar um Boeing 777[30] e controlar os itens necessários para o bom funcionamento de uma padaria.

Mix de pizza

Agora deixemos de lado o quebra-cabeças que o responsável pelo estoque de uma fábrica de aviões precisa montar. Falaremos sobre pizza pela segunda vez neste capítulo, um exemplo singelo de como podemos calcular com maior precisão o quanto de itens devemos manter em nossos estoques para ter sucesso na escolha do mix de produtos.

. . . .

30 Disponível em: <https://www.swiss.com/worldofswiss/en/story/from-single-parts-to-the-finished-aircraft>.

Certa vez, Ricardo, um técnico em TI já com seus 50 anos, leu uma notícia que o deixou impressionado: "São Paulo é a segunda maior cidade do mundo no consumo de pizzas, perdendo apenas para Nova York."[31] Ele considerou aquela informação como um sinal alvissareiro. Afinal, ele acabara de ser dispensado do emprego e havia recebido uma boa quantia pela rescisão do contrato. E ele acreditava que seria suficiente para abrir um negócio. Por que não uma pizzaria? Ele morava em São Paulo, freguês é o que não faltaria.

O problema é que Ricardo não entendia nada de pizzas. Claro, duas vezes por semana não dispensava uma meia calabresa, meia quatro queijos, mas do negócio mesmo nada entendia. Cuidadoso, ele comprou três livros de empreendedorismo para fazer as coisas de maneira correta e decidiu adotar a seguinte tática. Primeiro passou a frequentar as pizzarias do bairro para conversar com os garçons. Ele fazia perguntas, como sobre a média de volume de venda de cada pizzaria.

No caderninho que levava sempre consigo, anotava as informações. Cem pizzas na sexta-feira? Quais as pizzas mais pedidas e quantas são vendidas de cada tipo? E escrevia: 60 de muçarela, 20 de calabresa, e o restante de vários outros sabores. Assim, Ricardo decidiu começar seu negócio de uma maneira mais conservadora. Se aquela pizzaria vendia 100, ele produziria 80 no início. "É melhor faltar do que sobrar", ele falava consigo mesmo. "Inclusive, quando eu estiver com pouca matéria-prima, venderei mais caro. Nada de promoções ou descontos!" Um dos livros condenava bastante essa prática de descontos excessivos.

Ele também não se aventuraria na reinvenção das pizzas, mas ofereceria apenas os produtos mais vendidos, que contariam com freguesia certa. Ele já havia ido a pizzarias que ofereciam até 100 sabores diferentes do produto. Aquilo era dinheiro perdido, o

---

31 Disponível em: <https://tpaempreendimentos.com.br/blog/sao-paulo-e-a-segunda-cidade-que-mais-consome-pizza-no-mundo/>.

estoque precisaria ser gigantesco, e ainda impactaria o caixa, pois muitos itens perderiam a validade, sendo jogados fora. Ricardo decidira: ele manteria poucos itens no cardápio com o menor estoque que pudesse ter.

Precificar não é simples

Ricardo tinha uma preocupação par a qual não encontrara resposta nos livros que lera. Ou talvez não tivesse prestado a devida atenção. Quanto deveria cobrar pelas pizzas que ofereceria? A dúvida é compreensível. Precificar não é uma tarefa simples, pois está fortemente ligada a um custo invisível. Em um negócio, devemos cobrar o maior preço possível pelo bem que oferecemos. Mas onde fica o limite para cima?

Imaginemos que um produto é vendido por R$10 reais, proporcionando um retorno de R$5 para o vendedor. Mas o perfil da freguesia e os preços mais altos de mercadorias similares praticados naquela região indicam algo. O empreendedor poderia fixar um preço de 20% mais alto e comercializar seu produto por R$12. Se ele não faz isso, logo temos aí mais um custo invisível. É essa "perda" de R$2 reais no preço possível de ser praticado.

Parece pouco quando consideramos o valor unitário, mas uma venda de 100 itens como esse faria com que a perda crescesse para R$200. Se a venda for de 10 mil unidades, esse comerciante deixará de ganhar R$20 mil. Se você vender seu produto a qualquer preço abaixo do preço máximo que ele poderia ser vendido, sem o aumento na produção ou no estoque, estará deixando o dinheiro escapar por entre seus dedos.

No entanto, a grande pergunta é: como podemos saber o preço máximo cobrado por determinado item? Grandes empresas contratam consultorias para determinar qual é o maior preço final possível. Ou fazem experimentos em que convidam potenciais consumidores para passar horas reunidos com especialistas fazendo perguntas e sondagens.

Mas alguém como Ricardo, na sua pizzaria, não tem dinheiro para fazer um levantamento tão minucioso assim. Ele terá de se valer de alguns truques psicológicos para conseguir o preço máximo pelas suas pizzas de calabresa. Um deles surgirá da constatação de que o brasileiro pensa muito em faixas de preço para cada produto.

Isso funciona da seguinte maneira: uma concessionária coloca à venda um modelo de carro por R$75 mil. Os clientes que acharão o valor justo comprarão modelos desse carro. Depois de um tempo, a concessionária aumentará o preço para R$77 mil, e as compras continuarão no mesmo ritmo. Um novo aumento para R$78,5 mil também não impactará as vendas, nem quando o preço chegar a R$79,9 mil, pois os compradores ainda parecerão à vontade com o valor do ticket. Porém, o próximo aumento, para R$80,5 mil, certamente fará com que os clientes fujam, por considerarem aquele carro muito caro. Embora o último aumento dado tenha sido de apenas R$600 em relação ao preço anterior, acaba sendo uma quantia irrelevante para o valor do automóvel.

O salto da faixa dos R$70 mil para os R$80 mil é o que assusta os consumidores. Para as pizzas, o raciocínio é semelhante. Se a média das pizzas de calabresa no bairro de Ricardo é de R$50, ninguém se sentirá lesado se o valor for aumentado para R$52,99. Se na semana seguinte o preço subir para R$56,99, o mais provável é que quase ninguém perceba o aumento. O número de fregueses também não será impacto se um mês depois o valor estiver em R$59,99.

Sem ideia de preços

Se Ricardo aumentar o preço mais para cima em R$60 reais, os consumidores vão chiar e desistirão da compra. Ricardo vai dizer: "Ôpa, entendi o recado, o máximo que posso cobrar é R$ 59,99." E o seu ticket será esse por um longo tempo. Ele provavelmente terá uma freguesia fixa com o tempo, o que dará mais flexibilidade para aumentar seus preços. É pouco provável que haja uma migração em massa dos consumidores, mesmo que os concorrentes cobrem mais barato.

Ninguém gasta a noite de sexta-feira fazendo cotação de preço de pizzas. As pessoas vão até a geladeira e olham para o telefone da pizzaria preso por ímã na porta para pedirem a pizza sempre com o mesmo fornecedor. A verdade é que as pessoas não têm ideia sobre o preço das coisas, e as empresas tiram proveito disso. Você, leitor, sabe quando pagou pela camisa que está usando? Provavelmente não se lembra.

Consumidores que pesquisam preços para fazerem compras estritamente racionais parecem existir apenas nos livros de vendas. Não é assim que as pessoas compram. Elas são movidas por vários sentimentos, mas raramente o racional está entre eles. Grande parte das organizações parece não se dar conta disso, temendo aumentar o que cobram pelos seus produtos do que perder mercado. Elas perdem oportunidades preciosas de fortalecer o seu caixa ao deixarem de vender mais caro do que poderiam.

Já disse que não é tarefa fácil precificar produtos e serviços. Lançar algo no mercado com o preço errado é um movimento ainda mais grave, que pode comprometer a imagem da mercadoria, visto que passará a ser considerada demasiadamente ou até abusivamente cara. Para evitar esse erro, as empresas devem tentar elevar o valor de suas mercadorias de uma maneira paulatina, em níveis que sejam imperceptíveis para o consumidor comum.

Não há nada de antiético em procurar vender pelo maior preço possível. Nós estamos em uma sociedade em que o valor dos produtos é determinado pelo mercado, pelo menos para aqueles em que há concorrência. Se Ricardo decidir vender as pizzas por R$70 e as pessoas comprarem, ele de fato deve praticar esse valor. Caso um concorrente comece a vender o produto a R$68 e os fregueses preferirem aquela pizzaria, Ricardo reagirá vendendo a dele por R$65. No final dessa disputa, talvez os *players* da região fechem o valor da pizza grande de calabresa em R$60, cessando a guerra de preços.

Retenção de clientes

Dessa maneira, todas as pizzarias ganharão dinheiro, pagarão salários, comprarão dos fornecedores. Assim, a economia girará, produzindo riqueza para a sociedade. Cada uma delas teria o seu time de clientes constantes. Reter clientes é algo valioso para qualquer negócio. Quanto mais fiéis forem seus consumidores, menos você terá de gastar com marketing. O custo de estar sempre à procura de novos clientes pode ter um impacto importante sobre o caixa do negócio. A retenção de clientes, quando falha, também é um custo invisível para o empresário, e como os demais, ele não está no balanço das empresas.

Uma organização perderá todos seus clientes em um espaço de 5 anos se tiver um *turnover* de clientes de 20% ao ano. A retomada dessa clientela exige um grande investimento, que poderá comprometer seriamente os resultados, principalmente se entre os seus concorrentes que têm uma lucratividade semelhante houver algum que tenha a perda de 5% de clientes a cada ano. Por ter que investir menos na retenção da clientela, esse *player* terá um caixa maior, podendo reinvestir mais no negócio. A ampliação de sua atuação não demorará, e ele roubará fatias do mercado que estavam na mão de outras empresas.

Vamos voltar àquela empresa que tem um problema de retenção de clientes. No início do ano, essa empresa já considera que ao final do período terá só 80% dos clientes que tinha em janeiro, justamente por perder 20% de seus consumidores a cada 12 meses. Se o acionista determinar o aumento da base de clientes em 10%, a área de marketing terá de correr para fazer crescer em 30% a clientela. Não é difícil imaginar o alto custo que isso exigirá em dinheiro e esforço. Certamente os responsáveis por essa tarefa estarão desanimados ao imaginar que toda essa energia terá de ser constantemente renovada, pois em dezembro a base de clientes diminuirá em 20%, como sempre.

Já o concorrente que desfruta da simpatia e fidelidade da clientela vive no melhor dos mundos. Não precisa gastar para aumentar o número de consumidores. Estes, por estarem satisfeitos com o serviço que recebem ou produto que adquirem, se encarregam pessoalmente do marketing da organização, fazendo a mais eficiente das ações de aumento de vendas, que é a propaganda boca a boca sobre as qualidades daquele negócio.

Negócio amado

Se você tem a sorte de ter um negócio amado pelos seus clientes, tem eficientes vendedores da sua imagem que não cobrarão nada por isso. Clientes fiéis são muito mais propensos a aceitar alguns erros e pecados que eventualmente sua empresa possa cometer. Eles estarão dispostos a compreender seus problemas, como também a relevar eventuais falhas.

Você venderá mais para eles com menos descontos e poderá até aumentar seus preços, porque considerarão que, ainda assim, você entregará um valor que eles não encontrarão em outro lugar. Que valores poderiam ser esses? São aquelas pequenas atenções, como um garçom que o conhece pelo nome e o conduz para sua mesa preferida. É também o vendedor que vai até sua casa buscar o carro para fazer a revisão na concessionária. O lojista que liga para informar a chegada de uma safra especial do vinho mais apreciado por você. Como falei anteriormente, o que motiva os clientes não é algo que passa pelas escolhas lógicas ou o olhar fixo nos preços. O que os encanta são gestos simples, que quase nada exigem de investimentos pelos gestores.

Para contornar esses custos invisíveis, em primeiro lugar é preciso saber da existência deles. Embora não possam ser vistos nos documentos contábeis formais, o conhecimento deles já é um primeiro passo para espantá-los para longe de nossos negócios. Cabe aos gestores e aos colaboradores descobrir essas invisibilidades. A prática de *accountability*[32] por parte dos gestores e integrantes da equipe de uma empresa é a forma mais eficiente, na minha opinião, de minimizar os efeitos negativos desses custos sobre os resultados da organização e, consequentemente, aumentar os benefícios aos *stakeholders*.

Por se sentir responsável pelo desempenho da empresa, o próprio colaborador deve interiorizar um modo de pensar como este: "Temos custos que talvez não sejam visíveis para toda a organização, mas eles estão sob minha responsabilidade, e vou resolvê-los". Por exemplo, isso se materializará em um gerente de vendas que percebe ser possível aumentar o preço do produto em 5%, no lugar dos 2% até então programados. É o encarregado de compras que se esforça para conseguir preços melhores dos fornecedores, ou um gestor de RH que mobiliza toda a organização para aumentar a retenção de funcionários.

As empresas são formadas por pessoas. Quando elas decidem ir além de cumprir suas tarefas diárias, compreendem que seu engajamento multiplicará os benefícios para elas e para todos os envolvidos direta ou indiretamente nas operações daquela organização. Os negócios florescerão de uma maneira vigorosamente contínua. A melhoria contínua e a eficiência são os assuntos do próximo capítulo.

· ·

32 *Accountability* não tem uma tradução exata para o português. Uma tradução utilizada é "prestação de contas", mas o significado do termo vai além e se refere à postura de integrantes de empresas privadas e do governo, tanto ao prestarem contas pelos seus atos, como ao serem responsabilizados e se sentirem responsáveis pelas suas ações. Disponível em: <https://www.significados.com.br/accountability/>.

CAPÍTULO 8

Bons hábitos fazem de sua empresa uma máquina de gerar caixa

Você certamente se recordará de Bruno e Renato, os simpáticos proprietários de uma rede de farmácias dos quais falamos no Capítulo 4 deste livro. Os dois irmãos estavam enfrentando sérias dificuldades com a falta de caixa, por isso solicitaram meus serviços. Eles esperavam a identificação dos problemas que impediam o desenvolvimento do negócio e que eu fosse capaz de receitar um remédio para curar as dores da organização.

A empresa apresentava resultados ruins havia três anos consecutivos. A cada doze meses, a situação se deteriorava crescentemente, e os sócios buscavam a todo custo ampliar as vendas para virar o jogo. Os investimentos que fizeram em estoque ficaram acima da capacidade de financiamento, pois tinham que fazer frente aos prazos longos para os clientes e curtos para os fornecedores. Dessa maneira, se sentiram obrigados a desfazer de bens, inclusive os pessoais, para honrar com as obrigações. Mais cruel ainda, até venderam um imóvel no qual estava instalada uma de suas três farmácias, mas permaneceram no prédio como locatários. O próprio imóvel que pertenceu a eles durante muitos anos.

Essa insistência perdura entre os empreendedores iguais a Bruno e Renato, que acreditavam fortemente na mudança dessa situação caso faturassem mais com o aumento das vendas. Não olhavam para o caixa, o que é uma abordagem equivocada, pois traz grandes riscos para as organizações. Já repeti várias vezes. E o grande problema de Bruno e Renato era exatamente a falta de caixa.

Eu sempre começo minha análise levando em conta o contexto exposto pelo empresário que contrata meus serviços. Mas a verdade está nos números, e não na história triste que me contam. Pelo menos, quase sempre. Números não costumam mentir. A anamnese feita por mim mostrou para eles que o endividamento da empresa, traduzido em despesas financeiras, comprometia um percentual importante do faturamento e do lucro bruto, e isso acabou atrapalhando a capacidade de a empresa gerar lucro.

Assim como eu, os bancos também não olham para os proprietários que se queixam, mas para seus números. Eles examinavam os demonstrativos financeiros que os irmãos traziam e franziam a testa. Não gostavam do que viam. Instituições financeiras reagem de duas maneiras quando estão diante de empresários em dificuldades. No primeiro momento de procura, concordam em emprestar algum dinheiro, mas sentem o cheiro de risco e colocam os juros em um patamar mais alto. E se no segundo momento os sócios voltam para pedir mais recursos com a empresa ainda em dificuldades, eles simplesmente dizem: "Não." Os empresários que se virem para sair daquela situação, sem se esquecerem de honrar os empréstimos já dados.

Naquele momento, os gerentes de bancos já não estavam estendendo um tapete vermelho para recepcionar Bruno e Renato, e eles corriam até mesmo o risco de ter seus futuros pedidos de empréstimo negados, de não conseguirem honrar os seus compromissos. E assim, os dois ficam diante da triste perspectiva da obrigação de encerrar suas operações por falta de caixa e crédito bancário. Na verdade, quando me procuraram, já haviam deixado de pagar grande parte de suas obrigações. Apenas os salários dos empregados ainda estavam em dia.

Após vários encontros, os irmãos e seus gerentes se mostraram aderentes às propostas feitas por mim para enfrentar o desafio. Repito aqui, de maneira sucinta, quais foram elas. A primeira foi a redução do número de farmácias da organização, e talvez a mais impactante para os proprietários, que passou de três para dois estabelecimentos. Meu diagnóstico ainda mostrou um estoque inadequado, tanto em volume quanto na quantidade de itens, então a proposta foi a diminuição em 30% do número de itens a serem vendidos. E a terceira proposta foi realizada simultaneamente à diminuição do estoque, a de trabalhar com menos fornecedores. Caso concordassem em fazer isso, poderiam negociar em condições comerciais mais favoráveis e alcançariam um melhor nível de atendimento para seus clientes.

Retomo aqui o caso dos irmãos Bruno e Renato porque ele traz bons elementos para tratarmos do tema deste capítulo: a melhoria contínua e a eficiência operacional. Organizações que fazem boas escolhas são capazes de manter em constante progresso uma agenda que as propicia desenvolver um auto-conhecimento. Esse tipo de costume segue a disposição de um roteiro que as permite tomar as decisões corretas.

Nesse "script" constam ações como fazer *benchmarking* externo e interno, a busca da simplicidade no negócio, nas operações e no portfólio de produtos, e a familiarização com processos e indicadores. Mesmo se apresentando em siglas áridas, como PDCA e KPIs, os instrumentos são preciosos para fazer uma companhia decolar e com que a estabilização seja empuxo para executar voos cada vez mais arrojados. Eu explicarei cada um desses itens na sequência.

Bons hábitos

Aqui começo por um tema que não mencionei: a iniciativa de criar bons hábitos e descartar aqueles ruins que são obstáculos ao desenvolvimento dos negócios. Antes, uma reflexão de cunho existencialista: as organizações, embora nos pareçam sólidas e com personalidade própria, não existem dessa maneira que as enxergamos. Elas não são os prédios que ocupam, as próprias fábricas ou o CNPJ. O que está em sua essência e as move são as pessoas que as compõem. Ou seja, as organizações são feitas de pessoas, com todas as qualidades e equívocos pertencentes a elas.

Os hábitos estão entre as características humanas. Cada vez me convenço mais de que o que faz uma pessoa ser bem-sucedida é o resultado dos bons hábitos que ela mantém, sendo feliz da vida. Quanto melhores eles forem, mais sucesso e satisfação essa pessoa terá. A lógica inversa se aplica aos maus hábitos: quanto mais as pessoas e as empresas conseguirem minimizá-los ou mesmo eliminá-los, mais bem-estar e felicidade terão. Bons hábitos também produzem alegrias na esfera institucional. No caso das empresas, mais lucro, caixa e valor!

Há hábitos bastante negativos para os negócios, como aquele de acreditar que o sucesso de um empreendimento depende exclusivamente do faturamento, algo que venho condenando seguidamente neste livro. Portanto, minha experiência mostra que a volta por cima de uma organização em dificuldades passa por uma mudança de hábitos.

Nesse caso, poderíamos trocar o termo "hábitos" por "processos", que frequentam uma terminologia mais institucional. No entanto, prefiro entender os procedimentos das organizações pelo seu ângulo mais humano, portanto, me parece melhor nomeá-los como hábitos. Explico o porquê com um exemplo. Você deseja abandonar o mau hábito de fumar, então terá mais facilidade em fazer isso se substituir esse costume por outro, como o de correr uma maratona, conforme propõe o autor norte-americano James Clear.[33] A sugestão é trocar o prazer que você extrai da nicotina pelo da endorfina.

. . . .

33 CLEAR, James. *Hábitos atômicos: um método fácil e comprovado de criar bons hábitos e se livrar dos maus.* Rio de Janeiro: AltaBooks, 2019.

Esse comportamento tem um componente de subjetividade e personalização que a palavra "processo" não contempla. Processos lembram mais atividades mecânicas, repetitivas, secas, como algo que envolva planilhas ou aprovar tarefas sem que realmente prestemos atenção nelas, enquanto hábitos permitem pensarmos em atitudes que estão mais próximas de nossa essência humana, como medo de arriscar, comodismo, desconhecimento e arrependimentos.

Trocar rotinas nocivas por bons hábitos traz resultados positivos também para as organizações. Dessa maneira, elas podem se transformar em máquinas geradoras de caixa. Foi o que ocorreu com a rede de farmácias de Bruno e Renato. No lugar de tomarem decisões baseados no *feeling*, ou seja, na intuição, eles passaram a levar em conta indicadores relevantemente claros. O antigo costume de estabelecer estruturas complexas, como os estoques enormes em quantidade e variedade, deu lugar a uma nova cultura de simplicidade.

Na governança, os irmãos passaram a adotar reuniões regulares de acompanhamento dos resultados e planos de ação, algo que até então nunca haviam feito. Também incorporaram outro bom hábito, que foi o do *benchmark*. Isso significou acompanhar como outras organizações semelhantes às redes de farmácias enfrentavam os problemas que eles viviam em suas lojas. Com isso, além de terem mais estratégias para encarar seus desafios, os donos descobriam novos problemas na empresa, que não haviam sidos revelados ainda, e se viram diante de oportunidades de melhoria.

Medula óssea corporativa

Já podemos começar a falar das ferramentas, aquelas com as siglas estranhas, que possibilitaram que a organização de Bruno e Renato aumentasse seus resultados. Vamos nos focar no PDCA. Se as empresas funcionassem como o corpo humano, o PDCA poderia ser comparado à medula óssea, o órgão que produz os anticorpos capazes de identificar microrganismos causadores de doenças e produzir antígenos específicos para neutralizá-los, permanecendo atento para novas invasões.[34]

Sigla em inglês para *Plan, Do, Check* e *Act* (planejar, executar, verificar e agir), o PDCA atua como um caça-problemas que encontrará lacunas nos processos empresariais, principalmente quando bem aplicado pelos gestores. Essa ferramenta propõe um ciclo de melhoria contínua para as práticas de negócios. A dinâmica se divide em quatro etapas. A primeira se dá no instante em que os gestores localizam um problema ou uma necessidade e se reúnem em uma mesa para estabelecer seus planos de ação. Em seguida, para a próxima etapa, colocarão em funcionamento o que foi pensado, estando todos de acordo.

Para verificar se as metas foram alcançadas (vale lembrar que na hierarquia das metas, as financeiras são as mais importantes), os gestores utilizarão indicadores que medirão os resultados para indicar se o plano de ação foi um sucesso. Caso as dificuldades não tenham sido superadas nessa terceira etapa, a quarta etapa do PDCA será a de agir para corrigir o insucesso. Se, ao contrário, o ciclo tiver gerado os resultados esperados, o método empregado para enfrentar o desafio será padronizado de maneira replicadora pelos integrantes da empresa em outras situações similares.[35] Ou seja, os "anticorpos" inibidores de problemas estarão atentos na memória organizacional.

Vamos imaginar uma organização que está enfrentando problemas com *turnover* de colaboradores. A cada ano, 15% dos empregados decidem se desligar ou são desligados. Os preocupados gestores fazem um *benchmarking* para verificar que a média de

....

34 Disponível em: <https://www.ncbi.nlm.nih.gov/books/NBK279395/?report=reader#!po=64.2857>.

35 Disponível em: <https://www.aplconsultores.org/single-post/2019/09/07/PDCA--Uma-Ferramenta-de-promo%C3%A7%C3%A3o-de-melhoria-cont%C3%ADnua>.

rotatividade do setor é de 10%. Bingo! Temos um problema aí, pois sabemos que cada colaborador deixa a empresa com o custo de 90% a 200% de seu salário anual. Esse custo poderá comprometer nosso lucro e nossa competitividade.

Se a cada 100 funcionários, essa empresa perde 5 a mais do que os concorrentes, isso é ineficiência. É possível calcular qual é o custo a mais que a organização está amargando em comparação com os demais *players*. Portanto, será necessário entender o que está provocando esse *turnover* excessivo. Pode ser um gerente que assedia moralmente os funcionários, os salários pagos estão abaixo do que é praticado no mercado, a comunicação interna talvez seja precária e os empregados não entendem o que se espera deles, não havendo engajamento. A organização reage mudando suas práticas de gestão de pessoas. Um novo modelo de remuneração deve ser desenhado, contemplando o "P" do PDCA. Ou seja, localiza o problema e estabelece um plano de ação.

Tomada essa determinação, os gestores chamam o gerente, que determina a mudança de seus hábitos. Como? Eles o treinam ou o consideram como um caso perdido, o demitindo. Os salários são reajustados ou são estabelecidas políticas de bônus, entre outras recompensas. A direção da empresa se empenha em ações internas de comunicação e relacionamento, se aproximando mais dos colaboradores, para, assim, fazer com que eles vistam a camisa. Nesse momento, a organização está em plena ação, colocando o que planejou em prática, o que corresponde ao "D" de *"Do"*, o fazer.

O terceiro passo é a checagem do que está sendo atingido pelas ações: "O número de desligamentos foi reduzido?" "O *benchmarking* junto ao mercado indica que os salários estão na média?" "Os empregados estão satisfeitos com o que estão recebendo?" "Eles se sentem mais respeitados e em harmonia com as metas do negócio?" "A efetividade das medidas tomadas é checada, tornando-se parte dos procedimentos e da cultura da organização?" E por último: "Caso passem pelo crivo dos gestores, elas são promovidas a uma política organizada e padronizada?" É também nesta etapa, a letra A da sigla, que eventuais falhas nas medidas tomadas são detectadas. Nesse caso, serão desenvolvidas ações para corrigir o insucesso. A partir disso, o ciclo se reinicia.

Comemorar problemas

O PDCA girando sem cessar é uma medida que trará melhorias contínuas e garantirá a boa saúde de qualquer negócio. Os japoneses, em particular os que trabalham na fábrica de automóveis Toyota, também acreditam na melhoria contínua. No livro *A máquina que mudou o mundo*,[36] que resume um amplo estudo feito pelo MIT (Massachusetts Institute of Technology) sobre a indústria automobilística, é dito que, quando surge um problema na linha de montagem, os gestores japoneses da Toyota costumam comemorar o fato.

É difícil imaginar a direção de uma indústria automobilística ficar feliz em descobrir que a cola que prende o retrovisor interno ao teto está fora das especificações e que há o risco de o espelho cair no colo do motorista a qualquer momento. Portanto, um problema como esse claramente não é uma fonte de felicidade, mas traz uma excelente oportunidade de rever e aperfeiçoar processos.

É exatamente essa possibilidade de aprimorar a operação que deixa os bons gestores felizes. Isso é levado tão a sério, que em algumas empresas japonesas um operário do chão de fábrica tem a permissão até mesmo de parar a linha de montagem caso detecte algum problema grave. Parar uma linha de montagem é

. . . .

36 WOMACK, James P.; JONES, Daniel T.; ROOS, Daniel. *A Máquina que mudou o mundo*. Rio de Janeiro: Campus Elsevier, 2004. Publicado originalmente em 1991, é baseado em um estudo de cinco anos realizado pelo Massachusetts Institute of Technology, no qual foram investidos US$5 milhões sobre o futuro do automóvel. Disponível em: <https://www.amazon.com.br/Machine-That-Changed-World-d-Revolutionizing/dp/0743299795?tag=lomadee0850009731=20-&ascsubtag-226536112767z176z1591304183815&lmdsid=838136112767-176-1591304183815>.

algo crítico, que traz prejuízos para a organização. A permissão para que isso aconteça dá uma dimensão de como a melhoria contínua é considerada estratégica para essas empresas.

À medida que o problema-raiz é identificado, o que é comemorado é a possibilidade de que tal erro não seja mais cometido. É por esse motivo que empresas competentes têm uma cultura que incentiva seus integrantes a detectarem erros. Nelas não se pensa em punir quem identifique ou cometa equívocos, pois essa é uma maneira de expor as fragilidades do processo produtivo, para serem evitados o mais prematuramente possível. Portanto, erros são vistos como oportunidades de melhorias.

KPIs no caminho correto

Há uma vantagem a mais ter essa cultura de transparência, em que expor abertamente a existência de erros é uma prática incentivada. Nessa situação, você tem KPIs claros, que permitirão identificar de maneira nítida os desvios de rota para auxiliar a volta ao caminho correto. KPI é a sigla em inglês para *Key Performance Indicators* (Indicadores-Chave de Desempenho, em uma tradução livre). São os indicadores mais importantes que uma empresa deve acompanhar para verificar a saúde de seu negócio.

Há dois tipos de indicadores-chave: os financeiros e os operacionais. Já tratamos em outras ocasiões dos indicadores financeiros, como margem bruta, margem líquida, giro de estoques, entre outros. Os indicadores operacionais podem ser específicos para medir a performance na área em que determinada organização atua. Por exemplo, os indicadores operacionais de um banco serão diferentes daqueles de uma grande cadeia varejista ou de uma empresa que presta serviços de segurança. No entanto, há indicadores operacionais comuns que estão acostumados em todos os negócios, como aquele que mede a retenção de clientes. A rotatividade de funcionários é um indicador operacional de grande relevância, posto seus enormes impactos sobre a lucratividade do empreendimento.

Na assessoria prestada por mim aos irmãos Bruno e Renato, nós estabelecemos indicadores financeiros e operacionais que passaram a ser acompanhados semanalmente pelos sócios e gestores. A seguir, trago alguns deles:

KPIs financeiros:

- Margem bruta.
- Margem líquida.
- Inadimplência.

KPIs operacionais:

- Dias de estoques dos produtos.
- Percentual de descontos dados em comparação com a tabela de preços sugerida.
- Rotatividade dos colaboradores da equipe comercial.

Gosto da comparação de que os KPIs funcionam como os instrumentos de um *cockpit* de avião. Ali você tem uma coleção de mostradores, luzes coloridas e gráficos que monitoram as atividades essenciais do negócio e que podem até mesmo disparar alarmes, alertando os gestores do mau funcionamento de algum procedimento. É vital estar atento ao desempenho desses indicadores. Caso o problema não seja corrigido, a organização pode entrar em parafuso e se espatifar na insolvência.

Faz parte da boa gestão de uma empresa ter pessoas na cabine de comando habilitadas a ler esses instrumentos, assim elas tomarão as decisões adequadas para corrigir os rumos dessa organização a tempo de evitar desastres. Algo a se lamentar é que esse painel de instrumentos esteja presente em poucas organizações. Considero absolutamente necessário termos esses parâmetros definidos, documentados e conhecidos nas empresas.

Uma organização tem como meta performar com 40% de margem bruta, mas atinge 37%. Logo, certamente seus gestores não ficarão felizes. Luzes piscarão e campainhas zumbirão no *cockpit*. Os instrumentos de medição mostrarão as causas daquele problema para aqueles capazes de ler: "Foi um planejamento falho?" Portanto, vamos melhorar o processo de planejamento. "Fomos otimistas demais nas premissas de construção do plano de ação?" "A ênfase no faturamento foi exagerada e erramos a mão no tamanho do estoque?"

"Decidimos vender o produto por R$100 e acabamos vendendo por R$97?" "O que aconteceu que estamos dando descontos?" "É porque a nossa negociação com os fornecedores foi ruim?" "A performance da equipe de vendas ficou abaixo do necessário?" Afinal, se seus KPIs são claros, o desvio do que foi planejado surgirá de maneira bem visível à frente, sendo possível agir diretamente sobre o problema.

Sem espaço para achismos

Esses parâmetros foram aplicados ao negócio da rede de farmácias. Por exemplo, o KPI que indicava o nível adequado de estoque foi de grande relevância. Ter um parâmetro numérico baseado em dados exatos é algo que impede a pergunta: "O tamanho do estoque deste ano é adequado?" Para que, assim, o gestor não te responda com um vago: "Acho que está bem melhor do que no ano passado." Não há espaço para "acho" quando se tem uma cultura de monitoramento por KPIs.

Bruno e Renato mantinham estoques de sessenta dias em sua empresa. Isso era um sugador de dinheiro, já que eles pagavam os fornecedores em trinta dias, o que significa que financiavam um mês de estoque que não era transformado em dinheiro. A meta passou a ser ter um estoque máximo de trinta dias. E isso não foi algo que conseguiram fazer da noite para o dia, mas começou gradativamente, pelas compras de menores quantidades, a redução do número de produtos comercializados (sem perder vendas), até finalmente alcançar o que o KPI do estoque propunha: mercadorias armazenadas por no máximo trinta dias.

Desconto é uma palavra pela qual tenho enorme antipatia. E soa para mim da mesma maneira incômoda que as palavras "despesa" e "prejuízo". No entanto, esse mau hábito está presente na maioria das empresas. Inexplicavelmente, chega a ser visto como algo natural, uma inevitabilidade que é parte integrante do jogo. Não, não é.

Os irmãos tinham o hábito de dar desconto, por essa razão, colocamos também no *cockpit* o alarme-KPI do desconto. Exemplo: eles calculavam em R$100 reais o preço final de um suplemento vitamínico, mas o vendiam por R$95. "Ah, Sérgio! São só R$5 de diferença!" Mas bastava multiplicar R$5 pela quantidade de suplementos, e outros itens vendidos com desconto, que havia ali uma montanha de dinheiro. E isso poderia entrar para o caixa da empresa que estava sendo transferida, sem necessidade, para o bolso dos clientes. A introdução dos KPIs passou a dar visibilidade a questões como essa.

Para alguns artigos da farmácia, como produtos de beleza, os vendedores tinham alçada para dar desconto. No painel de controle, podíamos acompanhar o quanto cada um dos profissionais reduzia os preços para os clientes. João dava 2% de desconto. Maria, 3%. E José, 16%! Era preciso chamar João e Maria para uma conversa. Eles precisavam alinhar a meta da empresa, que era diminuir gradativamente os descontos até chegarem a zero. Já o vendedor José parecia um caso perdido, o melhor era mandá-lo dar descontos em outra freguesia, de preferência que fosse trabalhar para os concorrentes.

O *turnover* dos funcionários era um evento que também poderia ser monitorado com sucesso por um KPI. Quando uma empresa não está com uma boa performance, pois o dinheiro não entra no caixa, o clima começa a ficar pesado, e as pessoas comentam pelos corredores. Nisto, os melhores funcionários começam a ir embora, especialmente os que são capazes de encontrar uma boa colocação em algum outro lugar.

Já sabemos o quanto isso pode ser destrutivo para uma organização. Há o custo da dispensa, o investimento no treinamento e a demora até que um novo empregado contratado seja capaz de entregar resultados. Por essa razão, quanto menor o *turnover* e a rotatividade de colaboradores, mais os resultados tendem a ser melhores.

Para fazer frente a despesas, é importante ter KPIs que recomendam a sua redução. Na rede de farmácias, a diminuição das despesas contemplou uma política de recursos humanos que passou a desencorajar o desligamento de empregados para promover outros cortes, inclusive o fechamento de uma das três farmácias do grupo.

Benchmarking interno e externo

Parte relevante do diagnóstico da empresa dos dois irmãos foram os *benchmarks* externo e interno da empresa. Esse processo é indispensável para que sejam determinados os KPIs que servirão para monitorar a operação. Como é sabido, o *benchmark* representa os resultados alcançados por outras empresas do mercado, e no caso do *benchmark* interno, aqueles números que foram atingidos pela própria organização em momentos diferentes de sua história.

Em tese, as empresas poderiam determinar por si só quais seriam os resultados considerados aceitáveis. E seriam capazes de trazer progresso para seus negócios determinando as margens, os preços cobrados, as despesas e a rotatividade de empregados que elas consideram ideais. Mas muitas empresas atuam em mercados que também são frequentados por concorrentes, que, por sua vez, também praticam preços, têm seus níveis de lucratividade, *turnovers* e gastos próprios, salvo raras exceções.

Portanto, é muito mais realista medirmos nossos ganhos e nossas falhas levando em conta a média dos resultados gerais, do que gerenciarmos nossas organizações como se estivéssemos sozinhos no planeta, porque dificilmente teremos uma empresa sustentável que tenha um retorno muito abaixo do que os dos demais *players*. Por isso, pague salários acima do que é praticado em outras companhias similares e compre seus insumos por valores mais altos do que aqueles que a concorrência adquire. Ou seja, os gastos, índices e preços de um determinado segmento flutuam em uma faixa relativamente estreita. Ganham mercado e superam a concorrência aquelas organizações capazes de gerenciar com mais eficiência esses recursos financeiros e de produção que são comuns a todos os *players*.

O exercício de *benchmarking* interno na empresa de farmácias começou com uma retrospectiva da performance em vários exercícios fiscais. Em 2015, foi verificado que a empresa ganhou um bom dinheiro, porém acabou piorando seus resultados até 2018, ano em que os resultados foram um desastre, um grande prejuízo. A comparação entre os dois ou mais períodos foi feita verificando-se linha a linha os demonstrativos financeiros da organização.

À primeira vista, o prejuízo fora causado por uma questão muito simples: as despesas cresceram a uma velocidade muito maior do que o incremento do lucro bruto. Entre as despesas fixas e administrativas que vieram aumentando ao longo dos anos, sobressaiam as despesas financeiras ou o pagamento de juros, ainda relacionadas aos empréstimos bancários que os irmãos foram obrigados a tomar para fazer frente ao prejuízo que vinham experienciando. Essa comparação de resultados da organização em diferentes períodos é um *benchmarking* interno.

Quando olhamos para fora dos muros da empresa para verificar o que outras organizações similares praticam, como as margens brutas, fazemos um *benchmarking* externo. A cadeia de farmácias A obtinha 50% de margem. Já a B, 51%. Enquanto a empresa de

Bruno e Renato não passava dos 40%. Obviamente, havia algo errado que deveria ser descoberto e sanado no negócio dos irmãos.

Detectar discrepâncias como essas nos ajuda em um exercício financeiro poderoso, que é a análise vertical.[37] Trata-se da avaliação do peso específico de uma determinada conta em relação à demonstração financeira à qual ela pertence. Isso permite compararmos a performance entre empresas, mesmo quando elas têm portes diferenciados. Se Bruno e Renato gastavam o equivalente a 10% do faturamento com o pagamento de aluguéis, porém aquela empresa A 6%, e a B, 5,5% , então os dois irmãos tinham à frente uma ampla possibilidade de melhoria. O que eles deviam fazer? Renegociar com o locatário. Se isso não fosse possível, o melhor seria diminuir outras despesas. Mas é certo que precisariam reduzir suas despesas com aluguel.

Cultura caça-problemas

Executar o *benchmarking*, tanto interno quanto externo, além de possibilitar o exame de todos os parâmetros empresariais, é uma boa prática para inventar problemas. Lembra-se que os japoneses comemoram quando encontram algum problema nos seus processos produtivos? A comparação constante com o que já conquistamos no passado e com o que nossos concorrentes andam fazendo no presente sempre nos dará a oportunidade de ficarmos cada vez melhores.

É por esse motivo que é de grande importância desenvolvermos uma cultura de buscar problemas. E entre os desafios que poderão ser detectados por essa cultura caça-problemas deverão estar principalmente as buscas pelos obstáculos que impedem as organizações de ter simplicidade em suas operações. Uma empresa com um portfólio extenso exige uma operação complexa para

---

37 Disponível em: <https://www.treasy.com.br/blog/analise-horizontal-e-analise-vertical/>.

fabricar dezenas de diferentes produtos. Ela correrá muito mais risco de ter elevados estoques caríssimos. As operações de logística extensas também serão caríssimas. E sobretudo obrigada a lidar com uma multidão de fornecedores, algo que custa igualmente muito dinheiro.

Os japoneses nos oferecem novamente uma mostra de como a simplicidade nos negócios é recompensadora. A fábrica de automóveis Toyota trabalha no regime de administração da produção *Just in Time* (Na Hora Exata, em português), no qual as peças para a montagem de seus veículos são entregues próximo ao momento em que os automóveis serão concluídos. Com isso, a organização elimina os grandes gastos envolvidos na estocagem de peças, evitando o impacto sobre o caixa que as operações convencionais de estoque exigem. Da mesma maneira, seus automóveis compartilham muitas peças e componentes, independentemente do modelo, o que simplifica o gerenciamento de estoque, além de facilitar os processos produtivos na linha de montagem, sem exigir um número maior de fornecedores.

Um dos principais desafios de uma boa gestão será sempre tornar as atividades de um negócio o mais simples possível. E também manter, porque não há razão para querermos complicar. Simplicidade é igual a rentabilidade. Quanto mais simples, maior a chance de ganharmos dinheiro. Vender quatro produtos diferentes é quatro vezes mais complexo do que vender um só. Nunca seremos contra o crescimento ou a diversificação do portfólio de produtos ou serviços, mas, de fato, isso só será algo bom se o empresário ganhar mais dinheiro com o crescimento do que permanecendo do mesmo tamanho. É melhor faturar R$20 mil e lucrar R$10 mil a vida toda do que vender R$30mil, R$40 mil, para no final ganhar R$10 mil ou R$9 mil.

Na empresa dos irmãos Bruno e Renato, adotamos a simplicidade, gerando mais lucro e um bom caixa. O número de farmácias foi reduzido de três para duas. O total de itens vendidos diminuiu em 30%. Simultâneo à redução do número de itens vendidos, a empresa passou a trabalhar com menos fornecedores, conseguindo condições comerciais mais favoráveis e um melhor nível de atendimento.

Talvez o que tenha me dado mais satisfação na consultoria para os dois irmãos tenha sido constatar que eles incorporaram bons hábitos à mente. Bruno e Renato passaram a pensar de maneira mais simples, preocupados em comunicar o plano aos colaboradores, desdobrando as metas para cada gerência.

Nisto, a prática de reuniões semanais foi criada entre os sócios e os funcionários, e uma vez por mês havia a minha consultoria entre as reuniões. Nesses encontros, verificávamos se as metas acertadas estavam avançando na velocidade prevista nos planos de ação. Ao final de cada reunião, era elaborado um documento com os ajustes a serem feitos e acordadas as ações a serem desenvolvidas para alcançar os objetivos que ainda estavam por serem buscados.

Entre todas essas providências, me alegra sobretudo constatar como eu, os sócios e todos os demais integrantes da equipe conseguimos construir uma teia de comunicação interativa. Não há organização que consiga avançar sem uma boa dinâmica na troca de experiências entre as pessoas, o tema a ser tratado no próximo capítulo.

CAPÍTULO 9

Comunicação e pessoas: voz e energia das organizações

Um dos fatos relevantes de minha trajetória como gestor foi ter reconquistado a lucratividade da operação de uma importante fabricante de pneus no Chile, conforme contei detalhadamente no Capítulo 5, do qual guardo o arquivo na minha memória com cuidado na gaveta "experiências marcantes".

Na época, o principal entrave aos bons resultados do negócio naquele país eram os despropositados portfólio e estoque que a filial chilena mantinha. Seiscentos diferentes tipos de pneus. Quatro vezes mais do que os 150 que eram oferecidos pela principal concorrente. E não por coincidência, porque controlavam 30% do mercado, enquanto minha empresa respondia por apenas 5% dele.

Detectei esse gigantesco portfólio como a causa-raiz do problema, logo, reuni a equipe para apresentar meu diagnóstico, e combinamos que partiria dela mesma a iniciativa de redução do portfólio. Com a tarefa passada, regressei para Buenos Aires, onde eu morava com a família, prometendo voltar dali a 15 dias para uma nova reunião. No encontro seguinte, me decepcionei com o que os chilenos apresentaram. Eles argumentaram que poderiam diminuir apenas algo como 25 modelos daquela longa lista.

Não demonstrei minha irritação, mas não quis ouvir as explicações deles. Pedi que dali a duas semanas, quando eu voltasse à empresa, me mostrassem uma redução mais drástica no portfólio. Mais uma vez, a reunião começou com uma longa exposição por parte deles. Porém, na verdade os chilenos se sentiam orgulhosos do corte mais profundo feito na carteira de produtos. Agora o número de modelos de pneus disponíveis era de 450, 25% menos do que os 600 iniciais.

Desta vez, não consegui segurar minha impaciência. Disse a eles que havia um mês que eu esperava que fosse feito um trabalho, e aquela reunião mostrava que não haviam chegado à necessidade de que a empresa precisava para operar a gestão de seus estoques, vendas e margens com mais eficiência. Logo, avisei que eu mesmo reduziria o portfólio. E foi o que fiz. Abri a lista no computador e diminui para 150 modelos. De volta à reunião, avisei que os modelos do 151 em diante não seriam mais importados da fábrica matriz.

Algum tempo depois, nossos pneus reconquistaram sua competitividade e ganhamos mais clientes. A operação tornou-se mais simples, aumentando a margem por pneu comercializado, e passamos a ganhar mais dinheiro. Já a equipe tornou-se mais engajada, a ponto de, por iniciativa própria, reduzir ainda mais o portfólio, conquistando resultados ainda melhores, apesar de no início se mostrar cética e ressentida com minha intervenção.

Corte com ternura

Os bons resultados foram entregues para minha empregadora de então. Tendo dito isso, se me fosse dada a chance de voltar no tempo para retornar àquela época com a experiência e a idade que tenho hoje, eu poderia ter alcançado o mesmo resultado de uma maneira melhor. Apenas com mais ternura, eu diria.

"Ternura" não é uma palavra que se encontra com frequência em livros de negócios. O termo nos remete a afeto, delicadeza, carinho, sentimentos que pouco ou nada têm em comum com determinações irrevogáveis. Definitivamente acredito nunca ter sido desagradável e jamais desrespeitoso com minha equipe chilena. Apresentei a eles um raciocínio racional que estava correto, pois os números mostrariam isso depois. Mas quando eles não reduziram o portfólio de maneira significativa, em duas tentativas, isso deve ter sido o efeito provocado muito mais pela descrença em minhas palavras do que por uma má vontade ou desejo de me contrariar.

Quando comecei a reagir de maneira irritada, impaciente e frustrada, eles devem ter tentado ampliar o corte de pneus para agradar a um chefe que estava quase subindo na mesa, com raiva. Só que eles não me viam totalmente sem razão. O importante é que, ao final, conseguimos bons resultados, mas tudo poderia ter se dado de uma maneira menos sofrida do que aconteceu. Mais ainda, é provável que poderíamos ter um ganho financeiro ainda melhor. Eu fui capaz de enxergar a perda que um portfólio e um estoque alto provocavam, mas quantos outros problemas eu talvez não tenha visto que poderiam ser detectados caso a equipe estivesse engajada, e eu, disposto a ouvi-los?

Naquele contexto, talvez aqueles colaboradores estivessem apenas respondendo ao que eu exigia. Mas não estavam contando com minha ajuda na busca de soluções para outros problemas que poderiam também afetar os negócios. Se estivéssemos coordenados no mesmo movimento, acredito que os resultados teriam sido bem melhores. Não tenho dúvidas quanto a isso. Hoje eu conto com uma experiência que não tinha na época. Tenho a convicção de que eu conduziria aquela mudança de rumo vários anos atrás de uma forma diferente.

Não acredito que alguém vá duvidar de que a melhor coisa de um bom gestor é ganhar dinheiro. É o máximo que pode fazer pelos seus funcionários, o que significa propiciar as condições para a organização conquistar resultados crescentes. Quanto mais sólida a empresa, maior a possibilidade de que ela vá reinvestir seus ganhos no próprio negócio e, assim, trazer benefícios para todos os diferentes *stakeholders* envolvidos.

Mas o que os diversos *stakeholders* de uma organização entendem como benefícios? E a quais valem a pena dedicar a melhor parte de suas horas úteis e de sua energia? Conhecer com precisão os desejos e interesses dos integrantes de uma empresa, e daqueles que com ela se relacionam, é algo de absoluta importância para um gestor. Ter a habilidade de relacionar-se com pessoas é, no final das contas, o mesmo que ter a capacidade de se comunicar com competência.

Saber ouvir

E a mais importante qualidade de um bom comunicador é exatamente saber ouvir. "O que os *stakeholders* de fato querem?" "O que é importante para o fornecedor?" "Por que estão ocorrendo conflitos entre duas áreas importantes da empresa?" Então, talvez possamos até pensar que sabemos o que é importante para os protagonistas do nosso negócio e, a partir dessa premissa, tentar desenvolver uma relação ganha-ganha, mas só teremos certeza sobre isso se nos interessarmos em escutá-los.

Não devemos esperar que eles venham nos contar na nossa mesa, mas ir diretamente até os envolvidos para perguntar: "O que é importante para você?" O mais provável é que as respostas mais óbvias sejam as primeiras a surgir. Um integrante do departamento de vendas responderá dizendo que o que importa para ele é vender o máximo possível, pelo maior preço e com os menores descontos possíveis, ou até mesmo sem eles. O colaborador também poderia ser superficial ao dizer que aquilo que deseja é crescer dentro da empresa para ganhar o máximo de salário.

É preciso ir mais fundo. Respostas superficiais são apenas a ponta de um iceberg. Neste caso, é necessário desenhar uma estratégia com o alvo não apenas em ganhar o máximo de dinheiro possível, mas entregar um valor para que esses *stakeholders* possam ter contornos mais fluidos e subjetivos do que somente ganhos financeiros. Dessa forma, saberemos o que é importante para o colaborador, o concessionário, o franqueado, o parceiro comercial, o sindicato, o consumidor, entre outros.

Talvez, tanto quanto desejam garantir reajustes salariais altos para seus associados, os sindicatos também almejem manter certos programas, a empregabilidade, a evolução profissional e a assistência social para os empregados. O acionista não irá querer apenas dividendos, mas um valor crescente para a organização, como a percepção de que essa é uma empresa sustentável e socialmente comprometida. Sim, os colaboradores e executivos aspiram o recebimento de bons salários e bônus generosos, mas também querem trabalhar em um ambiente saudável e leve, sem pressões exageradas, e ter seus valores e sua dedicação reconhecidos e elogiados. Como se vê, a felicidade não se resume apenas à vida, ao escritório ou a um saldo bancário positivo.

Infelizmente, os desejos desses *stakeholders* não são levados em conta por um número grande de organizações. Aquelas que se empenham em satisfazê-los costumam ter uma grande vantagem competitiva. Eu costumo me lembrar de uma frase que teve forte repercussão sobre a minha visão do que deve ser feito por um bom gestor. "Gestão é bater metas através de pessoas." A frase tem como autor o professor Vicente Falconi,[38] e ela me soa transformadora, porque eu confesso que, até então, entendia o conceito de gestão sobretudo como a entrega de resultados.

A afirmação de Falconi complementa a minha visão de gestão, que, sim, é a de entregar resultados ou bater metas, mas o professor acrescenta um *plus* que a torna mais qualificada ao afirmar que isso é algo a ser feito por meio das pessoas. Portanto, gestão é mais do que entregar lucro para o acionista, algo que um gestor pode eventualmente fazer graças ao seu esforço individual. Mas um bom gestor vai além para fazer as mesmas boas entregas por meio de pessoas, mobilizando-as.

----

38 Vicente Falconi graduou-se em Engenharia pela UFMG e é Ph.D. em Engenharia pela Colorado School of Mines, EUA. Foi professor de Engenharia na UFMG. Publicou seis livros na área de gestão, que venderam mais de um milhão de exemplares. Atua também como membro de Conselhos de Administração de várias empresas, como AmBev, BRF e Eletrobras. Disponível em: <https://www.falconi. com/flcn_author/vicente-falconi-campos/>.

Essa compreensão superou uma visão dual que entendia a gestão de gente e a de negócios como coisas separadas. Eu acreditava que gerir pessoas era contratar colaboradores, colocar cada um no seu devido lugar, treiná-los, motivá-los, cobrar resultados, promovê-los etc. Já a gestão de negócios era definir os objetivos, desenvolver uma estratégia, passá-los para os vários departamentos e outros movimentos. Cada um em sua própria caixinha.

A beleza da frase de Falconi é mostrar que gerir uma organização é mobilizar as áreas, procurar atingir metas, usar todas as ferramentas e seguir a estratégia por meio das pessoas. Essa é a essência da gestão. É de se lamentar que boa parte dos acionistas, empresários e executivos não veja a gestão como algo integrado entre perseguir objetivos financeiros e liderar genuinamente as relações interpessoais.

Gostar de gente

A principal característica resumidamente esperada de um gestor disposto a lidar com os anseios das pessoas com que ele trabalha é: "Um bom gestor é aquele que gosta de gente." Mas o que é gostar de gente? Certamente não se espera que um líder saia abraçando todos os colaboradores que encontrar pelos corredores ou os leve para jantar em sua casa. Por mais que aprecie as pessoas.

O CEO de uma organização que emprega 20 mil funcionários muito provavelmente não conhecerá pessoalmente a grande maioria dos operários da fábrica. Também não conhecerá boa parte dos supervisores, e nem dos gerentes. Mesmo com toda essa distância física, ele será capaz de mostrar que gosta dessas pessoas ao orientar toda a cadeia de comando. Por exemplo, para proporcionar condições seguras de trabalho, estimular o feedback como ferramenta poderosa para resolver problemas do dia a dia e também fortalecer a confiança entre as pessoas, criar uma cultura que não criminalize os erros, criar ambientes em que as pessoas são respeitadas, com políticas que incentivem e recompensem as pessoas produtivas. Isso será uma gestão em que a preocupação com o bem-estar dos colaboradores terá um lugar de destaque.

O presidente de uma empresa não precisa conhecer todos os funcionários para demonstrar respeito e apreço por eles. O que ele e todos os demais gestores devem desenvolver é a capacidade de demonstrar empatia, a necessidade de se colocar no lugar dos colaboradores para entender que o ser humano tem altos e baixos. Mesmo para quem faz a gestão de 10, 20 ou 100 mil pessoas, a atitude esperada é não enxergar o outro como um mero número, mas entender que as pessoas têm personalidade, individualidade. Portanto, essa percepção é gostar de pessoas.

Um equívoco é pensar que as pessoas saem de casa para o trabalho para encarar as atividades profissionais apenas como um meio de providenciar os recursos necessários para a sobrevivência, deixando de lado toda sua humanidade. Como se, ao passar pela porta da organização, elas clicassem no "modo trabalho" e se transformassem em seres racionais, focados nas tarefas corporativas a serem feitas. E só no final da tarde, quando atravessassem a porta no sentido da rua, essas pessoas retornariam ao "modo humano" com um clique. Assim, elas seriam normais, com todos os seus sentimentos, sonhos, raiva, amor, inveja, tristeza e alegria.

As pessoas não são inteiramente racionais. Imaginar que alguém vai simplesmente trabalhar, entregando o máximo de si, porque é isso que está escrito em seu contrato é um equívoco. Não captar a sua essência e vê-las como máquinas é mais ainda. Ninguém entrega resultados bons por decreto ou por obrigação. O salário, o treinamento, um ambiente razoável de trabalho também não são suficientes para garantir o engajamento das pessoas. O que elas querem é se sentir respeitadas, apreciadas, reconhecidas e protegidas.

Essa tarefa de cuidar de gente não deve ser delegada exclusivamente à área de recursos humanos. Não há dúvidas de que o RH é um importante facilitador. Há um dito nas organizações, sobretudo nas de maior porte: "Quem faz gestão de pessoas são os líderes, os gestores. O RH é o apoio para a viabilização de programas de desenvolvimento, busca de talentos, desenhar o plano de sucessão na empresa. Mas é o gestor quem será o maestro, o responsável por dar o tom com o qual a empresa se expressará."

Não podemos responsabilizar o RH pelo *turnover* elevado de uma organização. Por exemplo, no Capítulo 7, quando tratamos dos custos invisíveis, foi dito que muitos colaboradores pedem demissão, não da empresa, mas de seu chefe imediato. Isso pode acontecer porque a pessoa não suporta mais trabalhar com aquele gestor. Ela pode estar sofrendo assédio, não estar sendo respeitada. A impressão tida pelo colaborador é a de que o chefe não permite que ele cresça na empresa, talvez por medo de que possa vir a ocupar o seu lugar.

O RH é o guardião

O RH tem o papel de guardião das metas de *turnover* da empresa em uma situação como essa. Já falamos algumas vezes de como a rotatividade de funcionários impacta negativamente as finanças empresariais, portanto, é de relevância estratégica fixar metas máximas de *turnover* em uma organização. Se uma empresa fixa como limite 10% de rotatividade de pessoal, o RH teria a função de compilar esses dados nas diversas áreas do empreendimento. A divisão comercial está com 7% de *turnover*? Ótimo! Na área industrial, é de 9%, bom também. A financeira está com 25% de rotatividade. Opa! Alguma coisa está fora do esperado nesse caso.

Se todas as áreas estiverem com *turnover* alto, possivelmente a empresa tem problemas generalizados na gestão de pessoas. Pode estar pagando salários abaixo do mercado, os benefícios oferecidos são ruins, ou talvez exista uma cultura de gestão na qual as pessoas não são valorizadas. Por outro lado, se algumas áreas vão bem enquanto outras nem tanto, é provável que os problemas sejam específicos da gestão daquela área, e não um problema geral da política conduzida pela área de recursos humanos.

É comum que não existam políticas bem delineadas de gestão de pessoas em empresas de menor porte. Na falta de um departamento dedicado, as práticas de recursos humanos são determinadas pelo dono da empresa. Nesses casos, há pouca garantia de que haja algo que possa ser considerado "política de pessoas". Se o dono tiver algum conhecimento de boas práticas de pessoas, as coisas podem ir bem, mas talvez suas especialidades se restrinjam a finanças ou vendas. Talvez ele seja um craque nos processos produtivos, e nas demais áreas tudo seja feito quase no improviso.

A consequência disso é que essa empresa começará a perder gente boa. Um colaborador competente pode até permanecer naquele emprego por algum tempo, mas começará a pensar: "Eu estou em uma empresa familiar. Sei que o dono não tem uma política clara de promoção de pessoas, sua família está no negócio, ele vai favorecer os parentes. Não ficarei aqui. Assim que surgir uma oportunidade, saio deste emprego."

Em uma empresa sem política clara de gestão de pessoas, o funcionário ficará lá apenas de corpo presente, fazendo só o básico, e nunca estará 100% engajado. Da mesma maneira que uma empresa precisa de alguém bom em finanças, com conhecimentos técnicos sólidos, ela também necessita fundamentalmente de alguém que seja competente em recursos humanos. Se o presidente, gestor ou proprietário não tem esse conhecimento, então deve tentar adquiri-lo para disseminar essas boas práticas pela organização. Ou no mínimo contratar alguém capaz de fazer isso em seu lugar.

Dividir dificuldades

Há outro papel bastante relevante que cabe ao empresário e aos gestores no relacionamento com os colaboradores: a construção da transparência, da confiança e da relação consistente entre a gestão e os colaboradores. Isso é essencial nos momentos bons e nos ruins. A minha experiência como executivo e consultor pode garantir que as pessoas são capazes de absorver más notícias sem se desesperar ou desistir de tudo.

Essa crença vai contra uma percepção mais ou menos comum de que não devemos dividir com os funcionários as dificuldades vividas pela organização, sob a pena de vê-los entrar em pânico, e eventualmente irem embora da empresa. Devemos tratar os colaboradores como adultos que são. Se houver coisas boas para dividirmos, devemos comunicá-las. Se as notícias forem ruins, a mesma transparência é exigida para levá-las ao conhecimento deles. Quando agimos dessa maneira, as pessoas se sentem respeitadas e se envolvem de uma maneira mais profunda com os objetivos da organização.

Um cuidado a ser tomado relacionado com essa transparência é o de cumprir as promessas feitas. Isso não é algo de importância menor. Inclusive, eu já testemunhei práticas que não poderiam ser classificadas por nenhum outro adjetivo menos contundente do que "desrespeitosas" em relação aos colaboradores. Conto uma delas:

Uma multinacional prometeu a um de seus executivos que, caso ele vendesse R$5 milhões a mais da meta fixada para o último trimestre do ano, seu bônus anual seria de R$500 mil. O executivo se esforçou e conseguiu engajar a equipe, que entregou o pedido pela matriz. Mas no momento de acertar a conta, a argumentação mudou. Os gestores da matriz queixaram-se de que pagar R$500 mil corresponderia a 10% do que foi gerado a mais. Não, o valor era muito elevado. "O seu bônus será de 5% desse total, você receberá R$250 mil", disseram eles ao executivo.

O resultado dessa "quebra de contrato" viria a ser óbvio. A multinacional perdeu o executivo, que foi ludibriado. E pior, ele deixou a empresa falando no mercado sobre o acontecido. Portanto, a desconfiança se instalou também entre os demais integrantes da equipe, e em pouco tempo a notícia se espalhou pelo mercado. É preciso manter os compromissos firmados. E ser exemplar. Em inglês, há uma expressão da qual eu gosto: *Walk the talk.*[39] O significado é executar na prática o que as pessoas dizem que farão. Exemplos são poderosos.

A esta altura, já deve estar claro o quanto um bom ambiente de trabalho tem impacto sobre o resultado do negócio, e que pode ser definido como a atmosfera institucional que surge das interações favoráveis entre os integrantes de uma organização. Em artigo publicado pelo economista Andrew Chamberlain no site *Glassdoor Economic Research,*[40] no qual é consultor, ele menciona seis diferentes estudos que tratam da relação entre o clima organizacional e os resultados alcançados pelas organizações.

De acordo com Chamberlain, pesquisas de satisfação feitas com funcionários de uma determinada empresa são um competente indicador do futuro desempenho dessa organização específica. Um dos estudos citados por Chamberlain, publicado em 2015 no *Journal of Corporate Finance,*[41] assegura que há um link causal entre a satisfação dos empregados e o valor de mercado da empresa para a qual trabalham. O estudo propõe, inclusive, uma fórmula que associa cada ponto de melhoria na satisfação dos empregados a um aumento em 7,9% no valor de mercado da organização.

· ·

39 Disponível em: <https://dictionary.cambridge.org/pt/dicionario/ingles/talk-the--talk-walk-the-walk>.

40 Para mais informações, acesse <https://www.glassdoor.com/research/satisfied--employees-drive-business-results/>.

41 HUANG, Minjie *et al.* Family firms, employee satisfaction, and corporate performance. *Journal of Corporate Finance*, vol. 34, pp 108-127, 2015. Disponível em: <https://www.sciencedirect.com/science/article/pii/S0929119915000929>.

Medo de falar

Não é possível dissociar essa relação — satisfação dos colaboradores com boa performance empresarial — do poder de comunicação dos gestores. O gestor saber ouvir é uma das exigências para se ter uma boa comunicação com os integrantes da organização, fornecedores e demais *stakeholders*. E isso só terá utilidade caso as pessoas não tenham medo de falar.

Quando existe o receio entre os colaboradores de expressar com honestidade as próprias opiniões e sentimentos, eles poderão até conversar com seus gestores, contudo, geralmente tenderão a dizer aquilo que os chefes gostariam de ouvir. Às vezes por temerem que seus pontos de vista sejam recebidos com ressalvas ou que poderão se colocar em uma situação delicada por eventualmente manifestarem sua insatisfação com alguma coisa, e não o que há de fato no coração deles. Ou seja, não haverá nem sombra de uma comunicação que possa ser chamada de sincera nessa situação.

Costumo alertar os gestores para os quais presto assessoria para a necessidade de escutar verdadeiramente seus interlocutores. O que isso significa? Que devemos nos despir de nossas ideias preconcebidas a respeito da capacidade daquela pessoa com quem estamos dialogando, para, assim, ela nos fornecer alguma informação que vá além de seu conhecimento formal. Dou um exemplo. Se o presidente da empresa está conversando com um gerente da área de vendas, ele provavelmente pensará nele como sendo alguém que entende exclusivamente de vendas, pois sempre trabalhou nessa área. Caso essa pessoa de vendas começasse a falar sobre logística e oferecesse sugestões de como a performance dessa área na empresa poderia ser melhorada, muito provavelmente o presidente pensaria: "Ele é de vendas, o que entende de logística? Quem sabe sobre logística é o cara da logística."

Com tal pensamento, o presidente ignoraria completamente aquelas sugestões de como melhorar as questões de transporte, entrega e recebimento da empresa. Dessa maneira, provavelmente uma ótima sugestão para resolver um problema que estivesse prejudicando os negócios se perderia. Trata-se de uma visão incorreta, pois alguém da área de vendas poderia muito bem ter uma visão acertada sobre como contornar alguma limitação operacional. Já que ele, ou seus comandados, têm contato direto com o mercado, recebendo informações dos clientes, o que lhes possibilita vislumbrar soluções e oportunidades.

Essa pessoa da área de vendas poderia conhecer uma boa solução de logística de algum outro *player*. Ou até mesmo a esposa dele poderia trabalhar na área de logística de outra companhia, contendo boas sugestões. Por que não? Mas costumamos colocar rótulos nos outros, e depois isso se torna difícil de descolar. "Ele é de finanças, nada sabe de vendas." "Ele é muito novo, não conhece a empresa." Eu escuto coisas como essas todo o tempo em minhas consultorias. Com isso, oportunidades são perdidas e o engajamento das pessoas fica mais no remoto, não permitindo que se animem a oferecer todo o seu potencial.

Outro erro de comunicação é protagonizado por chefes que gostam muito de escutar a própria voz. Quantas vezes já não nos sentamos à frente de alguém que fala, fala e fala sem nenhuma preocupação em saber se está sendo realmente ouvido ou compreendido? Como ele imagina que está com a razão, deixa de lado qualquer autocrítica e bombardeia quem estiver ao seu alcance com um discurso que os demais, na melhor das hipóteses, apenas fingirão que estão entendendo.

O contrário disso é desenvolver uma maneira de interagir com os outros, que eu gosto de chamar de "comunicação personalizada". Bons comunicadores fazem dessa maneira: quando estão conversando com alguém face a face, adaptam a sua abordagem ao perfil e às características de seu interlocutor. Se alguém gosta de ouvir histórias e tem mais facilidade de se expressar relembrando eventos já acontecidos, o comunicador habilidoso conduzirá essa inteiração contando histórias ou as ouvindo de maneira interativa.

Caso a pessoa tenha um estilo racional, talvez a melhor aproximação seja abrindo uma planilha Excel no computador. Se alguém emotivo coloca em cima da mesa questões pessoais, talvez tenhamos de escutar um pouco sobre a última discussão que ele teve pela manhã com a esposa. Só depois trataremos de alguma questão relativa ao capital de giro da empresa. Em resumo, esse comunicador deve se esforçar para ser um atento observador das características de seus interlocutores, algo que ele só conseguirá fazer caso seja alguém que goste de gente e preste atenção nelas, como dito anteriormente.

Comunicação na prática

Não há como negar que algumas pessoas parecem que foram agraciadas desde jovens com o dom de se expressar com clareza e também com a capacidade de se relacionar com os outros de uma maneira calorosa. Caso não tivermos sido presenteados com essa vantagem genética, a notícia positiva é que a boa comunicação se conquista também com a prática. Podemos nos tornar bons comunicadores treinando nossos relacionamentos com os outros, entendendo o contexto e compreendendo o momento pelo qual a pessoa à nossa frente está passando.

Outra maneira de adquirir ou aperfeiçoar essas qualidades é procurar *benchmarkings*, ler sobre comunicadores de sucesso e acompanhá-los nas redes sociais. Tenho meus ídolos no panteão dos bons comunicadores. Um deles é Cledorvino Belini,[42] ex-presidente do grupo Fiat Chrysler para a América Latina. Tive a oportunidade de ver Belini em ação. Ele transformou a Fiat no Brasil ao conquistar o engajamento de todos os *stakeholders* da empresa de uma maneira raramente vista. E não só na indústria automobilística, como em outros mercados.

42 Disponível em: <http://www.anfavea.com.br/presidentes/curriculobelini.pdf>.

Belini aprendeu a ser um gestor diferenciado ao longo de sua trajetória. Era uma pessoa acessível e parecia sempre estar presente para seus colaboradores. Quando apresentava uma meta ambiciosa para alguém, dizia: "Estou lhe dando essa missão porque sei que você pode fazer, mas estou aqui para ajudá-lo, caso seja necessário." Belini dava apoio e feedback aos que trabalhavam com ele diretamente. Foi capaz de passar o seu exemplo para todos os diretores durante sua gestão e fez da comunicação uma poderosa ferramenta de engajamento e motivação para todos os *stakeholders* da Fiat-Chrysler.

Considero de grande relevância mirarmos os exemplos dos comunicadores de sucesso. Como considero Cledorvino Belini um desses *benchmarkings*, a seguir trago uma síntese de suas características marcantes, da sua personalidade e de seu estilo de gestão.[43] São pontos de inspiração que devemos tentar emular:

- **Acessível e aberto** — Procura deixar todos com quem se relaciona bastante à vontade. Não se coloca em posição de "poder". Ao contrário, brinca com as pessoas e permite que as pessoas brinquem com ele, sem abrir mão da seriedade e do profissionalismo.
- **Enorme credibilidade** — Cumpre com seus compromissos de modo que seus interlocutores confiem plenamente nas suas posições e orientações.
- **Elogios** — Tem por hábito elogiar as pessoas em público. Sempre transmitindo muita sinceridade no que diz.
- **Críticas** — Encontra uma maneira de garantir a sensação de que a pessoa é cuidada e protegida por ele, além de fazer críticas discretamente e a sós. Não julga os demais. Encontra uma maneira de fazer com que todos saiam

---

43 TANURE, Betania; PATRUS, Roberto. *A virada estratégica da Fiat no Brasil*. Rio de Janeiro: Elsevier, 2011.

de eventuais sessões de feedbacks negativos motivadas para melhorar.

- **Metas** — Traça metas ambiciosas para as equipes, mas não se acomoda na posição de líder "cobrador". Arregaça as mangas e trabalha junto com as equipes.
- **Comemorações** — Vibra junto com suas equipes nas vitórias, mesmo as pequenas, o que é uma maneira de manter todos motivados e engajados.
- **Erros** — Permite que as pessoas errem.
- **Escuta** — Está sempre exercitando o hábito de perguntar. Por vários motivos: a) as pessoas gostam de sentir que as suas opiniões são importantes; b) ele está sempre aprendendo; c) ajuda a identificar a "causa-raiz" dos problemas.
- **Simplicidade na comunicação** — Se esforça em comunicar para ser entendido. Diz o que precisa ser dito, de maneira simples, direta e agradável.
- **Empatia** — Tem a capacidade genuína de se colocar no lugar do outro ao se comunicar com fornecedores e concessionários. Conhece o negócio dos parceiros comerciais e busca soluções ganha-ganha o tempo todo.

Executivos que se colocam de maneira acessível e aberta para seus liderados têm a capacidade de se colocar de maneira empática diante deles. Sabem escutar e não se esquecem de elogiar aqueles que vão além do esperado, dividindo e até transmitindo para eles, a autoria dos bons resultados. E é exatamente essa noção que faz uma enorme diferença na performance de suas organizações.

Tristemente, o que se vê com frequência é o contrário. Muitos desses líderes se veem como superexecutivos. E ainda dizem em alto e bom som que a organização vai bem porque eles sabem das coisas. Eles são os campeões. "Se continuarem a seguir as minhas diretrizes, continuaremos bem", dizem eles.

Um livro inteiro sobre como a sorte tem um papel importante no sucesso dos negócios poderia ser escrito. Se o líder é alguém mediano, mas está na hora certa e no lugar certo, o negócio pode florescer de maneira espetacular. Isso se dá pela ilusão de que os bons resultados alcançados são consequência do talento que esse líder pensa ter. Na verdade, ele tem dificuldade de enxergar que o acaso deu sua contribuição para a boa performance, e então passa a acreditar ser dono de uma expertise que não tem.

O exercício da modéstia costuma ser algo altamente recomendável para que a empresa tenha uma trajetória continuamente ascendente. Portanto, um dos primeiros passos de um bom gestor é reconhecer que ele precisa de gente. E também deve confessar para si mesmo: "Talvez a minha contribuição para o negócio tenha sido menor do que aquela que eu gostaria de ter agregado."

Outro item seria colocar as pessoas de maneira ativa como prioridade em suas ações como gestor. Talvez isso não surja de uma maneira natural. Porém, caso isso seja exercitado diariamente, mesmo que pareça algo forçado de início, esse bom hábito se instalará.

O RH em primeiro lugar

Nunca me esquecerei de um gestor de uma grande empresa que em primeiro lugar dava a voz para o diretor de recursos humanos. Nas reuniões gerais com vários diretores, ele dizia que gente era o assunto mais relevante da empresa (as organizações são feitas de pessoas, lembra-se?). O primeiro tema sempre eram as pessoas. Em meus quase trinta anos como executivo, esse foi o único líder que vi fazendo algo parecido. Isso me marcou e, tenho certeza, a todos os demais que assistiam àquilo. Há uma grande chance de que aqueles diretores reproduzissem essa abordagem em suas próprias organizações ao chegarem à posição de CEOs.

Quem considera as pessoas como o fator mais importante das empresas não conseguirá evitar que seu passo seguinte seja a meta de criar um ótimo ambiente de trabalho, o que garantirá aos colaboradores o sentimento de felicidade, motivados a levantarem todos os dias da cama para irem até o escritório. Por acreditarem nisso, bons gestores empenharão esforços para transformar o ambiente de trabalho em um espaço de convívio saudável para todos. E premiarão aqueles que contribuírem para essa atmosfera salutar de trabalho, sem mesmo chamar a atenção ou punir os que disseminarem toxicidade no dia a dia de trabalho.

Outra meta que merece ser constantemente perseguida é a de reter o máximo de colaboradores que for possível. Quando houver oportunidade de crescimento, que coloquem como os primeiros da fila as pessoas que já estão dentro de casa, e não sair ao mercado à procura de talentos. Ter essa política de promover as joias da casa gera engajamento e confiança nos colaboradores em relação à empresa e seus gestores. Já que isso demonstra que eles são valorizados e têm diante de si uma perspectiva favorável de carreira.

A força da empatia

Em 1936, o escritor e orador norte-americano Dale Carnegie (1888–1955) escreveu o livro *Como fazer amigos e influenciar pessoas*.[44] E mesmo na contemporaneidade o autor continua atraindo leitores, mais de 80 anos depois do lançamento. Com vendas em todo o mundo calculadas em aproximadamente mais de 50 milhões de

---

44 Carnegie, Dale. *Como fazer amigos e influenciar pessoas*. São Paulo: Cia Editora Nacional, 1995.

exemplares,[45] a obra de Carnegie costuma ser tratada com desdém por quem a considera ingênua e ultrapassada.

Ingênua? Pode até parecer. Dale Carnegie produziu frases cândidas em seu livro, como a que se segue: *"Você pode fazer mais amigos em dois meses se interessando pelos outros do que em dois anos tentando fazer com que eles se interessem por você."*[46] Mas o que ele transmitiu em seu livro é imortal. Uma percepção existente desde que os homens habitam este planeta: a força da empatia.

Fazer amigos e influenciar gente passa pelo interesse genuíno das pessoas de escutá-las de verdade, contendo empatia. Isso é muito verdadeiro no universo dos negócios. Nossas relações são muito mais simples do que parecem. Todos nós queremos as mesmas coisas. As pessoas desejam ter uma remuneração digna para poder crescer, pois assim a organização para a qual trabalham terá valores bons e alinhados aos delas. Mas não é só isso. Também querem ser ouvidas, que as opiniões sejam levadas em conta, e se sentir relevantes, com espaço para contribuir no trabalho da empresa e, consequentemente, para que a sociedade seja melhor.

Atender a essas aspirações não é uma mera generosidade que os gestores cederiam àqueles que integram suas organizações. Construir um ambiente em que líderes estabelecem um canal eficiente de comunicação em mão dupla com seus liderados deveria ser prioridade. Desta forma, eles tomarão conhecimento de seus desejos para poder, do seu lado, ajustar constantemente as várias expectativas existentes. Pois, como dissemos, o engajamento e um ambiente harmônico de trabalho melhoram os resultados e a sustentabilidade dos negócios das organizações. Essa também é uma estratégia eficiente capaz de criar um campo favorável para tomadas de decisões cada vez mais racionais. Inclusive, esse é o tema do próximo capítulo.

. . . .

45 Disponível em: <https://www.nytimes.com/2011/10/05/books/books-of-the-times-classic-advice-please-leave-well-enough-alone.html>.

46 Disponível em: <https://www.goodreads.com/author/quotes/3317.Dale_Carnegie>.

CAPÍTULO 10

Apenas os números blindam o risco das decisões emocionais

Quando se trata de gerir um negócio, quem discordará de que tomar decisões racionais é algo muito mais seguro, a ponto de ser capaz de trazer resultados melhores do que aqueles alcançados a partir de decisões movidas pela emoção? Emoções costumam ser más conselheiras. Elas nos impedem de pensar com clareza. Tanto nos fazem ver o mundo em preto e branco, sem cheiro nem sabor, quanto nos ofuscam ao exagerar as cores e as delícias que imaginamos que nos aguardam mais à frente.

Iludidos por essas falsas aparências, cairemos na armadilha de escolhermos alternativas movidas pelo pessimismo ou pelo otimismo exagerados. A tomada de decisões apressada nos fará perder boas oportunidades. Ou, ao contrário, nos alongarmos investindo tempo e dinheiro em negócios que, no final das contas, se recusam a entregar os resultados que tanto perseguimos.

Portanto, o melhor é buscarmos ser o mais racionais, lógicos e sensatos possível. Nossos negócios nos agradecerão por isso, produzindo bons resultados. Mas há aí uma questão importante a ser levada em conta: nós temos uma forte tendência de sermos guiados pelas emoções, principalmente pela função cognitiva de nosso cérebro. Por essa razão, tomaremos decisões e as colocaremos em execução muitas vezes de uma maneira emocional. A partir disso, na esfera pessoal e profissional, teremos de arcar com todas as consequências que resultarão dessa postura.

Organizações, por maiores e mais poderosas que sejam, também não conseguem escapar de se guiarem por impulsos emocionais. Não poderia mesmo ser diferente, afinal, elas são tocadas por pessoas. Seja o acionista majoritário ou um simples empregado, ninguém escapa da forte influência das emoções em nossas decisões e ações. Nós realizamos decisões em grande parte das situações, com certo grau de emoção, mesmo quando estamos convencidos de que estamos agindo de forma racional.

Sempre acreditei haver um paralelo entre as decisões de negócio e a determinação em perder peso. Se estamos gordinhos, sabemos que podemos contornar esse problema simplesmente ingerindo menos calorias do que gastamos. Muito simples. Da mesma maneira, também devemos conhecer as regras básicas de uma boa gestão de negócios: "Gastar menos dinheiro do que recebemos, controlar despesas e manter sempre o olho no lucro."

Desejo fraco

No entanto, mesmo sabendo dessas regras básicas, para tornar os ganhos da empresa mais nutridos, não seguimos os caminhos racionais que nos levariam até os resultados almejados. Por que agimos dessa maneira? Não sou um estudioso da mente humana, então não arriscarei uma explicação psicológica. Apenas posso explicar meu mais forte palpite: o desejo de atingir sólidos resultados financeiros não é potente o bastante ou a nossa vontade de conquistar as nossas metas são obscurecidas por sentimentos improdutivos, como a vaidade, o egoísmo, a ambição exagerada, o medo.

Nossa propensão a nos posicionarmos de maneira emocional diante de qualquer situação nunca será deixada completamente de lado, mas há como desenvolver algumas estratégias para tornar nossas decisões e ações o mais próximas possíveis da racionalidade, e com isso, colheremos resultados melhores nos negócios em que nos envolvermos.

Falaremos dessas estratégias mais à frente neste capítulo. Antes proponho que examinemos algumas das razões que nos fazem perder de vista nossos objetivos, agindo de maneira ineficiente. Acompanharemos o exemplo de uma executiva, com uma carreira sólida no mercado, que decidiu começar do zero um empreendimento. Qual era sua motivação para tomar uma decisão com o coração? Baseada em sua boa experiência anterior, ela considerou que seria mais feliz com um negócio próprio porque ganharia mais dinheiro, em vez de trabalhar dentro da duvidosa segurança do mundo corporativo. Os amigos se admiraram com o movimento feito por ela. Aplaudiram a decisão como corajosa, desejando boa sorte, e ainda comentaram que só grandes figuras do mundo corporativo seriam capazes de ousadia semelhante. A executiva também pensava assim. No fundo da sua mente, queria provar para ela mesma, e para o seu círculo de conhecidos, que era uma pessoa forte, determinada, pois havia tomado a decisão certa ao deixar a organização na qual trabalhava, lugar no qual usufruía de prestígio e boa remuneração para se lançar em uma carreira solo.

Ela tornou-se orgulhosa em excesso pensando dessa maneira. A crença em sua capacidade tornou-se exagerada, juntamente com o desejo de ser sempre vista como uma empreendedora bem-sucedida, alguém que deveria ser admirada, um modelo a ser seguido. Nos momentos em que deveria tomar alguma decisão, sempre lhe vinha à mente a imagem que ela própria construiu: a empresária de sucesso que estava sempre sendo observada pelos demais.

Isso a fazia perder de vista alguns fundamentos de gestão básicos, como se estivesse jogando para a torcida, e não necessariamente de olho no placar. Essa mentalidade costuma fazer com que a pessoa desenvolva uma visão desfocada de si própria: "Eu sou empreendedora, vejo coisas que os outros não conseguem enxergar." Na sequência desse pensamento, vem uma das grandes armadilhas: "Eu farei do meu jeito."

Reinventar a roda

Por que é uma armadilha? Porque fazer do próprio jeito costuma significar reinventar a roda, ou seja, deixar de lado práticas já consagradas, testadas e que são capazes de entregar bons resultados, para tentar executar ações da sua própria maneira. Raramente dá certo. Quase sempre esse desejo de redescobrir o conhecido é uma tentativa de se livrar das tarefas consideradas chatas e repetitivas existentes no mundo corporativo.

Essa empresária acredita ser alguém tão especialmente única, que tem certeza da capacidade de executar coisas que ninguém mais conseguirá. Ela quer provar feitos diferenciados e superiores aos que são praticados por aqueles considerados pessoas normais e sem brilho. Tal comportamento é inteiramente emocional, uma receita que desandará os resultados de maneira drástica.

Outra situação que induz os executivos a agirem empurrados pela emoção é aquela em que o gestor está à frente de uma empresa familiar com um retrospecto muito bem-sucedido. Ser filho, sobrinho ou neto de um empresário de sucesso, que construiu uma organização poderosa, é viver sob uma pressão considerada cruel.

Claro, me solidarizo com os descendentes de personalidades que fizeram grande sucesso, por exemplo, como um filho de um jogador de futebol campeão do mundo. No primeiro jogo que a pobre criança fará, mesmo se for uma simples pelada em um campinho amador, todos os olhos a observarão. "Não é tão bom quanto o pai", eles desdenharão. Mesmo que o filho do craque venha a ser um jogador razoável, a comparação o fará parecer "um perna de pau", alguém que nem deveria entrar em campo. Certamente todo esse julgamento frustrará o jovem candidato a jogador. A possibilidade de que ele escute seus detratores e nunca mais pise em um campo será grande.

Algo semelhante ocorre no mundo corporativo, algumas vezes na direção contrária. Vamos imaginar que uma empresa alcance uma bela performance ao longo dos seus sessenta anos de existência graças ao trabalho de duas gerações. Um belo dia, o neto do fundador assume o negócio. Desde quando começou a falar, ainda bebê, ele escutava a história de sucesso do avô, do seu pai, dos tios.

Agora, já adulto, ele está sentado à cabeceira da grande mesa do solene escritório. Em seguida, vira as costas para os retratos dos antepassados dependurados na parede e fala para si mesmo: "Mudarei tudo aqui, deixarei minha marca, farei do meu jeito." E lá vai ele tentar reinventar a roda. É muito raro que pessoas nessa situação tenham a humildade de dizer: "Em time que está ganhando não se deve mexer muito."

Uma postura contrária a essa, que se guiaria por argumentos racionais, seria esse neto dizer para si mesmo: "Eu não sou melhor do que os outros que me antecederam. Quem era um bom empreendedor era o meu avô. Ele, sim, foi o talentoso da história. Eu dei a sorte de ter nascido na família certa. O melhor que posso fazer aqui é tocar a bola para o lado. Se eu perceber que não sou um bom gestor, devo contratar pessoas mais capazes do que eu para garantir a continuidade do negócio."

É difícil imaginar alguém fazendo isso, não é mesmo? Esse herdeiro certamente se sentirá pressionado a "mostrar serviço" para o pai, o avô, os irmãos, os primos, todas as tias e tios que se reúnem nas festas de fim de ano. Portanto, não seria algo a se estranhar que ele se sinta tentado a deixar sua própria marca.

Respostas na casa

Quando organizações que têm perfis semelhantes a essa, onde está nosso jovem herdeiro tentando reinventar a roda, solicitam meus serviços de consultor, confirmo o fato de que frequentemente as respostas para os problemas corporativos estão quase sempre "dentro de casa". Quando me reúno com os acionistas e gestores, começo a fazer perguntas para nos aproximarmos da causa-raiz das dificuldades. Depois, faço uma proposta de como devemos passar a agir. Quase sempre, a reação inicial é alguém dizer: "Era exatamente assim, como você está sugerindo, que fazíamos antigamente." Eu olho para eles e pergunto: "Mas por que vocês pararam de fazer?"

A resposta demora. Finalmente o gestor admite que mudou a maneira com que tocavam o negócio porque ele considerava aquela gestão do pai ou do avô antiquada, então queria modernizar a empresa. "Mas agora sou obrigado a recuar e voltar a fazer como era antes", rende-se o jovem herdeiro. Não há nada mais a fazer do que engolir o prejuízo provocado pela tentativa de "modernizar", voltando àquela fórmula lá de trás. Na parede, os velhos retratos sorriem.

No entanto, é preciso esclarecermos o que significa modernizar um empreendimento. O mundo produz constantemente inovações tecnológicas, e mesmo algumas formas mais aperfeiçoadas são para a gestão dos negócios. Ninguém vai se opor à incorporação dos avanços das ciências no dia a dia das empresas. No entanto, sempre gosto de lembrar que devemos nos aproximar com cuidado da palavra "inovação".

Inovar por inovar, na minha opinião, não quer dizer muita coisa. Devemos inovar processos, desde que essa mudança se traduza em algo útil, como uma redução de custos para a organização ou o lançamento de uma nova geração de produtos ou serviços com algumas melhorias no mercado e que sejam vistos como um valor pelos clientes felizes, que pagarão a mais por isso. Dessa maneira, o investimento na inovação será coberto pelo consumidor e trará retorno para o negócio.

Se a inovação não trouxer valor, economicamente falando, não se deve mudar nada. Reconheço que essa afirmação vai um pouco contra a maré atual de trazer inovações tecnológicas para a produção, que é uma reação emocional na qual há um grande entusiasmo, mas são poucas as empresas no mundo capazes de gerar novidades sistematicamente. E lucrar com elas.

Um exemplo seria o de uma grande organização fabricante de eletrônicos, querida pelo mercado, que tem como carro-chefe de vendas o celular X-45. Em um dado momento, essa empresa lança o X-46, consequentemente, "mata" o modelo anterior antes que a concorrência possa oferecer uma tecnologia semelhante a esse modelo que está saindo de linha. Dessa maneira, essa organização estará sempre um passo à frente dos demais *players*. E ganhará dinheiro com isso.

Há negócios que parecem impermeáveis a qualquer inovação. Postos de gasolina, por exemplo. Eles têm o mesmo desenho e modo de operação há quase cem anos. Há muitos empreendimentos que são "postos de gasolina", não têm espaço para mudanças radicais, e talvez nem mesmo para melhorias pontuais. São poucos os empreendimentos que podem ser inovados de uma maneira radical na intenção de continuar a gerar lucro e caixa.

Acredito existir uma certa confusão na ânsia de modernizar. Os fundamentos dos negócios continuam sendo os mesmos. Um século atrás, talvez mais, as empresas vendiam para os clientes produtos e serviços melhores do que os oferecidos pelos concorrentes. Era o que se fazia em todos os setores e é o que continuamos a fazer. Houve uma mudança radical na maneira de comunicação das organizações com os clientes. O advento das novas tecnologias da informação mudou tudo isso. Como os fundamentos ainda são os mesmos, devemos pensar repetidas vezes antes de decidirmos por mudanças profundas nos negócios. Mudar por mudar é uma atitude emocional que pode se tornar um movimento excessivamente caro.

Espírito de dono

Decisões que costumam ser tomadas por executivos têm pouco alinhamento com as metas dos acionistas. Acredito que estas potencialmente são as perigosas, como a de investir em inovações desnecessárias. Isso acontece com gestores que não se sentem e nem se comportam com o chamado "espírito de dono", mesmo quando têm uma parte das ações das empresas.

Em geral, os executivos brasileiros não têm seu patrimônio investido no negócio, como acontece com os acionistas. Principalmente aqueles de porte médio, cujo capital frequentemente está 100% aplicado na empresa. Quando começam a ganhar dinheiro, esses executivos passam a aplicar em imóveis e outros ativos, para diluir os eventuais riscos. Seu interesse está mais voltado para o bônus que receberão do que na perpetuidade ou crescimento do negócio. Ou seja, a agenda deles não é a mesma que a dos proprietários.

Sem um vínculo profundo com o empreendimento, um executivo tende a levar em conta a possibilidade de perder seu posto de trabalho a qualquer momento. A necessidade de ter garantias e seguranças o faz tomar decisões emocionais. Talvez não as que sejam desastrosas, mas não serão necessariamente as melhores para fazer a organização brilhar.

Não devemos criticar com vigor o comportamento desse executivo. Talvez seu empregador acionista tenha uma visão de curto prazo e não hesite em dispensá-lo caso não entregue resultados excelentes. Assim, com esse pensamento, entendemos o porquê do gestor preferir atuar de uma maneira mais conservadora.

Uma tomada de posição contrária a essa, do nosso desconfiado gestor, também gera atitudes emocionais. Estamos falando aqui da vaidade que costuma contaminar tanto o empreendedor quanto o executivo. Acima de tudo quando o negócio vai bem e eles colhem resultados vitoriosos. Em geral, no momento em que a empresa está atravessando mares agitados, os gestores costumam agir com prudência. Fazem planilhas, análises, tentam pensar fora da caixa e se movimentam com cautela para tentar sobreviver.

Mas em tempos de bonança, esse trabalho raramente é executado. E tanto os executivos quanto os acionistas passam a se comportar com uma certa arrogância. Dizem coisas assim: "Vejam só, estamos ganhando, e essa situação favorável é resultado do meu talento superior. E podem escrever aí: no ano que vem vamos ganhar ainda mais." Porém, raramente a causa do sucesso é resultado da sagacidade dos que conduzem a organização. O mais provável é que a organização esteja surfando uma onda econômica favorável na qual o mercado vai bem e todo o mundo está ganhando dinheiro, não apenas eles.

Por não entenderem o porquê de as coisas estarem indo bem, essas pessoas embarcam em um autoengano a respeito de seu próprio talento e capacidade. Iludidas, elas passam a tomar decisões cada vez mais arriscadas. Justamente se valerão de posturas emocionais, como sua intuição, vontade e a satisfação dos próprios desejos, não levando em conta dados concretos e fatos objetivos. É aí exatamente quando ocorrem as decisões catastróficas. O crescimento da economia é cíclico, e depois da bonança quase sempre vem uma tempestade. Esses gestores não terão o lastro gerencial para se defenderem quando ela chegar, como já sabemos.

Cura pela derrota

Resumidamente, muitas decisões erradas sobre o crescimento e gestão das organizações são resultado de um otimismo exagerado, uma visão irreal da própria capacidade, seja da empresa ou das pessoas que a comandam. Qual é a cura para essa percepção incorreta? Desse complexo de super-herói com confiança desmedida? Eu só conheço uma: a derrota. Parece algo duro de se dizer, mas o melhor remédio para trazer de volta a humildade perdida é passar por um revés. Mesmo porque, em toda a minha experiência, nunca vi uma empresa que estivesse em voo de cruzeiro uma situação favorável que não pudesse ser melhorada em alguma coisa.

É um engano considerar que tenhamos chegado ao ápice da nossa trajetória e que não há nada mais para corrigir. Pelo contrário, a emoção é capaz de gerar sentimentos que nem sempre identificamos como questões capazes de impactar a nossa capacidade de sermos gestores eficientes. A ansiedade é um desses sentimentos.

Trata-se de uma postura comum entre os empreendedores. E bem-vinda até certo ponto. É natural que um empreendedor tenha um comportamento inquieto para montar um negócio, pois quer fazer acontecer. Tal desassossego é bom para criar produtos, desbravar mercados, comunicar marcas, posicionar a empresa. Mas não é um sentimento tão bom assim para tomar decisões financeiras, por exemplo, algo que exige uma mente calma, clara e o mais racional possível.

Todos nós passamos por um período de ansiedade em algum momento, talvez uma vez por semana ou a cada dez dias. Quando isso acontece, não é uma boa hora para assinar um contrato importante, com um cliente estratégico. Mas talvez o cliente tenha uma agenda apertada e queira fechar um negócio exatamente no dia em que você está particularmente ansioso. O que fazer?

Uma ideia seria definir um conjunto de regras com sua equipe. Uma delas seria o acordo de que você não negociaria preços e nem fecharia contratos quando estivesse se sentindo nervoso com alguma coisa. Se não for possível evitar participar de deliberações relevantes, o melhor seria ter alguém confiável ao seu lado na sala de reuniões com o qual você poderia dividir responsabilidades, inclusive nas tomadas de decisões no seu lugar.

Essa sugestão é ainda mais relevante para as empresas que têm apenas uma pessoa em seu comando. Em algum momento, todos não estaremos bem com nós mesmos, e isso refletirá na qualidade de tomada de decisões. Outras vezes, nos sentimos incapazes de lidar com algumas pessoas ou situações desafiadoras. É um sentimento emocional, mas temos de reconhecer que ele está dentro de nós e devemos nos preparar para enfrentá-lo quando surgir.

Sempre será precioso termos alguém que conteste nossas decisões, mesmo que seja a esposa, um irmão ou um amigo que nos conheça com alguma profundidade. Ou seja, é preciso termos mecanismos de proteção. Isso vale não só como um antídoto para a ansiedade, como também para a insegurança e a vaidade.

As organizações multinacionais e as empresas de um só dono correm o risco de enfrentar dificuldades provocadas pela sua estrutura de poder. Nelas, o poder vai afunilando para o alto, como se fosse uma pirâmide, até terminar na figura única do CEO ou fundador. Eles passam a tomar decisões que podem se tornar disparatadas por força da vaidade, daquele gosto duvidoso de um grande poder. É preciso que eles tenham à sua volta pessoas capazes de dizer "não", para eventualmente mostrarem que estão indo por um mau caminho. Devem ser pessoas com capacidade técnica e habilidade comportamental para contrariar a visão do chefe com argumentos sólidos.

Um bom empresário deveria estar sempre conversando com um empresário de sua confiança, bem-sucedido e, de preferência, mais experiente. Se eu sou empreendedor há quinze anos, é bom eu conhecer outro que tenha trinta, quarenta anos de experiência, que já passou por altos e baixos. Não precisa ser uma pessoa que atue no mesmo setor. Talvez nem todos saibam, mas sistemas de gestão são muito mais parecidos entre si do que o esperado, mesmo quando estão em áreas completamente diversas.

Números não mentem

Ok. Então estamos de acordo que somos seres emocionais. Isso faz com que: tenhamos a tendência de ser autoconfiantes em demasia; confundamos bons momentos da economia com nossa genialidade; demos mais importância aos nossos desejos do que aos dos outros; queiramos mudar as coisas apenas porque está na moda ser disruptivo; fiquemos paralisados, perdendo oportunidades por timidez e medo.

Não podemos escapar inteiramente da nossa própria natureza. Contudo, é possível adotar algumas práticas para que os argumentos decisivos estejam o mais próximos possível da racionalidade. Que argumentos podem ser esses? Números! Números nunca mentem. Ao longo deste livro, falamos da grande relevância da geração de caixa e do aumento de valor da empresa para o acionista.

Esses parâmetros indicam se a estratégia de negócios de um empreendimento está corretamente clara e honesta. Se o gestor decidir por uma determinada ação com o poder de gerar caixa e aumentar o valor da empresa para o acionista, ele deve seguir em frente, sendo parabenizado por isso. Mas, caso os cálculos indiquem que os ganhos não acontecerão, ele deve deixar de lado o caminho que estava prestes a percorrer. Dessa maneira, é importante procurar outra alternativa, mesmo que seu instinto de desejo ou a pressão de outros insista para seguir naquela estrada que não levará a lugar algum.

Examinar os números de um negócio é algo similar ao recebimento do parecer de um juiz imparcial sobre uma disputa entre pessoas. Vamos verificar como isso é verdade. Imagine dois sócios de um empreendimento se desentendendo sobre como direcionar os rumos de um negócio. Carlos está feliz da vida, orgulhoso das decisões que está tomando, pois as considera como resoluções racionais e lógicas. Alfredo rói as unhas passando noites em claro por ter certeza de que aquele sócio é passional como um cantor de tango. Nunca chegarão a um consenso.

A verdade surgirá quando ambos começarem a checar os números. "Veja isto, Carlos. A gente está tendo prejuízos ano após ano", diria Alfredo. "Quando era a época da crise, você dizia que era por causa da crise. E quando não havia crise, a responsável pelos maus resultados era a concorrência." Uma gestão feita com bases emocionais pode até gerar receitas e algum lucro por um golpe de sorte, mas isso é insustentável em um prazo mais longo. Os números imaginados mostrarão que a inconsistência dos resultados era positiva.

É verdade que as decisões emocionais nos tiram da rota correta, e uma maneira de evitar isso é checar em prazos mais curtos para onde o nosso empreendimento está sendo levado pelas decisões tomadas. Por exemplo, é possível verificar vendas, geração de receitas, lucros e situação do caixa mensalmente. Os números mostrarão se a margem está melhorando ou piorando. Isso pode ser feito até mesmo diariamente. Assim nos livraremos dos ventos contrários da emoção e retornaremos às águas tranquilas dos bons resultados financeiros.

Pode soar estranho a esta altura, mas considero que um dos pontos mais relevantes para agirmos com o máximo de racionalidade possível é reconhecer que não somos lógicos em nossas decisões. Ser consciente disso não é algo tão fácil assim, pois precisamos estar alertas para essa verdade. Outra questão que não podemos perder de vista é ter parâmetros claros, numéricos, que meçam os resultados que vêm sendo alcançados pelo empreendimento. E, mais do que tudo, acreditar no que os números estão dizendo. Eles não mentem, lembra-se?

Talento incrível

Ser disciplinado para praticar os bons hábitos de gestão de que falamos no Capítulo 8 impede o esquecimento dos números quando os negócios eventualmente começam a dar bons resultados. Já é quase um clássico a postura de alguns empresários que contratam uma consultoria quando estão em apuros. Por estarem fragilizados, acatam os conselhos recebidos, o que os ajudará a sair da situação de crise para colher bons resultados.

Mas assim que se livram dos problemas, eles dispensam a consultoria. Depois passam a tocar a empresa no estilo de sempre, fantasiando que conseguiram superar o prejuízo graças ao próprio incrível talento empreendedor que imaginam ter. Deixam de lado os números e abrem as portas para que entrem todas as suas emoções. Quebram a disciplina que mantinham no tempo da consultoria[47].

Lembram-se da comparação que fiz entre os gordinhos precisando de dieta e a gestão dos negócios? Eles emagrecem até o momento em que deixam de lado, a duras penas, a disciplina adquirida com as duras. É um chocolatinho aqui, uma lasanha ali, e todos os quilos perdidos estarão de volta. O gestor que se afasta do hábito de checar os parâmetros numéricos do negócio também verá seu empreendimento voltar à velha e feia forma anterior, a da lucratividade inexistente com os prejuízos que se acumulavam.

Estou acostumado em apresentar um esquema simples quando converso sobre disciplina com meus clientes. Acredito que isso os ajuda a ter a organização necessária para cumprir suas tarefas de maneira mais objetiva e com foco. Trata-se de uma matriz simples.

----

47 Para os empresários que por diferentes motivos não contrataram a assessoria de uma consultoria, reforço a importância de focarem os bons hábitos abordados no Capítulo 8, assim como buscarem a respostas para as dificuldades "dentro de casa", consultando a própria equipe.

Na verdade, um quadrilátero dividido em quatro quadrantes nos quais podemos determinar a prioridade e o tempo com que diferentes trabalhos devem ser realizados.

No primeiro quadrante, sugiro que sejam colocadas as atividades de alto impacto financeiro e de execução rapidamente fácil. São tarefas simples de serem realizadas e que têm a possibilidade de gerar bastante dinheiro. No quadrante dois estão aquelas atividades que têm um alto impacto financeiro, mas que são difíceis de implementar, pois demandam tempo por conta da complexidade (as variáveis nos quadrantes são as mesmas, mudam apenas as posições). Já no setor três, são as ações que não geram tanto dinheiro assim, mas são muito fáceis de serem executadas. Finalmente, o quadrante quatro abriga aquelas atividades extremamente complexas e difíceis de realizar que trazem pouco dinheiro.

Veja uma amostra desse esquema ao qual me refiro.

Quadrante 1	Quadrante 2
• Alto impacto financeiro • Execução fácil e rápida	• Excepcional impacto financeiro • Execução difícil e mais demorada
Quadrante 3	Quadrante 4
• Baixo impacto financeiro • Execução muito fácil e rápida	• Baixo impacto financeiro • Execução muito difícil e demorada

Quadro 10.1

Então, peço aos meus clientes que classifiquem as atividades realizadas de acordo com esses parâmetros e as coloquem no quadrante respectivo. A dificuldade que as pessoas têm em cumprir esse exercício é impressionante, pois parece simples. Só quando finalmente entendem o conceito as ações são distribuídas no dia a dia e classificadas de acordo com o resultado que trazem e o investimento de tempo necessário. Eu proponho que sejam eliminadas aquelas que estão no quadrante quatro, que oferecem baixo impacto financeiro e demandam uma execução muito difícil.

O que estou propondo é o velho conceito do Princípio de Pareto; 20% dos itens que tratamos em nosso dia a dia profissional são responsáveis por 80% do nosso retorno financeiro. Ou seja, é uma boa decisão de negócios eliminar aquela parte de nossas obrigações que nos trazem poucos benefícios. A nossa atenção deve se fixar naquelas ações que de fato entregam valor.

Fórmula da preguiça

É o que digo para os executivos e acionistas que atendo: "Tenham a coragem de eliminar as atividades que têm baixo impacto financeiro e alta complexidade." A resistência a essa sugestão é enorme. Surgem questões emocionais: "Mas eu sempre fiz dessa maneira. Como posso mudar agora? O que direi para os funcionários? Como cortarei atividades que executamos desde sempre?"

As ações no quadrante quatro exigem grande esforço e não trazem resultados à altura. Mesmo assim, eles continuam, muitas vezes, a contratar funcionários e fazer investimentos. "Por que vocês estão contratando gente, se você executa ações que trazem tão pouco retorno?", eu pergunto. Também brinco com eles dizendo que o Pareto é uma fórmula da preguiça de alguma forma. Mas uma preguiça do bem. Se eu tenho dez atividades a executar e apenas três delas dão bons resultados, por que não fazer só essas três para aproveitar o tempo poupado no desenvolvimento de novos negócios? Ou passar mais tempo com a família? Ao final, nos livraremos de uma energia mal investida.

Há outro item que merece ser colocado no quadrante quatro, um sentimento que costuma jogar contra os empreendedores: a negatividade. Eu me impressiono com como as pessoas perdem tempo procurando justificativas — melhor diria, desculpas — para um fraco desempenho. Culpam a economia, o câmbio, a política.

Já tratamos disso em capítulos anteriores. Também costumam se comparar com o concorrente de maneira desfavorável para si mesmos: "Se eu tivesse o tamanho que ele tem, o orçamento que ele tem, uma marca poderosa como a dele, tudo seria diferente."

Isso merece estar no quadrante quatro. É uma perda de tempo porque não agrega qualquer valor aos negócios. Não adianta ficar se lamentando: "Não tenho acesso a crédito, sou um pobre coitado, não posso fazer o negócio crescer." É um pensamento equivocado. É claro que qualquer um pode progredir para agregar valor à sua empresa até crescer tanto quanto os demais *players*, mas nada disso será conquistado com lamentações.

Paixão necessária

Decisões emocionais não são uma coisa boa para os negócios. Porém, penso ser relevante fazermos uma ressalva. Emoções não são necessariamente negativas. Precisamos delas para desenvolver a paixão que é necessária para construir um novo negócio. Necessitamos da emoção, da ambição e da empolgação para criar algo novo, que gere resultados felizes em todos aqueles tocados pelo negócio.

Recentemente tive uma mostra cristalina de como a emoção é capaz de produzir coisas positivas. Era uma conversa com um investidor acionista que tinha negócios em setores diferentes da economia. Minha missão era sondá-lo sobre a possibilidade de ele investir em um de seus negócios, no qual tinha um sócio. Depois de algumas conversas e reflexão, ele concordou em aplicar os recursos necessários. Mas colocou uma condição: se a empresa gerasse lucros naquele ano, parte do dinheiro que ele aportaria deveria ser distribuído entre os empregados. Muitos deles eram funcionários veteranos que o ajudaram a construir o empreendimento.

Ainda que essa decisão seja algo racional, no caso desse empreendedor, ela foi fundamentalmente emocional. Esse empresário imediatamente tornou-se o meu ídolo. Ele nunca retirou um centavo da empresa, para que todos os recursos fossem reinvestidos nela de modo que seus negócios venham a se sustentar no longo prazo, assim beneficiando os netos, bisnetos, tataranetos. Os olhos dele brilham quando fala de seus negócios, e o que os ilumina não é o dinheiro, mas uma emoção bem direcionada.

Para construir organizações de sucesso, o empreendedor precisa sonhar e ter o fogo da paixão. A emoção precisa ser canalizada, pois temos de estar conscientes da sua presença. E controlá-la, se for preciso. Não nos enganemos, as emoções estarão sempre conosco. Nunca poderemos deixá-las na garagem para subirmos de elevador até o escritório transformados em pessoas completamente racionais.

Talvez chegue o tempo em que a Inteligência Artificial avance a um ponto que tenhamos robôs sentados nas mesas dos CEOs ou integrando os conselhos de administração. Nesse momento, as decisões passarão a ser feitas no modo racional. Não é possível saber se isso dará certo, afinal, os clientes, os empregados e as comunidades que vivem em torno da organização serão seres humanos emocionais em sua essência, até mesmo aqueles que projetam os robôs.

Mas sempre será possível para nós, homens e mulheres, tentar diminuir a carga emocional quando estivermos à frente de decisões de negócios. Podemos fazer isso olhando os números. É impossível ter sucesso financeiro apostando em decisões emocionais. Os números serão os parâmetros que levaremos em conta para confirmar se nossa gestão está atingindo seu objetivo inegociável, o de gerar caixa e aumentar o valor da organização para o acionista.

Sempre proponho um *checklist* respondido para meus clientes capaz de revelar a vitalidade de sua gestão. Igual um exame de sangue que mostra os indicadores da saúde de uma pessoa. Peço para que eles respondam a cinco perguntas:

1. Os lucros de meus negócios têm crescido anualmente?
2. Tenho conseguido gerar caixa consistentemente ao longo do tempo?
3. Minha margem líquida é maior do que a de meus concorrentes?
4. Meu endividamento tem diminuído ao longo dos anos?
5. Há um aumento regular do patrimônio líquido e valor da empresa?

As respostas para essas perguntas apontarão para números. Como já foi dito, os números não mentem. Eles não mentem no longo prazo e não terão como enganar ninguém em um prazo mais curto se forem observados com atenção. Eles são isentos de emoção, não fazem julgamentos, não abrem exceções. O gestor que não apresentar uma boa performance não poderá esconder isso dos números. Aqueles que cumprirem seu dever de gerir os negócios voltado para o benefício de todos os *stakeholders* terão como mostrar sua excelência profissional de maneira incontestável.

Portanto, confie nos resultados financeiros. A checagem regular dos números apontará as decisões corretas e as outras nem tão acertadas assim. São posturas capazes de livrar o gestor das armadilhas de gestão que costumam surgir diante de seu caminho. Abordaremos essas armadilhas no próximo capítulo.

CAPÍTULO 11

Como evitar as muitas armadilhas no caminho do gestor

Uma inesperada imagem veio à minha mente quando me sentei à mesa para começar o preparo deste capítulo. Me vi criança, brincando na praia junto com meu pai. Com um pequeno balde e uma pá na mão, eu montava um castelo de areia. Talvez ficasse ali concentrado por horas, empilhando a areia molhada, de costas para o mar. De repente, quando o castelo já estava quase finalizado de tão sólido, uma onda forte desmanchava tudo aquilo, deixando no lugar apenas uma poça de água. Os adultos não davam grande importância para o fato, até riam. Mas para mim, e para todas as outras crianças que viveram essa experiência — quem entre nós não passou por isso? — a decepção e o sofrimento eram intensamente reais. E, percebo agora, inesquecíveis.

A imagem pode parecer um lugar-comum, mas se aplica muito bem ao assunto que trataremos neste capítulo: as armadilhas que se escondem no caminho da gestão dos negócios. Em todas elas, a vítima preferencial é o caixa, o coração que mantém as organizações saudáveis, e que pode sair gravemente ferido.

Gestores investem muito esforço, tempo e dedicação para construir suas empresas-castelo, com uma energia similar àquela que temos na infância. Mesmo com toda a obstinação, não criam as barreiras de proteção necessárias para minimizar o impacto das ondas. E elas chegarão, mais cedo ou mais tarde, com força suficiente para não só arruinar o caixa, mas destruir a própria organização, em última instância.

Uma dessas arapucas que fazem tantas vítimas é a previsão incorreta da demanda. A produção de um estoque formado na quantidade exata, com mix adequado de produtos e serviços que os clientes comprarão, é o melhor dos mundos com o qual um gestor pode sonhar. A armadilha está nos extremos, nesse caso. O mais comum deles é errar para mais na oferta dos bens produzidos, enquanto se equivocar para menos é algo igualmente danoso, mas muito mais raro de acontecer.

No entanto, você sempre perderá dinheiro nessas duas situações desfavoráveis. Primeiro, por conta do alto risco de não ter o retorno do dinheiro que foi investido na produção, e segundo, quando o empresário subestima sua própria capacidade, deixando de ter a renda que poderia vir para seu caixa.

Se nosso velho conhecido Miguel, o vendedor de melancias, tem a capacidade de vender quinze por dia em sua banca na feira, mas uma manhã acorda animado e compra trinta melancias, o que acontecerá? Ele ficará com excesso do produto em estoque na sua caminhonete sob o sol. Para evitar que os frutos comecem a apodrecer, ele é obrigado a vender com desconto, pois precisa ter dinheiro para pagar seu fornecedor. Não estará errado quem disser que, no final da feira, ele acabará vendendo a um preço abaixo do que pagou pelas melancias. Um grande prejuízo.

A mesma situação acontece em negócios de maior porte. O feirante Miguel e as multinacionais cometem o mesmo erro quando oferecem mais produtos do que o mercado é capaz de absorver. O equívoco é não ter um bom planejamento de produção ou de vendas. Esse é um grande risco, a armadilha na qual o gestor pode cair.

Otimismo exagerado

Mas há algo a mais que os gestores costumam fazer além de planejar mal suas vendas e que se mostra como uma autossabotagem.

COMO EVITAR AS MUITAS ARMADILHAS NO CAMINHO DO GESTOR

Essa armadilha é o otimismo exagerado. Sim, ele se manifesta principalmente no erro para mais na produção, mas se espalha também por outras decisões empresariais. Podemos entender como isso se dá a partir de um exemplo.

Você é o CEO de uma organização. Em janeiro foi feita uma previsão de que até o final do ano sua empresa faturaria R$100 milhões. Mas coisas ruins acontecem. O final do ano chegou, e as vendas não trouxeram mais do que R$60 milhões. Isso se mostra como um enorme problema. O que aconteceu? No começo do ano, você investiu dinheiro para chegar a um nível de produção capaz de gerar aqueles R$100 milhões em faturamento para adequar a produção da empresa à sua previsão de vendas. Esses gastos e essas despesas não se transformaram em resultados e terão de ser penosamente pagos. Você terá de vender com descontos, o que comprometerá seu caixa. Sairia muito mais barato ter segurado o entusiasmo para fazer uma análise cuidadosa que permitisse traçar uma previsão realista do mercado.

Nunca proporei a um gestor que seja pessimista ou que veja as coisas de uma maneira derrotista. Tentar enxergar copo como estando cheio é quase uma obrigação de todos os que estão no comando de uma organização. Não acrescentaria nada ficarmos sentados, chorando, lamentando a crise. Uma coisa é ser otimista, outra bem diferente é ser descuidado ao fazer seu planejamento. Ou arriscar-se em demasia. Os negócios cobram caro por atitudes como essas.

Empresas competentes podem manejar a oferta de produtos a seu favor, inclusive produzindo um pouco menos do que poderiam vender no mercado. Por exemplo, é o que faz a fábrica de automóveis japonesa Toyota ser a mais rentável montadora do mundo.[48] Se ela produz um pouco menos de carros do que o mer-

. . . .

48 De setembro de 2018 a setembro de 2019, a Toyota obteve um lucro líquido de US$17,5 bilhões, à frente da Volkswagen, a segunda colocada no mesmo período, com um lucro líquido de US$15,6 bilhões. Disponível em: <https://www.investo-pedia.com/articles/company-insights/091516/most-profitable-auto-companies--2016-tm-gm.asp>.

cado está disposto a comprar, isso fará com que o veículo cobiçado se transforme em um bem escasso. Essa situação permitirá que o automóvel seja vendido por um preço mais alto, gerando uma fila de espera e, como passo seguinte, a produção seja aumentada com precisão, em um patamar seguro para a empresa.

Algumas concorrentes da Toyota costumam ter outra estratégia. Se a expectativa é a de que vendam 10 mil unidades, elas produzem 12 mil veículos e os "empurram" para as concessionárias na tentativa de criar uma demanda. Não são raras as vezes em que as empresas, e as pobres das concessionárias, se veem obrigadas a dar descontos ou fazem vendas direto das fábricas para diminuírem o estoque, perdendo margem.

Portanto, se a limitação de produção está no volume, o exemplo do que faz a Toyota aponta para uma alternativa mais rentável. Se a demanda é para 10 mil unidades e a empresa decide que vai produzir 8 mil, o que dá a ela condições de aumentar o preço do veículo é conseguir alcançar o nível de demanda do mercado. Nesse momento, pode haver um pouco a redução dos preços para mantê-los em um nível competitivo. Essa atitude é financeiramente mais saudável do que inundar o mercado com um número de unidades acima da demanda.

Chute certeiro

Sempre existe alguma subjetividade no cálculo da capacidade do mercado em absorver o que é produzido por uma organização. É quando os gestores aplicam o popular "chute". Esse chute será muito mais certeiro para aquelas empresas que já têm um histórico de quinze, vinte anos de vendas. A experiência dará aos gestores a capacidade de prever a demanda de maneira muito mais acurada do que a de um *player* que esteja há apenas dois anos no mercado, com um histórico de vendas ainda pouco consistente.

E mesmo para essas organizações mais "experientes" há o risco dos cálculos não realistas da capacidade de venda. Um gestor examina os gráficos de venda da empresa nos últimos 15 anos e percebe que o volume vem aumentando historicamente em 3% todos os anos. Ele dificilmente cometerá um grande erro se também aumentar 3% na sua projeção para o ano que vem.

Mas caso esse gestor seja tomado pela ideia de que já sabe tudo sobre o mercado e que é um ás das previsões de venda, ele poderá decidir para o próximo ano que mobilizará a organização para produzir 15% a mais do que no ano anterior, apenas por ter tido um *feeling* de que a demanda de mercado será maior. Essa postura será um problema, com certeza. Dificilmente essa estratégia dará certo.

Alguns empresários e gestores costumam superestimar as possibilidades de resultados de seus negócios com um espírito semelhante ao de quem aposta na loteria. Se olharmos de maneira racional, a possibilidade de sermos o ganhador solitário dos milhões da Megasena é quase nula, mas muitos jogadores contumazes insistem em jogar mesmo assim, às vezes gastando um dinheiro que fará falta, por pensarem, não se sabe bem o porquê, que daquela vez embolsarão aqueles milhões.

Imaginemos uma pizzaria de bairro recém-aberta. O proprietário nunca vendeu ali, não sabe o quanto os clientes apreciarão suas pizzas ou se considerarão justo o preço cobrado. Diante dessa incerteza, o indicado é ser conservador como os japoneses. As contas indicam que, para o negócio ser viável, tem de vender ao menos vinte pizzas por noite. Mas o pizzaiolo diz ao proprietário que é possível vender pelos menos cem delas. Nesse caso, o melhor é fingir que não ouviu o palpite, para não se entusiasmar. O mais sensato é garantir a venda das vinte unidades, pelo menos no início e, assim, planejar o aumento gradativo das compras de matéria-prima à medida que os pedidos forem aumentando.

Também é sensato fazer um *benchmarking* consultando as demais pizzarias da região. Qual é a média diária de vendas? Na sexta e no sábado, 40 pizzas. Nos demais dias da semana, 20. Isso dá uma média de 25 pizzas por dia. Que bom que ele não ouviu o conselho do pizzaiolo que apostava em uma venda quatro vezes maior. Ninguém montará um negócio para perder dinheiro. Deve-se partir do mínimo, ou seja, do ponto de equilíbrio. E qualquer coisa que se venda acima disso significará mais dinheiro em caixa. O mais importante é o empresário não destruir o valor do seu negócio.

Alavancagem operacional

Há um conceito da alavancagem operacional em finanças, que pode também esconder armadilhas para o gestor desprevenido. A alavancagem operacional é a proporção existente entre as despesas fixas e as variáveis. Despesas fixas são aquelas que não dependem — não variam — da flutuação das vendas. Elas são formadas por gastos como o pagamento de aluguéis ou salários dos colaboradores. Já as despesas variáveis dizem respeito aos impostos, insumos, contratações extraordinárias, entre outras, ou seja, gastos que aumentam ou diminuem de acordo com o crescimento e a redução das vendas.

Quanto mais alavancada operacionalmente uma empresa estiver, maior é a proporção das despesas fixas em relação às despesas variáveis. Por que é importante sabermos disso? E mais importante, onde está escondida a armadilha? Vamos verificar como a alavancagem operacional se dá examinando os números da fábrica de bolsas de Débora, uma jovem empreendedora de Belo Horizonte.

O faturamento da fábrica de Débora é de R$100 mil. Suas despesas fixas chegam a R$20 mil, e as variáveis, a R$70 mil. Ao diminuirmos as despesas fixas e as variáveis do faturamento, chegaremos no lucro do negócio, que será de R$10 mil. Mesmo que essa seja uma simples conta de subtração, irei reproduzi-la para construirmos o raciocínio:

Faturamento – Despesas variáveis – Despesas fixas = Lucro
Neste caso, teremos:
R$100 mil – R$70 mil – R$20 mil = R$10 mil

Recentemente, Débora participou de uma *live* no Instagram sobre mulheres empreendedoras e teve a oportunidade de mostrar algumas bolsas que fabrica. Com isso, a procura pelo seu produto aumentou, e suas vendas chegaram a R$110 mil, ou seja, um aumento de 10% no faturamento.

Obrigada a expandir sua produção, Débora não teve como escapar de aumentar o mesmo percentual em suas despesas variáveis, que então subiram para R$77 mil. O lucro também aumentou, saltando dos R$10 mil anteriores para R$13 mil, o equivalente a 30% de incremento. Trata-se de um aumento significativo, pois o lucro cresceu três vezes mais do que o aumento de 10% do faturamento. Esse resultado é dado pela mesma fórmula anterior:

Faturamento – Despesas variáveis – Despesas fixas = Lucro
Ou seja:
R$110 mil – R$77 mil – R$20 mil = R$13 mil

Qual seria o nível de alavancagem operacional que a empresa de Débora tem no primeiro momento, antes da *live*, quando seu faturamento ainda era de R$100 mil? Esse percentual era de 29%, resultado da divisão das despesas fixas (R$20 mil) pelas despesas variáveis (R$70 mil) e multiplicado por 100, como está a seguir:

Fábrica de bolsas: cenário inicial (em R$ mil)

Faturamento	100
Despesas variáveis	70
Despesas fixas	20
Lucro	10

Tabela 11.1

As vendas aumentaram, e o faturamento chegou a R$110 mil. Logo, todos os números mudaram, exceto as despesas fixas, como está na tabela a seguir:

Fábrica de bolsas: o faturamento aumenta em 10% (em R$ mil)

Faturamento	110
Despesas variáveis	77
Despesas fixas	20
Lucro	13

Tabela 11.2

Mas vamos imaginar que a história de Débora não tenha sido tão feliz assim. Voltemos para o resultado anterior, quando o faturamento estava nos R$100 mil (**Tabela 11.1**). O convite para aquela *live* foi suspenso, portanto, ela não pôde fazer o marketing de seus produtos. Suas vendas não aumentaram. Ao contrário, foram para baixo, isso porque a pandemia do Coronavírus, que teve início em março de 2020 no Brasil, impactou diretamente suas vendas. A queda foi de 10% no faturamento, que encolheu para R$90 mil. Com uma produção menor, as despesas variáveis também foram reduzidas em 10%, passando de R$70 mil para

R$63 mil. Contudo, Débora manteve as despesas fixas inalteradas em R$20 mil (**Tabela 11.3**).

A proporção entre esses dois gastos empurrou o lucro ainda mais para baixo do que a queda do faturamento, tendo assim a alavancagem operacional. Enquanto esse caiu 10%, o lucro foi reduzido em 30%, saindo dos R$10 mil anteriores para R$7 mil. Isso é resultado da mesma fórmula que já vimos anteriormente:

||||||||||||||||||||||||||||||||||||||||||||||||||||||||||||||||||||||||||||||||||||||

Faturamento – Despesas variáveis – Despesas fixas = Lucro
Ou seja:
R$90 mil – R$63 mil – R$20 mil = R$ 7mil

||||||||||||||||||||||||||||||||||||||||||||||||||||||||||||||||||||||||||||||||||||||

Fábrica de bolsas: o faturamento diminui 10% (em R$ mil)

Faturamento	90
Despesas variáveis	63
Despesas fixas	20
Lucro	7

Tabela 11.3

O impacto que uma redução das despesas fixas tem sobre o lucro do empreendimento é bastante relevante. Isso pode ser verificado com o exame daquele cenário inicial. A fábrica de bolsas apresentava um faturamento de R$100 mil, uma despesa fixa de R$20 mil e uma despesa variável de R$70 mil (**Tabela 11.1**). Agora vejamos uma comparação com o raciocínio seguinte.

Débora havia instalado sua fábrica em uma casa localizada em um bairro central de Belo Horizonte. O aluguel, que já era alto, corria o risco de ser aumentado ainda mais pelo proprietário. Mas ela estava com sorte. Por conta da pandemia do Coronavírus, ela conseguiu fazer uma boa negociação de redução do aluguel com o dono do imóvel. Dessa forma, houve a diminuição de algumas outras despesas fixas, fazendo com que o total de suas despesas fixas caísse pela metade. Vejam na tabela na sequência que tal queda fez seu lucro dobrar, passando de R$10 mil para R$20 mil.

Fábrica de bolsas: a despesa fixa diminui pela metade (em R$ mil)

Faturamento	100
Despesas variáveis	70
Despesas fixas	10
Lucro	20

Tabela 11.4

Dizem que quando estamos conectados fortemente com nossos desejos, o universo conspira a nosso favor. E foi o que aconteceu com Débora. Além de ter conseguido reduzir pela metade seus custos fixos, finalmente foi convidada para falar naquela *live* que havia sido desmarcada. Ela se apresentou com tanta desenvoltura e graça, que encantou os que a viram. Isso repercutiu sobre suas vendas, e seu faturamento aumentou em 10%.

A combinação de redução das despesas fixas com o aumento do faturamento deu excelente resultado. O lucro aumentou em 15% em relação à posição da empresa antes de sua participação na *live*, chegando a R$23 mil. Veja a **Tabela 11.5**. Se compararmos esse resultado com a situação inicial da fábrica de bolsas, o aumento é ainda mais impressionante: 130% de crescimento do lucro!

Fábrica de bolsas: despesa fixa diminui e faturamento cresce (em R$ mil)

Faturamento	110
Despesas variáveis	77
Despesas fixas	10
Lucro	23

Tabela 11.5

O que significa alavancagem operacional, então? Quanto mais alavancado operacionalmente você está, maior será a capacidade de ganhar dinheiro nos momentos bons da economia. Ou seja, a proporção das despesas fixas deve ser maior que as despesas variáveis. No exemplo deste capítulo, a variação do lucro foi três vezes superior à variação do faturamento. Por outro lado, quanto menor a proporção entre despesas fixas em relação às despesas variáveis, menor será o impacto negativo dos momentos ruins da economia nos resultados da empresa.

Vamos voltar ainda uma vez para os resultados da empresa de nossa simpática Débora. Quando foi atingida por uma queda de 10% no faturamento (**Tabela 11.3**), ela manteve os R$20 mil de despesas fixas. O lucro da empresa acompanhou o movimento descendente, reduzindo-se dos R$10 mil da situação inicial para R$7 mil (**Tabela 11.1**). Mas quais seriam os números da fábrica de bolsas caso ela houvesse sofrido tal revés, quando suas despesas fixas já tivessem sido reduzidas? A tabela a seguir mostra a situação:

Fábrica de bolsas: despesa fixa diminui e faturamento recua (em R$ mil)

Faturamento	90
Despesas variáveis	63
Despesas fixas	10
Lucro	17

Tabela 11.6

O lucro seria de R$17 mil, 15% menor do que os R$23 mil conquistados na situação anterior, quando o faturamento havia crescido em 10% **(Tabela 11.5)**. Contudo, se compararmos esse resultado com aquele da queda no faturamento em que a empresa apresentava o dobro do valor em despesas fixas (**Tabela 11.3**), a situação seria outra. O lucro de R$17 mil seria 143% maior do que os R$7 mil de lucratividade conseguidos naquele momento (**Tabela 11.3**).

De novo, quanto maior for a proporção entre despesas fixas e despesas variáveis, maior será o lucro da organização quando os ventos da economia forem favoráveis. Da mesma maneira, uma menor relação entre as despesas fixas e variáveis fará com que a empresa sofra muito menos em tempos de dificuldades. Os diferentes cenários da fábrica de bolsas de Débora mostram isso de maneira clara.

A alavancagem operacional é algo bom ou ruim no final das contas? Nem um, nem outro. Sempre dependerá do uso que se faz dela. Vamos colocar nossa Débora em uma situação difícil. Podemos imaginar que sua máquina de cortar couro, usada para a confecção das bolsas, quebrou. O técnico que a atendeu colocou o equipamento na van para levar à oficina com a promessa de entrega no dia seguinte.

Mas, azar dos azares, naquela noite choveu torrencialmente. A oficina foi invadida pela enxurrada, e a máquina de Débora ficou submersa. Perda quase total. Para piorar, as peças de reposição do equipamento estavam em falta no mercado, com isso, a fábrica de bolsas ficou sem funcionar por 10 dias. Os clientes desfizeram os contratos de compra para procurarem outros fabricantes de bolsas.

A paralisação fez com que o faturamento caísse 50% em relação aos R$100 mil iniciais (**Tabela 11.1**). Com isso, as despesas variáveis também se reduziram pela metade, diminuindo para R$35 mil. No entanto, Débora não havia feito a lição de casa. As despesas fixas naquele momento ainda estavam em R$20 mil. Com isso, o lucro transformou-se em um prejuízo de R$5 mil, uma variação de 150% para baixo do resultado inicial, de R$10 mil positivos (**Tabela 11.1**).

Fábrica de bolsas: queda de 50% no faturamento (em R$ mil)

Faturamento	50
Despesas variáveis	35
Despesas fixas	20
Lucro	-5

Tabela 11.7

Caso esse grande revés houvesse acontecido quando Débora já tivesse conseguido reduzir suas despesas fixas para R$10 mil, uma queda no lucro de 75% decorreria em relação à situação da **Tabela 11.4**. Porém, ainda assim ele seria positivo em R$5 mil, como se vê na tabela a seguir:

Fábrica de bolsas: queda no faturamento e na despesa fixa (em R$ mil)

Faturamento	50
Despesas variáveis	35
Despesas fixas	10
Lucro	5

Tabela 11.8

Não são só pandemias globais ou chuvas atípicas que fazem o faturamento cair. A dinâmica do livre mercado cria situações que podem trazer graves desafios súbitos para os negócios. Por exemplo, você tem a única pizzaria do bairro, mas uma cadeia de hambúrgueres abre uma loja vizinha ao seu estabelecimento. E em frente, do outro lado da rua, uma casa de massas é inaugurada com estardalhaço e preços baixos. Seu faturamento decerto sentirá o golpe. Se você tem um custo fixo muito alto, talvez reduzi-lo demande um tempo que seu caixa não será capaz de suportar.

A diferença dos resultados com uma alavancagem operacional favorável e desfavorável está claramente indicada nas tabelas 11.7 e 11.8. A armadilha por trás da alavancagem operacional é o otimismo exagerado. E mais uma vez, é o que faz os gestores manterem suas despesas fixas elevadas, por considerarem que nunca haverá algum evento negativo de impacto sobre seu faturamento e sua lucratividade.

Macaco financeiro

Livros escolares de física — quem se lembra dessas aulas? — falam sobre o poder das alavancas. Tenho fascínio por essa ciência, mas guardo o desfrute daquelas fórmulas complexas para meus momentos de lazer. No meu dia a dia de consultor, comparo a utilidade dessas alavancas financeiras com o macaco de meu carro. Com um pequeno esforço, consigo levantar um automóvel para trocar um pneu furado. Sem essa ferramenta, seria impossível suspender aquele peso apenas com meus braços. Mas se eu passar do limite da ferramenta, o acidente torna-se muito provável.

Isso é especialmente verdade para uma prima-irmã da alavancagem operacional: a alavancagem financeira. Trata-se igualmente de uma armadilha em potencial, embora o risco de sua má utilização se manifeste de outras maneiras. Como acontece com sua parente próxima, a alavancagem financeira não é boa ou má. Entretanto, se seguirmos suas recomendações com cuidado, ela não provocará efeitos colaterais.

A alavancagem financeira é recomendável quando um gestor necessita investir R$100 mil em um negócio, mas só há R$50 mil disponíveis em caixa. Ou o gestor perde a oportunidade, ou toma R$50 mil como empréstimo em um banco. Não há outra opção. Não é difícil entender por que essa decisão provoca imediatamente um frio na barriga. Vejamos a seguir.

Todos os negócios trazem um risco embutido, por mais seguros que pareçam. No mínimo, sempre haverá um cisne negro[49] à espreita. Por exemplo, um evento altamente improvável e inesperado, como foi o surto mundial provocado pelo Coronavírus ou a Crise de 2008,[50] com poder de gerar uma súbita reviravolta na economia, trazendo danos extensos aos negócios e às pessoas. Todos sofrem com crises, mas se você está enfrentando dificuldades econômicas e, ainda por cima, deve dinheiro ao banco, seus problemas serão maiores.

Portanto, estar alavancado financeiramente significa usar os recursos de terceiros como parte do financiamento de seu negócio. Se o dinheiro investido na empresa é só seu, o pior que pode acontecer é que você não tenha lucro e não consiga mais recuperar os recursos investidos, principalmente caso as coisas não saiam como o previsto. E caso parte dos recursos seja dos outros, quando o negócio for para o brejo, você ainda terá de pagar os juros e o principal da dívida assumida.

George e Paulo

Dois diferentes cenários mostram como a alavancagem financeira afeta os negócios. Temos duas empresas com um negócio idêntico, a instalação de ar-condicionado residencial. O proprietário, cujo nome é George, paga R$10 mil mensais em uma delas por um empréstimo de R$600 mil, que será amortizado em 60 meses. O lucro mensal da instaladora de George é de R$15 mil. Todos os

· ·

49 Cisne negro é um conceito criado pelo filósofo líbano-americano Nassim Taleb para designar eventos extremamente raros (como costumavam ser os cisnes de cor negra), que provocam um impacto violento sobre a economia e sobre o dia a dia das pessoas. Disponível em: <https://www.sunoresearch.com.br/artigos/cisne-negro/>.

50 Saiba mais em: <https://economia.uol.com.br/noticias/redacao/2016/02/27/entenda-o-que-causou-a-crise-financeira-de-2008.htm>.

meses, ele honra seu compromisso, o que faz com que tenha em caixa R$5 mil após pagar seu empréstimo.

George pegou uma folha de papel para desenhar 60 quadradinhos. Depois a pregou na parede. Todo novo mês, após pagar o empréstimo, ele faz um "x" dentro de um dos quadrados. "Ver o número de quadrados em branco diminuir cada vez mais, me deixará mais tranquilo", ele imaginou. Certo dia, quase sem aviso, uma enorme crise atingiu o mercado. Os clientes pararam de ligar para George querendo seus serviços.

As vendas caíram, o faturamento despencou. O lucro de George entrou em queda livre, passando de R$15 mil para R$5 mil por mês. O banco continuava enviando os boletos de R$10 mil todos os meses, indiferente ao que estava acontecendo. O seu caixa trocou o sinal positivo pelo negativo, e George passou a ter menos R$5 mil todos os meses. Para fechar suas contas, só se vendesse algum bem de sua propriedade ou tomasse outro empréstimo no banco, o que dificilmente seria concedido.

Paulo também tem uma empresa que instala ar-condicionado, do mesmo porte que o negócio de George. Mais uma coincidência: o lucro mensal de R$15 mil. Mas Paulo não fez nem um tostão de dívida para montar seu negócio. Teve a dupla sorte de ter aplicado os recursos vindos de um bom negócio anterior.

A crise que provocou graves danos à empresa de George também atingiu Paulo. Seu lucro caiu para um terço do anterior, exatamente como aconteceu com George, e ele passou a contar com R$5 mil de lucro mensal. O poder de compra de Paulo foi bastante reduzido, a viagem para a Disney com as crianças foi adiada indefinidamente. Mas ele ainda tinha fôlego para esperar por tempos melhores sem a empresa se tornar inviável por uma dívida com os bancos. Seu negócio produzia R$5 mil em caixa todos os meses, enquanto os concorrentes fechavam as portas.

Fator de alavancagem

O mercado utiliza um indicador para medir o nível de alavancagem financeira de uma determinada organização. O indicador é obtido dividindo o valor dos ativos pelo patrimônio líquido (que é dado pelos ativos menos os passivos). Se uma empresa tem ativos no valor de R$180 mil, com um patrimônio líquido de R$100 mil, o resultado da divisão de um pelo outro será 1,8.

Esse fator será o nível de alavancagem dessa empresa. A minha experiência de quase três décadas com a gestão de negócios considera um fator de 1,8 como um nível razoável de alavancagem. Há outras opiniões até mais conservadoras. O megainvestidor americano Warren Buffet[51] acredita que o fator 1,5 é o mais adequado, quando se trata de alavancagem financeira. Ou seja, para ele, uma empresa deve se alavancar no máximo 1,5 vez.

Vamos examinar o fator de alavancagem de uma empresa que tenha R$200 mil de ativos com a seguinte composição: R$100 mil correspondem à soma dos valores de terrenos, máquinas e equipamentos. Para financiar o ativo, o acionista investiu R$100 mil com seus recursos próprios e financiou os outros R$100 mil por meio de empréstimo bancário. Ou seja, os R$100 mil que pertencem ao banco são o passivo desse empresário, que em algum momento terá de ressarcir esse empréstimo. Portanto, qual é o fator para essa organização?

Chegamos a este número dividindo o valor dos ativos (R$200 mil, resultado da soma dos R$100 mil próprios aos R$100 mil do empréstimo bancário) pelo patrimônio líquido (R$200 mil de ativos menos R$100 mil do passivo, que é o emprestado pelo banco, resultado em R$100 mil). Ou seja: R$200 mil dividido por R$100 mil tem como resultado o valor 2, que está acima dos 1,8 que eu

....

51 Warren Buffet foi considerado como a quarta pessoa mais rica do planeta, em 2019, pela revista *Forbes*. Sua fortuna é calculada em US$82,5 bilhões. Disponível em: <https://www.forbes.com/billionaires/#1e9fOe8251c7>.

considero sensato. E ainda mais alto do que o 1,5 de Warren Buffet. Tanto ele quanto eu teríamos sérias ressalvas em investir nessa empresa. A organização com o fator 2 de alavancagem financeira certamente teria sucesso nos bons momentos da economia. Ou quando a empresa estiver em crescimento. Porém, já comentei algumas vezes neste livro que a economia é uma montanha-russa, com crises cíclicas que a fazem subir e descer periodicamente. Isso sem contar com os ataques dos cisnes negros. Fator 2 é um risco demasiado alto. As organizações são capazes de enfrentar chuvas e trovoadas até 1,8. Seja com capital próprio ou com poucas dívidas, nessa situação, terão boas chances de sobrevivência.

Drible na legislação

Vejamos outra armadilha. É dito que o bem mais precioso das organizações são as pessoas que nela trabalham. Não há dúvidas de que isso é uma grande verdade, mas essas mesmas pessoas podem se tornar uma armadilha para as empresas para as quais trabalham. O bom funcionário de hoje poderá ser um problema trabalhista amanhã, caso a organização na qual está empregado tente driblar a legislação.

Não me refiro às empresas que não pagam os direitos de seus empregados, algo que jamais aprovarei. É necessário cumprir as leis, pagar impostos, ser um empregador justo e honesto. Entretanto, há caminhos que parecem passar por zonas cinzentas, nas quais não há regras muito claras a respeito dos acordos entre patrões e empregados.

Um desses recursos, com o qual muitas empresas caminham por essa zona sombreada, é lançar mão de dividir o pagamento mensal em dois contextos trabalhistas. Em um deles, elas cumprem as determinações ditadas pela Consolidação das Leis do Trabalho (CLT), enquanto na outra dimensão, as obrigações do patrão em relação ao funcionário são interpretadas de uma maneira mais liberal, pagando ao empregado sem recolher as taxas e contribuições devidas.

Ouço acionistas que me dizem pagar R$10 mil a um empregado: R$5 mil pela CLT e os outros R$5 mil "por fora", sem registrar esta segunda metade nas despesas com pessoal. Todos sabem que o gestor quer fugir dos custos, como FGTS, previdência, multas na rescisão do contrato e outras obrigações legais. Mas esse tiro quase sempre sai perigosamente em outra direção, pois esse funcionário quando dispensado, ou pede dispensa entra com uma ação na Justiça do Trabalho. E a seu favor estão as boas chances de ganhar a causa.

Muitos empregadores ficam perplexos com isso. "Mas aquele funcionário parecia tão satisfeito! Nunca imaginei que ele pediria demissão, muito menos que me processaria", eles costumam se lamentar. As armadilhas funcionam exatamente desse modo, nos pegam de surpresa por estarem armadas em locais que julgávamos ser completamente seguros. Caminhar por esses atalhos costuma trazer imensos prejuízos potenciais no futuro. Não vale a pena.

Mesmo quando as pessoas deixam a organização sem levarem os empregadores até os tribunais, ainda assim haverá prejuízos relevantes. Estou falando da armadilha do empregado que responde por uma parte significativa dos resultados dos negócios. Esse talento leva consigo grande parte dos clientes e do lucro quando vai embora.

No Capítulo 7, contei a história de Marcelo, dono de uma concessionária de carros de luxo, que demitiu Daniel seu melhor vendedor. Ao fazer isso, perdeu metade de suas vendas. Da pior maneira possível, Marcelo descobriu que grande parte de seus clientes eram fiéis a Daniel, e não ao seu estabelecimento. A clientela passou a comprar seus automóveis na revendedora para a qual Daniel passou a trabalhar.

Fatos como esse acontecem tanto em empresas pequenas como em poderosas corporações. Alguém compra uma hamburgueria que lucrava R$20 mil todos os meses. A primeira providência do novo proprietário é trocar o gerente, por considerar que seu salário é muito alto. Depois emprega outro mais barato em seu lugar. Logo no primeiro mês de funcionamento, seu lucro transforma-se em prejuízo. É quando o proprietário descobre que aquele resultado se dava exclusivamente pelo fato de o antigo gerente ser um gestor excepcional, e não pelas cebolas caramelizadas que acompanhavam o hambúrguer. Igual aconteceu com Marcelo.

Em uma grande empresa, o mesmo fenômeno se dá quando um CEO deixa seu cargo para uma outra organização. Ele convida os funcionários com os quais trabalhava para formar sua equipe no novo emprego. Isso desfalcará perigosamente a antiga empresa, que perde todo seu time de diretores da noite para o dia.

O pecado da vaidade

O filme *Advogado do Diabo*[52] fez grande sucesso em 1997, ano em que foi exibido aqui no Brasil. Naquela época, nem se sonhava ainda com *Netflix*, *Prime Video*, *NOW*, *GloboPlay* ou outros serviços de *streaming*. Além da história, que combinava suspense, terror e drama, o filme ainda contava com o talento de Keanu Reeves no papel de advogado ambicioso e inescrupuloso e Al Pacino, representando o diabo em pessoa, que oferece tentações e falsas promessas ao vaidoso personagem de Reeves. E o personagem demoníaco de Al Pacino produz uma das frases mais marcantes do filme: "Vaidade. Definitivamente, o meu pecado favorito."

Al Pacino estava certo. A vaidade é uma das grandes armadilhas que pode condenar o líder a cultivar maus resultados na sua organização. O que ocorre é que o sucesso de um gestor pode ser o catalisador de um fracasso, essencialmente caso ele se deixe tomar pela soberba e passe a acreditar ser o único responsável pelos bons resultados empresariais. Por se acreditar infalível, esse

52 Disponível em:<https://variety.com/1997/film/reviews/the-devil-s-advocate-1117 339860/>.

gestor relaxa no cumprimento de suas obrigações, e também no acompanhamento dos indicadores estratégicos, deixando de tratar os temas com o rigor necessário. Portanto, não cria processos.

Quando a montanha-russa da economia se transforma em um precipício acentuado, esse gestor se vê subitamente sem os instrumentos necessários para gerenciar aquela descida. E então o pior pode acontecer. Esse mau hábito gerado pela vaidade faz também com que o dirigente não se preocupe em formar sucessores. Afinal, ele se acha insubstituível. Talvez até imortal.

Não ter plano de sucessão é outro risco enorme. Dizem que duas das poucas certezas que temos é pagarmos impostos e morrermos. Eu ainda diria que a gente também envelhece, e chega o momento em que temos de passar o bastão para alguém. Muita gente se esquece disso. Os proprietários e gestores que não entregaram o bastão ou demoraram para transmiti-lo a alguém provavelmente perderam o que construíram.

Talvez eles até tenham herdeiros competentes, mas não criam espaços para que floresçam. Imaginam que o negócio era bom pelo fato de eles serem os que montaram e comandaram a empresa até o último minuto. O negócio acaba quando saem. Ou, do lado contrário, o antigo proprietário entrega o negócio para os filhos, que não foram preparados. Eles têm até o mesmo sobrenome, mas terminam aí as semelhanças. Nenhum deles foi presenteado com o preparo e a capacidade para fazer com que a organização continue prosperando.

Jogos de poder

A sucessão nas empresas costuma também montar armadilhas quando surgem a politicagem nas empresas e seus jogos de poder, sejam eles comandados pelo fundador ou feitos em sua ausência. Essas são atividades nefastas que drenam tempo e energia dos gestores e colaboradores e fazem principalmente com que todos os integrantes percam o foco principal.

E qual é esse foco? O objetivo de todos dentro de uma organização deve ser maximizar o valor da empresa, e isso é alcançado por meio da geração contínua de lucro e de caixa. Qualquer atividade que não tenha como fim a maximização do valor da empresa, por definição, destrói valor para o acionista e, consequentemente, reduz as possibilidades de ganhos para os colaboradores, fornecedores, parceiros comerciais, governo, comunidade e qualquer outro *stakeholder* porventura envolvido.

Considero a politicagem uma doença organizacional. A vacina deve ser aplicada no momento de contratação dos novos colaboradores. Estes devem ter um histórico de contribuições efetivas em outras empresas e ser submetidos, como dose de reforço, a um mergulho na cultura da empresa à qual estão sendo admitidos.

O remédio mais potente é a gestão por meritocracia, capaz de gerar anticorpos que previnam a disseminação dos jogos de poder. Todos na empresa precisam respirar meritocracia, inclusive acionistas, gestores e colaboradores. Devem entender o bom desempenho, e nada mais além. E isso será recompensado com promoções, oportunidades e reconhecimento financeiro.

Cultivar o pecado da vaidade para dispersar-se com os jogos de poder não é uma derrapada que está mais presente na trajetória dos gestores brasileiros do que na dos colegas de outros países, mas desconfio que a dificuldade em aceitar o pagamento de impostos é algo natural e esperado na vida das organizações. Não importa se é mais forte por aqui do que entre outras nacionalidades.

Fusões e aquisições

Outra grande armadilha no cenário nacional é a crença de que fusões e aquisições são um bom negócio. A ideia de comprar um concorrente para conquistar mercado tem um apelo grande para os empresários. Mas eu afirmo que essas aquisições estão destinadas, na quase totalidade dos casos, a trazer perdas significativas para os envolvidos. Assim como as fusões.

Lembram-se daquele exemplo que dei no começo desse capítulo do pizzaiolo que aconselhava o proprietário do estabelecimento sobre a venda de até 100 pizzas por dia, enquanto o *benchmarking* do bairro indicava que as vendas dificilmente passariam de 25 pizzas diárias? Essa foi a primeira de uma série de desavenças entre os dois que fizeram o pizzaiolo sair da empresa.

Mesmo que seu forte não fosse fazer previsões de venda, de fato ele era um bom pizzaiolo e administrador, por isso não encontrou dificuldades em encontrar um investidor que apostasse em sua capacidade e o ajudasse a abrir outra pizzaria no bairro. O negócio progrediu rapidamente. Nunca chegou a vender 100 pizzas por dia, mas, uau!, a média diária daquela casa chegou a 32 pizzas, acima da performance do bairro.

O antigo patrão ficou preocupado. As vendas caíram porque os clientes migraram para o negócio do antigo pizzaiolo. O que fazer para enfrentar o concorrente? Que tal comprar o negócio? Ele poderia rapar o próprio cofre para atrair algum sócio. E com a aquisição daquela pizzaria, eliminaria a concorrência, ampliando suas vendas. O número de *players* da região diminuiria, e ele poderia aumentar o preço do produto ao seu bel-prazer. Os consumidores não teriam nenhuma outra opção se quisessem comer pizzas perto de casa.

Para resumir toda a história, o negócio deu errado pelos mesmos motivos da imensa maioria das fusões e aquisições de empresas dos mais diferentes portes. Uma dessas razões é a ilusão de que a aquisição diminuirá os custos. Nesse raciocínio, se você já tem um gerente em seu negócio, que faz as compras, o pagamento dos funcionários e a gestão da produção, não precisará manter o gerente da nova pizzaria, pois seu empregado cuidará dos dois negócios. "Demita esse novo gerente e corte um custo", diria o senso comum. Outro exemplo de redução de gastos: o escritório de contabilidade encarregado das contas da primeira pizzaria faria também a parte contábil do novo empreendimento.

Na teoria, um mundo perfeito: o dobro das vendas e a metade dos gastos. Mas os fatos quase sempre se recusam a acontecer dessa maneira suave. Primeiro de tudo porque entra em cena aquele otimismo exagerado sobre o qual já falei algumas vezes neste capítulo. A imaginação de ganhos irreais e excessivos, o empresário costuma reagir de maneira emocional ao decidir por uma fusão ou aquisição.

Cabeça nas nuvens

Os investidores perdem sua objetividade por fazerem poucas contas. Com a cabeça nas nuvens, pagam muito mais pelo negócio do que ele vale, acreditando que recuperarão o investimento com reajustes de preços, ganhos de escala e outras sinergias a serem capturadas. Talvez fizessem melhor negócio aplicando o dinheiro em sua própria pizzaria, quitando as dívidas e diminuindo os juros dos empréstimos. Se voltassem os olhos para a própria empresa, poderiam decidir montar um negócio menor, voltada apenas para o *delivery*, e a partir disso, sua participação no mercado terá aumentado.

Além de pagar mais do que o negócio vale, outra armadilha nas aquisições é o choque de culturas. Na pizzaria do antigo pizzaiolo, os pedidos eram registrados no iPad e comunicados diretamente à boca do forno e ao balcão, sem necessidade de papeizinhos ou pedidos gritados para a cozinha. Esse mesmo sistema "fala" com o caixa registrando o movimento, o pagamento dos 10% para o garçom, o cálculo do imposto etc. Já na outra pizzaria, o que vale ainda é o bloquinho de papel.

Adaptar as duas culturas exigirá investimento de dinheiro em treinamento, compra da licença do software para os garçons e mudança no sistema de códigos usados para a contabilidade. Muitos não se adaptarão e terão de ser desligados, o que aumentará não só os custos trabalhistas, como também o de treinamento dos novos funcionários a serem contratados. Ainda há a possibilidade nada remota de os dois estilos de gestão não serem harmônicos. Em uma das pizzarias haveria muito mais engajamento dos funcionários, um clima mais descontraído, gratificações e outras práticas. Na outra, a formalidade é a regra. As relações são mais frias, nada de bônus e participação nos lucros. Esse choque costuma afetar diretamente a produtividade. E, de novo, exigir mais gastos.

Nas pizzarias repete-se aquela síndrome do bom vendedor que é o responsável por uma larga fatia dos lucros. Igual aos bancos, grandes siderúrgicas, entre outros grandes e médios negócios. Portanto, no instante em que o bom vendedor mudar de emprego, ele leva consigo o sucesso. Talvez aquelas 32 pizzas que o antigo pizzaiolo vendia todos os dias caiam para a comportada média de 25 praticada na região. E ficaria claro tarde demais que aqueles bons resultados eram fruto exclusivo das habilidades do pizzaiolo. O mesmo acontece com gestores de grandes empreendimentos que têm uma performance de excelência que dificilmente será batida por outros.

Isso leva a outro equívoco recorrente. O novo proprietário paga pelo negócio considerando que o lucro de R$20 mil será gerado todos os meses. Mas isso não passa de um palpite otimista. Por exemplo, o lucro poderá cair para metade disso: R$10 mil mensais. A conta não fechará. O novo dono não tem de onde retirar os outros R$10 mil, acabando nas dívidas. Já assisti a esse filme triste em outras ocasiões. São raríssimas as exceções em que o empreendedor consegue pagar o valor certo pela empresa que comprou, ou ao menos manter inalterados os resultados anteriores.

Cliente exclusivo

Os perigos do mundo dos negócios se mostram em outra arapuca, desta vez, a concentração das operações nas mãos de um único cliente ou fornecedor. Isso acontecerá quando alguma empresa contratar seus serviços, e com o tempo você passará a depender fortemente da remuneração vinda desse *player*. Já conheci organizações cujo resultado estava comprometido em mais de 70% com um único comprador. Se amanhã essa empresa decide que não quer mais seus serviços, depois de amanhã você já está com as portas fechadas.

Além desse risco, a dependência em demasia de um único cliente costuma deixar dormentes nossos instintos de sobrevivência. Quando falo para proprietários de empresas nessa situação que eles devem se mexer para encontrar outros clientes, eles costumam se mostrar resistentes. "Ah, mas ele paga bem, é sólido, não vai me abandonar", dizem. Essa postura dá um grande poder ao cliente exclusivo, que pode se tornar mais exigente, com poder de moldar o fornecedor à sua vontade.

Enquanto isso, meu cliente vive na ilusão de que é ele quem tem as rédeas de seu negócio. Não tem, quem manda é o comprador. Para piorar a situação, esse poderoso comprador não precisa nem mesmo romper o negócio. Exemplo, basta que ele alongue o prazo de pagamento. "A partir da semana que vem", ele avisa por e-mail, "no lugar de pagarmos em sessenta dias, passaremos a realizar os pagamentos para vocês em noventa dias". O que esse pobre empresário poderá fazer? Só restará responder ao e-mail com um submisso "de acordo".

Estar atento para se desviar das armadilhas que se escondem no dia a dia dos negócios é uma obrigação do gestor competente. Planejar suas ações, antecipar problemas, estar vigilante quanto às mudanças de cenários e desviar das decisões fáceis garantirão operações permanentemente saudáveis. Isso assegurará a organização, que manterá seu valor de forma contínua, tema sobre o qual trataremos no próximo capítulo.

Neste mundo de incertezas, os projetos humanos se assemelham àqueles castelos de areia da nossa infância. São sólidos até que os fatos digam "não". E enviam uma onda que os fará desaparecer. Não nos foi dado o poder de derrotar oceanos, mas podemos nos posicionar de frente para eles, assim enxergaremos as ameaças que se aproximam e poderemos salvar nossos castelos.

CAPÍTULO 12

Negócios só são bons quando sabemos o quanto valem

Marina e Gabriela são sócias há quase quinze anos em um salão de beleza localizado na Zona Oeste de São Paulo, região com o maior poder aquisitivo da cidade. As duas oferecem corte, pintura, hidratação e luzes para os cabelos de uma freguesia fiel e razoavelmente numerosa. Se o movimento proporciona uma boa renda mensal, também cobra um trabalho duro. No salão, Marina e Gabriela colocam a mão na massa juntas, mas de certo modo sozinhas. Não há colaboradores, então elas respondem por todo o trabalho.

Nos últimos três anos, Marina vem notando uma transformação na vizinhança do salão. Muitas das antigas casas foram demolidas. No lugar delas, condomínios de alto padrão foram construídos. Agora pessoas mais jovens e mais bem vestidas passeiam pelas redondezas. Mas não entram no salão. Marina logo se preocupa com isso. Diz para Gabriela que elas precisam reinventar o negócio para atrair as novas potenciais freguesas, que parecem ser mais exigentes.

"Será preciso mudar várias coisas", ela diz. A começar pelo nome: *Salão de Beleza Beleza Pura*. Marina sempre se irritou com esse nome, mas por insistência da sócia, o adotaram. Além da incômoda repetição da palavra "beleza", ela achava que aquilo parecia coisa de hippies dos anos 1970. Era preciso ampliar o negócio. Seu plano foi oferecer os serviços de manicure, depilação, maquiagem e massagem facial. E rebatizar o salão, claro. "Que tal *Stylish Hair Center*?", ela perguntava para Gabriela.

Mas Gabriela não se entusiasmava com o projeto de expansão. Achava que Marina exagerava. "Conquistar aqueles novos clientes era uma questão de tempo", ela argumentava. Não havia essa urgência toda. "Vamos esperar e continuar como estamos fazendo", ela dizia. "Sempre fizemos assim, sempre deu certo, vamos ter paciência. Além disso, para ampliar os negócios vamos ter que comprar equipamentos, contratar pessoas, mudar o nome. Tudo isso é caro e arriscado."

As duas passaram a não se entender. As conversas davam lugar a discussões na maioria das vezes. Até chegaram a ficar uma semana sem falar uma com a outra. Mas Marina refletiu sobre o assunto, conversou com a família e decidiu que tentaria outra abordagem. Não queria brigar com Gabriela, amiga de tantos anos. Ela se ofereceria para comprar a parte da sócia no salão, que era exatamente de 50% do negócio. Seus pais e um tio prometeram ajudar a levantar o dinheiro. Mas quanto valia o negócio? Como calcular a oferta que ela faria para Gabriela?

Vender, sim. Mas por quanto?

Bolívar era outro que coçava a cabeça preocupado. Ele estava com a mesma dúvida que atormentava Marina. Quanto valia a cantina italiana da qual ele era proprietário havia 35 anos? Dali ele tirava seu sustento, o da esposa e dos dois filhos, Felipe e Fátima. No caso, dava até para conseguir formar um bom patrimônio. Mas Bolívar queria vender seu negócio para dividir o dinheiro apurado entre os filhos. Ele havia constituído uma bela previdência privada, suficiente para ele e a mulher. Portanto, queria deixar algo para os filhos e seus quatro netos, a alegria de seu viver.

Porém, quanto deveria pedir pela cantina? Ele até já havia recebido ofertas pelo negócio, mas nunca havia se interessado por tal possibilidade. Durante alguns anos, Bolívar imaginou que um dos filhos poderia se interessar em dar continuidade ao restaurante, mas finalmente havia se conformado com o fato de que eles tinham outros interesses. O foco de Felipe e Fátima estavam em suas carreiras, as quais não incluíam panelas, molhos, idas de madrugada ao Ceasa ou pernas de cabrito assadas (uma especialidade da casa). O mais sensato era vender tudo aquilo. Mas, de novo, por quanto?

Havia ainda um terceiro personagem, também ansioso: Giovane. Há alguns anos, Giovane vem pensando em ter um restaurante para ampliar seu negócio atual, uma rotisseria conhecida pela qualidade de suas massas. "O ideal seria ter uma cantina, que me permitiria uma sinergia com minha produção de massas e molhos para abastecer a cozinha de meu ainda imaginário restaurante", pensa ele. Nisso, Giovane ficou sabendo que Bolívar está disposto a vender sua cantina. Finalmente! Ele conhece aquele restaurante há muito tempo também. Mas Bolívar, aquele velho teimoso, nunca quis ouvir as várias propostas de compra feitas por Giovane. Agora que parecia que o negócio seria possível, ele se sentia inquieto, imaginando quanto a cantina valeria de fato e qual seria a oferta que deveria fazer para Bolívar.

O que vemos aqui são práticas corriqueiras no mundo dos negócios. Vender ou comprar? Participar como sócio com um determinado percentual do empreendimento ou ceder parte de uma empresa para algum outro investidor? Para todas essas possibilidades, algo de grande relevância é saber com a maior precisão possível qual o valor da empresa comprada, vendida ou que terá uma parte negociada com outro proprietário.

Símbolos em grego

O processo de cálculo desse valor é conhecido no mercado como *valuation*, termo que pode ser perfeitamente traduzido como "avaliação de empresas", "valoração de empresas" ou "arbitragem de valor".[53] Se você fizer uma pesquisa na *Amazon* ou ir a uma livraria, encontrará dezenas de livros, alguns extensos, com centenas de páginas, que tratam do tema *valuation*. Há quem se queixe de que o assunto é complexo, pois as publicações sobre o ele parecem trazer até mesmo símbolos em grego.

Não concordo com isso. Os conceitos de *valuation* são simples, e os conheceremos em seguida. Mas antes disso, é preciso tratarmos de um tema imprescindível para compreendermos qual é o valor de uma empresa, de um carro, de um par de sapatos ou qualquer outro bem. Ou seja, qual é o valor monetário das coisas?

Resposta: é o preço que o comprador paga por esse bem, portanto, o quanto ele está disposto a desembolsar por uma fábrica de automóveis ou por um sorvete na lanchonete. E esse valor não depende necessariamente do preço que é considerado o correto pelo vendedor.

Então isso significa que não faz sentido fazermos o *valuation* de algum item, se é o freguês quem tem sempre razão e o mercado é que determinará o preço final? Não, é claro que os preços não são determinados dessa maneira. Há uma certa lógica na precificação dos bens, mas também algum espaço para a subjetividade. Vamos pensar em um singelo pãozinho francês.

O padeiro calcula todos os custos envolvidos na produção de um pão francês. O quanto de farinha gastará, o valor da energia para aquecer o forno, o aluguel da padaria, o salário dos empregados, enfim, os custos fixos e variáveis acrescentados à sua margem. Depois de colocar tudo isso na calculadora e fazer somas e divisões, ele decide que cada pãozinho deve ser vendido a R$0,80 para cobrir todos os custos e gerar lucro.

· · · · · · · · · · · · · · · · · · · ·

53 Verbete "Valuation" in *Dicionário Eletrônico Houaiss*. Disponível em: <https://houaiss.uol.com.br/corporativo/apps/uol_www/v5-4/html/index.php#0>.

Valor de mercado

Entretanto, não devemos nos esquecer do valor de mercado, pois é o que o comprador quer pagar pelo produto. Esse é um conceito importante, porque um mesmo produto pode variar bastante de preço para diferentes situações. Se em uma pequena cidade há apenas uma padaria e o padeiro decide cobrar R$3 por cada pãozinho, quem tiver dinheiro suficiente se conformará em pagar esse valor pelo produto, afinal, não haverá outra opção disponível de compra. Nesse caso, os consumidores trocam os pãezinhos por um pão feito em casa, ou no café da manhã não haverá pão.

O contrário também é verdadeiro. Se a padaria estiver em uma praça na qual há outros dois estabelecimentos do gênero, nenhum consumidor terá dificuldade em encontrar o produto, e ainda poderá se dar ao luxo de escolher se querem pãozinho mais torrado ou clarinho. Mas, sobretudo, terão a liberdade de optar pelo pãozinho mais barato. Talvez o padeiro não consiga vender o pãozinho nem mesmo pelos R$0,80 que garantiriam uma boa lucratividade caso houvesse uma guerra de preços com os concorrentes.

As preferências e os humores individuais também influenciam diretamente em nossa disposição em pagar por algum bem. Exemplo: você desfrutou um farto café da manhã, com direito a queijos, frutas e geleias. Pouco tempo depois, entra em uma padaria na qual o proprietário pede aqueles mesmos R$0,80 pelo pãozinho. Talvez você ache caro, até chegue a fazer um discurso apontando os padeiros como os responsáveis pelo elevado custo de vida dos brasileiros. Mas você está faminto, pois não comeu nada desde o início da tarde do dia anterior, logo, os R$3 pedidos por um pãozinho, idêntico a todos os outros pãezinhos do mundo, talvez pareçam um preço baixo pelo prazer de colocar algo em um estômago vazio.

O custo de produção do pãozinho em todas as situações anteriores é o mesmo, e o preço de R$0,80 por unidade é capaz de remunerar os padeiros com uma margem de lucro adequada. Mas as diferentes circunstâncias impõem ao produtor lucros excepcionais ou prejuízos. Essa mesma dinâmica dos pãezinhos se repete nas grandes corporações, quando compram, vendem, fundem ou se associam com outros poderosos *players*.

Isso também ocorre com as pessoas físicas. Gilberto é um arquiteto que está vivendo o auge de sua carreira. Seu caixa está vigoroso, e as perspectivas do negócio são as melhores possíveis. Dinheiro é o que não falta. Recentemente Gilberto recebeu uma boa oferta por seu apartamento: R$3 milhões à vista. Mas ele não está precisando de dinheiro e gosta do apartamento, por isso não está disposto a enfrentar as chateações de fazer uma venda, ir ao cartório, tratar com corretores de imóveis. "Não, obrigado, não estou interessado em fazer a venda", ele dirá.

Contudo, a roda da fortuna está sempre em movimento. Quando menos se espera, os pedidos para o escritório começam a rarear. Gilberto fez grandes investimentos para alocar parte importante de seu tempo em duas grandes obras, e agora elas estão paradas por falta de verbas. A situação aperta. Gilberto se lembra da oferta que recebeu. Liga para aquela pessoa. "Olá, é o Gilberto. Quanto ao meu apartamento, decidi colocá-lo à venda. Você ainda está interessado?"

Sim, a pessoa está interessada, mas ao perceber o aperto de Gilberto, acaba pedindo desculpas. Diz que foi obrigada a fazer alguns gastos, e aquele valor proposto anteriormente infelizmente não é mais viável. Então a pessoa faz uma nova oferta: R$2 milhões para a compra, pagamento à vista. Gilberto não tem mais onde conseguir dinheiro. Talvez venda o apartamento por quase 40% a menos do que a oferta recebida algum tempo antes.

Conto todas essas histórias para deixar claro que o mesmo produto pode ter valores diferentes de acordo com muitas variáveis. O valor que se dá a uma empresa hoje pode ser diferente do valor de amanhã. A variação acontece de acordo com o eventual comprador e seu humor. Ou da necessidade do vendedor. Quando fazemos o *valuation* de uma organização, temos de olhar com cuidado para essas variáveis. Elas têm peso nos negócios, podendo se tornar decisivas em uma transação.

Não devemos pensar no *valuation* como uma ciência exata. No entanto, essas variáveis não tiram o mérito e a relevância de saber quanto vale um empreendimento. Talvez o mais importante seja ter claro o que pode ser feito para aumentar seguidamente o valor dessa empresa, porque essa valorização da empresa deve ser a maior prioridade dos gestores e acionistas.

Toda decisão que tomamos deve ter sempre como meta maximizar o quanto vale a empresa, já que o objetivo do acionista é enriquecer seu patrimônio. Esse é o principal motivo para se fazer o *valuation* de uma empresa. Se você quer aumentar constantemente o valor de um empreendimento, a primeira coisa a ser feita é saber qual é o valor atual que ela tem.

Mas como se dá o valor, contabilmente falando, de uma empresa para o seu dono? O cálculo é igual ao patrimônio menos a dívida. Se uma empresa tem bens (chamamos de ativos, na linguagem contábil) no valor de R$100 milhões, com zero de dívidas, seu valor permanecerá R$100 milhões. Porém, caso essa mesma organização esteja devendo R$50 milhões a um banco, o valor para o acionista equivalerá a R$50 milhões: R$100 milhões menos R$50 milhões.

Balanço patrimonial ajustado

Há mais de uma maneira para realizar o *valuation* de um negócio. Uma delas é o que chamo de "balanço patrimonial ajustado". Esse é um bom momento para voltarmos para nosso amigo Bolívar, que ainda está coçando a cabeça preocupado por não saber quanto vale sua cantina. O estabelecimento tem R$100 mil em estoque mais as contas a receber. Ou seja, pagamentos de clientes com entrada futura no caixa — vales-refeições, cheques, cartões de crédito — completarão o montante de R$150 mil. Bolívar tem outros R$50 mil, que correspondem às cadeiras, mesas, copos e talheres. Claro, ele pagou mais do que isso por todos esses móveis e utensílios, mas diminui-se do valor deles com a depreciação. Dessa maneira, o valor contábil desses ativos é de R$50 mil.

A soma do estoque com as contas a receber é o que chamamos de ativo circulante. É o total transformado em dinheiro no prazo máximo de 12 meses. Já os R$50 mil dos móveis e utensílios é o ativo fixo. Na soma de um com o outro, Bolívar tem R$300 mil em ativos. No entanto, temos de levar em conta também o passivo, ou seja, as dívidas. Vocês lembram que o valor da empresa para o acionista é igual aos ativos menos as dívidas?

No caso, Bolívar precisa pagar R$20 mil aos fornecedores da cantina. São as contas a pagar. As obrigações a serem quitadas em até um ano são seu passivo circulante. Como Bolívar fez um empréstimo de R$80 mil no banco para fazer algumas reformas na cantina e financiar parte da compra do estoque, seu passivo total somará R$100 mil.

Se ele tem ativos no valor de R$300 mil, mais passivos que chegam a R$100 mil, a cantina do Bolívar tem um patrimônio líquido de R$200 mil. Dessa maneira, Giovane, que há muito planeja um *tour de force* entre a sua rotisseria e a cantina, poderia oferecer-se para assumir as dívidas do negócio, e então pagaria os R$200 mil do patrimônio líquido. Ou seja, no final das contas, ele desembolsaria os R$300 mil por achar que o negócio valeria de fato esse valor. Não parece lógico?

Mas não é exatamente assim que as coisas funcionam quando o assunto é balanço patrimonial ajustado. Neste nosso exemplo, o "ajuste" se apresentaria da seguinte maneira: os R$100 mil de estoque de fato valem R$100 mil. Os R$150 mil devidos pelos clientes seriam assumidos como R$150 mil (não vamos considerar a possibilidade de inadimplência). Mas aqueles R$50 mil de mesas, cadeiras, talheres, copos, panelas, na prática, nunca serão vendidos por esse valor. Bolívar levantaria, no máximo, uns R$35 mil por toda aquela parafernália. Provavelmente venderia para algum outro restaurante da vizinhança, dando esse desconto, pois, do contrário, dificilmente conseguiria vendê-los.

O *valuation* com base no balanço patrimonial ajustado significa adaptar algumas das contas para valores de mercado, seja do ativo ou do passivo. Dessa maneira, a cantina do Bolívar não teria um ativo de R$300 mil, mas de R$285 mil, que é a realidade possível no mercado. Nesse exemplo, o ajuste contemplou os móveis e utensílios, mas a rubrica a ser ajustada pode ser de acordo com o ramo de atividade.

Nos negócios mais sofisticados, os bons analistas não fazem apenas uma avaliação tomando como base uma única metodologia. Eles costumam avaliar a partir de um parâmetro, mas fazem algo semelhante a uma checagem do valor alcançado com um segundo *valuation*. Se houver uma discrepância grande entre os dois valores alcançados, certamente a maneira de fazer a avaliação está incorreta para uma das duas ou mais metodologias empregadas.

Múltiplos do valor de mercado

Outra metodologia utilizada diz respeito aos múltiplos do valor de mercado. Envolve a comparação de resultados de empresas com ações em bolsa de concorrentes que não necessariamente têm o seu capital aberto. Isso funciona da seguinte maneira: se entrarmos no site da bolsa, podemos verificar que um grande varejista de atuação nacional vende suas ações a um valor de 10 vezes o lucro anual dele. Assim, ao olharmos os números da empresa, se o PL[54] for 10, e a empresa lucrou nos últimos 12 meses R$10 milhões, o seu valor de mercado em bolsa é de R$100 milhões. Ou seja, o valor de mercado é 10 vezes maior que o lucro líquido anual.

Já outro varejista, por coincidência, também tem um PL equivalente a 10. Ao vermos que o capital social da empresa é composto por 10 milhões de ações, o preço atual de uma ação é R$5, e o lucro líquido por ação alcançado nos últimos doze meses foi de R$0,50. Dessa forma, a conclusão se dá na multiplicação do preço atual de uma ação pelo número total de ações compostas pelo capital social da empresa. O negócio vale R$50 milhões, e seu lucro anual foi de R$5 milhões: 50 dividido por 5 é igual a 10. É nesse ponto que é possível determinar o valor de um empreendimento terceiro realizando um *benchmarking*. Um gestor poderia dizer: "Eu vendo produtos similares a esses dois varejistas e não tenho minhas ações negociadas em bolsa, mas o meu modelo de negócios é parecido. Se o meu lucro dos últimos 12 meses foi de R$1 milhão, portanto, seguindo a lógica do mercado, a minha empresa vale R$10 milhões."

Devemos entender que esse não é um método perfeito. Podemos compreender o porquê lembrando de uma visão presente no mercado: a afirmação de que todo carro se deprecia em 20% quando sai da concessionária, depois perde valor em um ritmo de 10% ao ano. Isso é meramente uma referência, não uma regra infalível. Há carros que se depreciam em 12% ao ano, outros em 9%, 8%. No entanto, é razoável dizer que, em média, a perda de valor é de 10% a cada 12 meses. Da mesma maneira, uma empresa que tenha

---

54 PL é o índice Preço/Lucro que leva em conta estes dois parâmetros: preço, que é relativo à cotação da ação em um determinado período, e lucro, que diz respeito ao lucro pago por ação anual. A fórmula para se calcular o PL é o preço por ação dividido por lucro por ação: PL = Preço/Lucro. O lucro por ação é calculado dividindo-se o lucro líquido da empresa pela quantidade de ações em circulação. Disponível em: <https://www.euqueroinvestir.com/pl-o-que-e-como-analisar-preco-lucro/>.

vendas e lucro similares aos de outros empreendimentos pode ter desvios, para baixo ou para cima, no valor comparado entre elas.

Múltiplos do setor de atuação

Portanto, esse método se baseia no *benchmarking* com empresas que tornam seus dados públicos, permitindo essa comparação relativa, justamente por estarem listadas em Bolsa de Valores. Essa referência com os resultados de outras empresas também é a base de outro modo de fazer o *valuation* de uma empresa. Tratam-se dos múltiplos do setor de atuação, no qual é multiplicado o faturamento, o lucro líquido ou o EBITDA, por um fator consensual de mercado.

O método pode parecer um pouco empírico, mas é aceito amplamente pelo mercado. Nosso amigo Bolívar dificilmente descobriria uma cantina nas páginas de economia dos jornais. Mesmo se oferecesse as melhores pernas de cabrito assadas do mundo e que houvesse lançado suas ações na bolsa. Portanto, ele não poderia usar o conceito do PL para avaliar por quanto venderia seu negócio para Giovane, que não para de ligar cobrando uma decisão. Também não teria recursos para contratar uma grande empresa de consultoria para fazer seu *valuation*.

O que então poderia ser feito? Fazer a multiplicação de seu faturamento por cinco. A partir daí, teremos um valor aceito pelo mercado para o seu negócio. Parece pouco confiável? Um chute? Nem tanto. Dentro de cada setor, a relação entre faturamento, lucro bruto ou outra variável contábil, com o valor do empreendimento, é um dado conhecido. Portanto, é possível avaliar o valor de uma farmácia, um salão de beleza ou um restaurante utilizando um múltiplo particular de cada setor.

Com todos os anos de experiência, Bolívar sabe que sua margem líquida é de mais ou menos 10%. Nos anos excepcionais, essa margem pode chegar a 13%. Já nos anos ruins, cai para 6%. Mas a média está nos 10%. A partir do faturamento, uma margem de 10% gera "x" de lucro líquido. O conhecimento desse lucro líquido torna possível a criação de um múltiplo similar àquele usado no *benchmarking* com as empresas que têm capital aberto.

Há quem considere essa maneira de fazer o *valuation* como uma espécie de "conta de padeiro", um cálculo rápido e impreciso, mas, de novo, o mercado o aceita como verdadeiro. O *valuation* das concessionárias de uma conhecida marca de automóveis de luxo é feito também por "padeiros". Para ter uma estimativa de quanto vale uma concessionária da marca, multiplica-se o valor do automóvel pelo número de unidades vendidas anualmente. Então teremos o resultado. Se uma concessionária vende 15 desses carros, que têm um valor médio de R$200 mil, logo, essa empresa vale R$3 milhões. Se outra concessionária vende 30 carros, o valor dela será o dobro dessa primeira.

Há uma lógica nesse processo. No caso da concessionária de carros de luxo, vamos considerar que o ticket médio dos automóveis está em R$200 mil. Caso ela venda R$3 milhões, tendo uma margem bruta de 10%, então seu lucro bruto em veículos zero quilômetro é de R$300 mil. Se a empresa comercializa 10 carros novos, ela vende cinco seminovos a uma margem determinada. A venda dos carros zero quilômetros significa uma passagem pela oficina "x" vezes. O custo fixo mensal é conhecido a partir dos cálculos desses números que estou exemplificando. Assim, o proprietário consegue estimar um lucro de R$300 mil mensais, por exemplo.

Como alguns fatores e proporções são conhecidos pelo segmento, isso permitirá que essas "contas de padeiro" não sejam tão toscas assim. São referências que permitiriam dizer a relação entre preço e lucro. No caso dos automóveis, poderia ser de 8. Já para uma empresa de tecnologia, seria de 20, e assim por diante.

Fluxo de caixa descontado

Há um quarto método de *valuation* que considero bem elegante. Trata-se do fluxo de caixa descontado, uma metodologia de levantamento do valor de um negócio que vai além dos métodos anteriores, por levar em conta o potencial de geração de caixa. Isso é bem relevante para a gente. Vamos usar como exemplo novamente a cantina do Bolívar, com todas suas mesas, talheres e copos. Caso ela gerasse todos os meses menos R$10 mil em caixa, ou seja, se sangrasse R$10 mil mensalmente, quanto valeria a cantina no final? Ele poderia esquecer aqueles R$285 mil de valor de mercado, pois ela não valeria nada. Quem compraria uma empresa que dá R$10 mil de prejuízo mensalmente? A não ser que o comprador esteja convencido de que a empresa passaria a dar lucro sob sua gestão. Contudo, ela, de fato, não teria valor.

Vamos relembrar um conceito no qual insisti ao longo de todo este livro: "Não existe nada mais importante na vida corporativa do que o caixa." Portanto, uma empresa vale o que ela é capaz de gerar de caixa hoje e no futuro. Para fazer o cálculo do fluxo de caixa descontado, trazemos todos os valores futuros para o presente. E assim, o valor da empresa é obtido. De novo, o valor de qualquer negócio é o valor de todos os fluxos de caixa futuros, seja uma empresa, uma fazenda ou mesmo uma previdência privada. É um conceito que definiremos um pouco mais adiante. Entenderemos melhor a importância de trazer o caixa futuro para o presente com outro exemplo: um negócio que gere R$10 mil de caixa no primeiro mês. Logo, no segundo mês, também R$10 mil. Consequentemente, acontecerá também no terceiro mês. Mas os R$10 mil do terceiro mês são os mesmos do primeiro mês? Nominalmente, sim. Porém, nesse espaço de três meses acontecem duas coisas. A primeira delas é que há sempre a inflação, o que faz o poder de compra de R$10 mil hoje ser maior do que o mesmo valor daqui a três meses. O segundo ponto a considerar é que, se alguém tomasse esses R$10 mil recebidos daqui a três meses e o colocasse em uma aplicação financeira qualquer, esse dinheiro geraria juros nesse período, e, portanto, valeria mais no terceiro mês do que o montante nominal de R$10 mil produzido no terceiro mês.

Esse é o conceito do valor do dinheiro ao longo do tempo. Um real vale mais hoje do que o mesmo um real nominal no futuro. Portanto, quanto mais distante no tempo estiver a entrada do dinheiro em caixa, menor será esse mesmo valor no momento presente. Isso porque a inflação corrói parte do valor do dinheiro futuro, e sempre poderíamos estar recebendo juros por aquele montante.

Em outras palavras, se você tem a previsão de receber R$10 mil daqui a três meses, é como se esse dinheiro estivesse parado dentro da sua gaveta, perdendo a chance de engordar com os juros de uma aplicação financeira. Além disso, enquanto esse tempo não chega, acaba sendo roído pelas traças da inflação. Três meses depois, você encontraria menos dinheiro na gaveta do que havia colocado.

O mercado tem conhecimento de que dinheiro parado não gera riqueza. Isso faz surgir transações relacionadas a montantes futuros que levam em conta esse fato quando essa percepção está presente. Um exemplo: em janeiro, Júnia tomou um dinheiro — R$10 mil — emprestado de seu irmão, Maurício, com o compromisso de pagar dentro de um ano. Um dia, em abril, o credor Maurício passa por um problema que exige um dinheiro urgente. Maurício pergunta para Júnia se ela pode adiantar o dinheiro devido. "Sim, Maurício, posso fazer isso, querido. Mas como eu estava me programando para quitar o compromisso no final do ano, e você está pedindo com oito meses de antecedência, quero um desconto para pagar a dívida agora", ela responde.

Sob a luz da contabilidade, a proposta de Júnia faz sentido e é justa. Se Maurício receber o dinheiro antecipado da irmã, ele poderá aplicar o dinheiro imediatamente. Quem sabe ganhar algum rendimento em detrimento dos possíveis ganhos de Júnia. Da sua parte, se ela simplesmente concordasse em pagar a dívida cheia, perderia dinheiro. Júnia poderia ter planejado pagar Maurício no final do ano com R$9.500 que tinha no bolso e mais R$500 de juros da aplicação do dinheiro recebido pela renda desde o início do ano. Ou seja, se ela aceitasse pagar em abril um empréstimo para ser quitado em dezembro, ela só teria pouco mais do que os R$9.500 iniciais para desobrigar da dívida. A conclusão: o dinheiro no longo prazo sempre valerá menos do que o dinheiro no curto prazo.

Voltamos para as empresas. Quando se traz o caixa futuro para o presente, torna-se evidente o quanto isso impacta o valor da empresa. Novamente, é a cantina do Bolívar que nos mostrará como isso acontece. Vamos imaginar o contrário do que foi dito anteriormente, que Bolívar perdia R$10 mil todos os meses. Vamos considerar agora que seu restaurante gera R$10 mil de lucro líquido mensalmente.

Caixa no futuro

Ao multiplicarmos esses R$10 mil pelos 12 meses do ano, então teremos em dezembro um lucro líquido acumulado de R$120 mil. Para ampliar tal cenário em 5 anos, teríamos um acumulado de R$600 mil, resultado de R$120 mil multiplicado por cinco. Caso não houvesse esse fator do valor do tempo no dinheiro e o custo do dinheiro fosse zero, o resultado se mostraria outro. Vamos imaginar que a cantina se encerra no quinto ano. Quanto ela valeria no final do período? Os já apontados R$600 mil + o valor da venda dos ativos fixos + ativos circulantes – as dívidas ao final do quinto ano, pois o valor da empresa é tudo que ela gerará de caixa no futuro.

Mas sabemos que, se tivéssemos esses R$120 mil gerados pela cantina até dezembro limpos em nossas mãos no começo de janeiro e os aplicássemos no mercado financeiro, obtendo uma rentabilidade de 10% em um ano, esse montante passaria a ter o valor de R$132 mil. Se fizermos o inverso dessa conta, chegaremos ao seguinte resultado: R$120 mil menos o rendimento de 10%. Isso faria com que esse dinheiro de dezembro valesse R$109 mil em janeiro, o resultado dos R$120 mil divididos por 1,1, o que equivale ao total de dezembro trazido a valor presente para janeiro com a redução de 10%. Essa é a rentabilidade que será perdida caso o dinheiro não seja colocado em alguma aplicação financeira no começo do ano.

Como faço para trazer esses R$120 mil que receberei para daqui a 2 anos? O resultado é R$98,3 mil. Para isso, aplicaremos mais uma fórmula matemática. O cálculo seguinte despreza o efeito da inflação:

||||||||||||||||||||||||||||||||||||||||||||||||||||||||||||||||||||||||||||||||

Valor presente = Valor futuro / (Fator elevado ao número de anos)
Resultados para o primeiro ano:
Valor presente = R$120 mil divididos por 1,1^1. Ou seja, R$109 mil.

||||||||||||||||||||||||||||||||||||||||||||||||||||||||||||||||||||||||||||||||

||||||||||||||||||||||||||||||||||||||||||||||||||||||||||||||||||||||||||||||||

Para o segundo ano, aplicando a mesma fórmula:
Valor presente = R$120 mil divididos por 1,1^2. Ou seja, R$98,3 mil.

||||||||||||||||||||||||||||||||||||||||||||||||||||||||||||||||||||||||||||||||

Vamos imaginar que a cantina de Bolívar vá durar por apenas mais 5 anos. Para sabermos qual será o valor do restaurante no final desse período, utilizaríamos a mesma fórmula. Porém, o resultado seria bem abaixo dos R$600 mil, como Bolívar acreditava que sua empresa valeria, levando em conta o seu lucro líquido acumulado. Na verdade, a fórmula do fluxo de caixa descontado faria com que o *valuation* apontasse para um valor de R$454 mil, mais os itens que mencionei antes.

Perpetuidade

No Brasil, costuma-se usar como parâmetro cinco anos mais a perpetuidade como um prazo em que se aplica essa metodologia. Nos Estados Unidos, trabalha-se com o dobro desse espaço de tempo: dez anos mais a perpetuidade. Nesses dois casos, há outro raciocínio contábil embutido, o da perpetuidade.[55]

No Brasil, a perpetuidade pode ser considerada o período de cálculos da empresa para saber o quanto gerará de caixa a partir do sexto ano, o que não é algo que pode ser estimado com precisão, diga-se de passagem, vistas as inúmeras e imprevistas reviravoltas que rearranjam sem cessar os ambientes econômico, político e social.

Esse é um conceito usado principalmente no processo de *valuation*. Não é comum que alguém pergunte se vale a pena ou não adquirir um negócio olhando para o quanto a empresa renderá quinze ou vinte anos mais tarde. O conceito de perpetuidade, ou valor presente da perpetuidade, é um dos fatores que entra em uma avaliação para entender cenários de risco, o que se quer avaliar a partir da perspectiva de geração de caixa no longuíssimo prazo. Portanto, é o quanto se deve investir na organização que está na iminência de ser comprada.[56]

Fazer o *valuation* de uma organização pode ser comparado ao check-up das condições mecânicas de um automóvel que parti-

· ·

55 Perpetuidade, ou valor presente da perpetuidade, é uma forma de calcular o valor de uma empresa considerando os múltiplos fluxos de caixa de maneira eterna, já que as organizações não precisam ter uma data final para existir. Disponível em: <https://maisretorno.com/blog/termos/v/valor-presente-da-perpetuidade>.

56 Idem.

cipará de um rali desafiador, como o antigo Paris-Dakar. Hoje o carro parece estar em perfeitas condições, pois tem uma boa velocidade, estabilidade e os freios respondem eficientemente quando acionados. Mas como estará o veículo dali a uma semana? E daqui a quinze dias depois? Ainda estará entregando a mesma potência, velocidade e segurança depois de subir e descer dunas, atolar na areia, embrenhar-se por trilhas na floresta e atravessar rios?

Os investidores montam um negócio pensando em cenários bem menos dramáticos, mas que também oferecem grandes desafios. Eles querem ganhar dinheiro que permita fazer suas retiradas mensais para terem uma vida confortável. Almejam aumentar seu patrimônio de modo que vinte, trinta anos mais tarde possam deixar um bom legado para os filhos e uma vida tranquila para se aposentarem com boa segurança material.

Afinal, podemos dizer que o mais desejado é o incremento do patrimônio, um retorno, uma recompensa, por todo o tempo, trabalho, talento, capital e coragem de correr os riscos investidos naquele empreendimento. É egoísmo? Em seu consagrado clássico *A riqueza das nações*,[57] o economista escocês Adam Smith (1723–1790) afirmava: "Não é pela benevolência do açougueiro, do cervejeiro e do padeiro que temos a expectativa de termos nosso jantar, mas pelo interesse que eles têm por eles mesmos. Nós não contamos com a humanidade deles, mas com o amor-próprio que eles têm. E nunca contamos para eles sobre nossas necessidades, mas, sim, sobre as vantagens que eles receberão."[58] Ou seja, é do "egoísmo" do capitalista que toda a sociedade se beneficia. É onde o progresso acontece. É desse benefício geral que o *valuation* está a serviço.

A nossa conversa no próximo capítulo será sobre alguns indicadores financeiros fundamentais para a boa gestão de seu negócio.

---

57 SMITH, Adam. *A riqueza das nações*. Curitiba: Juruá, 2010.

58 Citado em BUCHANAN, Mark. *Wealth Happens. Harvard Business Review*, abril, 2002. Disponível em: <https://hbr.org/2002/04/wealth-happens>.

CAPÍTULO 13

Um check-up dos dez pontos da saúde de sua empresa

O Japão, há muitas décadas, se mantém no pódio entre os três países do planeta que registram a maior longevidade de seus habitantes. As previsões da Organização das Nações Unidas para o quinquênio 2020–2025[59] mostram que a expectativa média de vida dos japoneses será de 85,03 anos para esse período. Isso garante o segundo lugar, um degrau abaixo dos habitantes de Hong Kong, os primeiros colocados, com 85,29 anos de expectativa de vida, e acima de Macau, no qual o índice é de 84,68 anos, garantindo a terceira posição.

Os japoneses se mantiveram na liderança desse ranking durante muito tempo. Só recentemente cederam a ponta para Hong Kong. Mas em outro registro de vida longa, aquele que relaciona as empresas mais antigas da Terra, os empreendedores japoneses nunca perderam a majestade. Entre as cinco mais longevas empresas que ainda estão em operação no mundo, todas são japonesas.[60]

A mais antiga delas, a Kongo Gumi, foi fundada na cidade de Osaka no ano 578. A companhia foi constituída por um carpinteiro coreano, Shigemitsu Kongo,[61] e especializou-se, ao longo de quase 1.500 anos, na construção de templos budistas. A segunda e a terceira mais antigas empresas, Nishiyama Onsen Keiunkan

....

59 Veja mais em: <https://population.un.org/wpp/Download/Probabilistic/Mortality/>.

60 Disponível em: <https://www.worldatlas.com/articles/the-oldest-companies-still-operating-today.html>.

61 Disponível em: <http://english.chosun.com/site/data/html_dir/2005/12/15/2005121561009.html>.

e Koman, são hotéis que foram estabelecidos, respectivamente, nos anos 705 e 707. E estão ainda cheios de hóspedes, em pleno funcionamento.[62]

No entanto, há alguns anos, exatamente em 2006, a Kongo Gumi pegou um resfriado. Não, foi mais do que um resfriado. A Kongo Gumi foi atingida por uma doença que pode ser mortal para qualquer empresa, seja ela centenária ou recém-nascida: o endividamento acima da capacidade de produzir lucro para honrar seus compromissos.[63] Em 1992, essa construtora tomou um grande empréstimo para investimentos em um momento econômico especialmente favorável do mercado imobiliário japonês.[64]

Mas descobriu-se depois que a demanda na construção de templos budistas já não era tão grande. Assim, a empresa foi obrigada a encerrar suas atividades. Ela ainda consta na lista das mais antigas organizações do mundo porque foi absorvida por uma construtora de maior porte, Takamatsu. A marca Kongo Gumi ainda é mantida para atender aos eventuais pedidos de erigir templos.[65]

Da mesma maneira que os médicos seguem um checklist para verificar o estado de saúde das pessoas, também há uma lista de parâmetros de indicações para a boa saúde das empresas. Talvez a observação desses sinais vitais empresariais não garanta que todas as empresas sobrevivam por 1.428 anos, como fez a Kongo Gumi, mas com certeza será capaz de evitar a morte desnecessária

....

62 Disponível em: <https://www.worldatlas.com/articles/the-oldest-companies-still-operating-today.html>.

63 Disponível em: <https://www.bloomberg.com/news/articles/2007-04-16/the-end-of-a-1-400-year-old-businessbusinessweek-business-news-stock-market-and--financial-advice>.

64 Disponível em: <https://profissaoatitude.com.br/blog/post/o-que-sentiu-o-ultimo-presidente-da-kongo-gumi->.

65 Disponível em: <https://www.worldatlas.com/articles/the-oldest-companies-still-operating-today.html>.

de certas organizações, estejam elas onde estiverem na Terra, e assim assegurará os padrões japoneses de longevidade.

Mas quais seriam os sinais vitais da saúde empresarial? Há vários parâmetros que podem ser verificados, e penso que já tratamos dos principais neste livro, de uma forma ou de outra. Eles nada têm de complexos. Podem ser expressos em fórmulas envolvendo variáveis com as quais, se você chegou até este ponto da obra, já está há muito familiarizado. A minha experiência como gestor e consultor indica que existem dez desses sinais vitais. Caso mantidos saudáveis e constantemente supervisionados, eles serão capazes de proporcionar uma vida longa, rentável e feliz para qualquer empreendimento, não importa o tamanho.

Os Dez Sinais Vitais:

1. Margem bruta
2. Margem líquida
3. Taxa de crescimento dos lucros
4. ROA — *Return on Assets* (Retorno sobre Ativos, em português)
5. ROE — *Return on Equity* (Retorno sobre Patrimônio, em português)
6. Liquidez corrente
7. Juros/EBTI
8. Relação dívida/patrimônio líquido
9. Dívidas de longo prazo
10. Investimentos em capital

Essa lista não está colocada em uma ordem de relevância. Todos esses itens são importantes para que a vitalidade da sua empresa seja verificada, assim como a da empresa de outros Também acredito que não há nada de complexo neles. Basta algum conhecimento básico de matemática e lógica para compreender o que cada tópico dessa lista expressa. Eles também têm uma relação entre si, algo que é percebido facilmente. Então eu defendo o ponto de vista de que o gestor, empreendedor, empresário ou acionista deve dominar os princípios embutidos nessa relação, para ser capaz de transformar suas empresas em competentes máquinas geradoras de caixa.

Vamos a eles.

Margem bruta

Primeiro item da nossa lista, margem bruta é o lucro bruto dividido pela receita líquida ou resultado das vendas. Alguém vende uma pizza por R$100. O custo para fazer essa pizza é de R$55. Ele terá um lucro bruto de R$45 para cada pizza vendida. Portanto, o lucro bruto é a diferença entre o custo do produto (ou custos variáveis) e o preço final pago pelo produto. Os custos fixos (despesas administrativas, despesas fixas e também impostos) não são levados em conta no cálculo do lucro bruto.

A margem é sempre um percentual, e há uma pequena equação que nos permite calculá-la:

‖‖

Margem bruta = Lucro bruto/receita líquida x 100
Margem bruta = R$45/R$100 x 100
Margem bruta = 45%
Na venda da pizza sobre a qual acabamos de nos referir, a margem bruta será igual a 45%.

‖‖

A margem bruta é um importante indicador da rentabilidade de uma determinada organização. Se ela está situada acima dos 40%, então indica uma ótima rentabilidade. Caso fique abaixo de 20%, mostra que aquela empresa está atuando em um mercado extremamente competitivo, no qual possivelmente há guerra de preços. Ou, uma segunda possibilidade, o seu gestor não está performando como é esperado.

Como se chega nesse percentual de 40%, mostrando uma boa rentabilidade, e um piso de 20% que indica uma empresa com poucos resultados? Esses parâmetros vêm da minha experiência pessoal como executivo e consultor, observando o desempenho de várias empresas de diferentes setores. Ainda levei em conta considerações feitas por grandes conhecedores de finanças e negócios, inclusive estrangeiros.

Conhecer a margem bruta de determinada organização é um importante indicador da lucratividade de uma empresa, e isso também permite que comparemos o desempenho de diferentes empresas de um mesmo setor.

Há alguns movimentos de ajuda que um gestor pode fazer para sua empresa apresentar uma margem bruta mais robusta. Na verdade, há, principalmente, movimentos que ele não deve fazer. Por exemplo, manter estoques elevados, que são inimigos do preço. Toda vez que compramos demais de nossos fornecedores e ficamos com um estoque exageradamente caro em nossas mãos, nos sentimos pressionados a realizar estratégias perigosas, seja vender com promoções, desconto ou oferecer prazos de pagamento longos aos clientes. É o conhecido pânico em desovar os estoques.

Enquanto os descontos têm repercussão direta sobre a margem, a venda com prazos elevados impactará o caixa. Mas não nos deixemos enganar: tanto descontos quanto prazos são práticas ruins. Uma política comercial mais agressiva é consequência de uma má gestão do estoque, ou de uma previsão de vendas otimista em demasia. Cálculos incorretos sobre a própria capacidade de venda quase inevitavelmente levarão o gestor a dar desconto, e principalmente a empurrar produtos para fechar a venda.

Qualidade em excesso

Há outro passo incorreto que pode repercutir sobre a margem. Trata-se da decisão de agregar qualidade em excesso a um produto sem transferir esse custo variável a mais para o preço final. Não que todos meus exemplos terminem em pizza, mas usarei mais uma vez essa iguaria para explicar detalhadamente o meu raciocínio. Afinal, é uma preferência nacional.

Imagine um pizzaiolo, Vinícius. Ele decide tornar seu produto algo mais fino para impressionar seu cunhado. Um dia, esse parente cometeu a blasfêmia de dizer para a esposa que a pizza portuguesa do seu bairro era melhor do que a do irmão dela, o nosso Vinícius. A irmã comentou com a mãe, que disse para o marido, que falou com o vizinho, que contou para o pizzaiolo.

Vinícius decidiu dar uma lição no cunhado. Um tapa de luva de pelica, sutil e elegante. No lugar do presunto cozido comum que usava em sua receita, com o custo de R$50 o quilo, ele utilizaria o presunto Parma cru, cobrando o mesmo preço da portuguesa comum. Está certo que Vinícius pensou duas vezes quando viu o preço desse produto premium: R$430 o quilo. Mas se tivesse pensado três vezes, talvez deixasse de lado aquele antipático comentário do cunhado para olhar com mais carinho para o próprio caixa. Não foi o que aconteceu. A vaidade falou mais alto, e a pizza premium passou a ser vendida no mesmo preço da comum.

Naturalmente, a margem foi reduzida, com um ingrediente quase cinco vezes mais caro. Os fregueses adoraram, pois só pediam aquela pizza portuguesa turbinada. Porém, Vinícius ainda amargou o prejuízo durante um mês. Como ele, de uma hora para outra, voltaria para o produto comum, igual ao de outras pizzarias? Não ficaria bem. Também não poderia aumentar o preço, já que a concorrência era forte no bairro. E ainda ouviu os protestos da freguesia depois de retirar o caro ingrediente do cardápio. Pior, ele recebeu a decepcionante notícia de que, naquele mês, o cunhado não havia pedido nem uma única pizza. A opinião de que no seu bairro comia-se melhor continuava.

Portanto, qualidade em excesso é tudo aquilo que o cliente não está disposto a pagar a mais por um produto, mesmo que ele tenha vantagens sobre o produto padrão. Certamente, a freguesia pode concordar em despender mais R$5 ou R$10 por uma pizza que tenha mais qualidade. Entretanto, o pizzaiolo deveria acrescentar esses benefícios (por que não uma muçarela de búfala?) para cobrar o máximo possível nessa pizza premium.

Veja no Quadro 13.1 um resumo da margem bruta e suas recorrências:

Indicador	O que mede?	Fórmula	Metas
Margem bruta	Rentabilidade	Lucro bruto / receita líquida x 100	Acima de 40%: ótimo. Abaixo de 20%: segmento muito competitivo

Tabela 13.1

Margem líquida

Esse conceito é um passo além da margem bruta. A margem líquida é o que fica nas mãos do empreendedor depois que são pagas todas suas despesas. E pode ser calculada com a seguinte operação:

IIIIIIIIIIIIIIIIIIIIIIIIIIIIIIIIIIIIIIIIIIIIIIIIIIIIIIIIIIIIIIIIIIIIIIIIIIIIIIII

Margem líquida = Lucro líquido / receita líquida x 100

IIIIIIIIIIIIIIIIIIIIIIIIIIIIIIIIIIIIIIIIIIIIIIIIIIIIIIIIIIIIIIIIIIIIIIIIIIIIIIII

Um sinal de que o negócio está percorrendo um bom caminho é caso o resultado seja um percentual acima de 20%. A sua rentabilidade é recompensadora para o investidor e admirada pelo mercado. Já resultados abaixo de 10% não favorecem o empreendimento, indicando uma gestão fraca, ou que a empresa está em um segmento no qual a competição está muito acirrada. Em resumo: o negócio é arriscado.

O que são segmentos arriscados? São aqueles em que há fatores de intensa concorrência, como, entre outros, uma composição de preços sujeita a regulamentações estritas ou forte influência da sazonalidade. Nesse cenário, pequenas variações — de 2 ou 3 pontos percentuais para cima ou para baixo no lucro líquido — podem fazer a empresa transitar entre ser uma operação rentável ou um negócio no qual se perde dinheiro. Assim, pode tornar-se insustentável com o tempo.

Óbvio, um bom começo de margem líquida boa é ter uma margem bruta igualmente boa. Negócios que têm uma margem bruta já comprometida dificilmente serão capazes de entregar uma boa margem líquida. Não há mágica neste mundo. Um segundo aspecto é manter as despesas sob controle. Despesas fixas e administrativas, como já foi comentado anteriormente.

A seguir, o diagrama da margem líquida:

Indicador	O que mede?	Fórmula	Metas
Margem líquida	Rentabilidade	Lucro líquido / receita líquida x 100	Acima de 20%: ótimo. Abaixo de 10%: segmento muito competitivo

Tabela 13.2

Taxa de crescimento dos lucros

Em vários capítulos neste livro há referências à ênfase excessiva que se costuma dar ao faturamento, deixando de lado a muito necessária observação no comportamento do lucro e do caixa, itens que, afinal, são a garantia da sobrevivência do empreendimento e efetivamente aumentam o patrimônio do acionista. Exatamente por essa obsessão persistente em aumentar o volume de vendas, que a checagem da taxa de crescimento dos lucros é de grande importância.

Observo isso com frequência nas consultorias prestadas por mim. Quando pergunto a um empresário qual é a meta para o negócio, nove entre dez deles respondem que o grande objetivo é fazer crescer. Adivinhem? O faturamento! Isso não me desanima. Calmamente, explico que o importante não é vender cada vez mais, mas manter o olho na última linha da Demonstração de Resultados, o documento no qual pode ser verificado o crescimento, ou não, do lucro. É essa linha que aumentará (ou diminuir) o patrimônio do acionista, empresário ou empreendedor. A linha do faturamento é um meio para isso, não um fim.

Nesse quesito, a palavra-chave é "consistência". Qualquer percentual acima do crescimento da economia já é um supernegócio. E se um empresário ou gestor consegue crescer seu lucro em uma taxa acima de 10% durante um algum tempo, conforme mostra o quadro a seguir, já é uma performance sensacional! O cálculo aqui é simples. Regra de três: quanto ele lucrou em um ano? Cem mil reais. Quanto lucrou no ano seguinte? Cento e vinte mil reais. Portanto, o lucro cresceu 20%. Simples assim.

Indicador	O que mede?	Fórmula	Metas
Taxa de crescimento dos lucros	Rentabilidade	Crescimento anual dos lucros nos últimos 5 anos	Acima de 10% ao ano

Tabela 13.3

ROA – Retorno sobre Ativos

Sigla em inglês para *Return on Assets* (Retorno sobre Ativos), ROA é um dos mais importantes indicadores para medir a rentabilidade de um negócio. No capítulo anterior, falamos de Bolívar e sua cantina, da qual ele não conseguia definir o valor de cobrança, pois pensava em vender o negócio. Naquela ocasião, avaliamos o quanto a cantina tinha como ativos. Vamos rememorar: R$100 mil em estoque e mais R$150 mil em contas a receber, o que somava R$250 mil. Mas havia, ainda, R$50 mil relativos aos móveis e utensílios do restaurante. Portanto, Bolívar poderia dizer que os ativos de seu estabelecimento somavam R$300 mil.

Vamos deixar Bolívar momentaneamente de lado. O ROA é calculado dividindo-se o lucro líquido pelo valor dos ativos e multiplicando-se o resultado por 100. Desse modo, é um forte indicador que mede a capacidade do gestor extrair o máximo dos recursos totais investidos no negócio. Ele é um parâmetro expressado sempre em percentual. Caso o resultado da divisão do lucro pelos ativos aponte um valor acima de 20%, então será algo excepcional. Um ótimo negócio.

Como pressuposto, determinamos o lucro líquido de R$60 mil. E já sabemos que os ativos de Bolívar montam a R$300 mil.

Vamos fazer a conta:

||||||||||||||||||||||||||||||||||||||||||||||||||||||||||||||||||||||||||||||||||||||||

ROA = Lucro líquido / Ativos x 100
ROA = R$60 mil / R$ 300 mil x 100
ROA = 20%

||||||||||||||||||||||||||||||||||||||||||||||||||||||||||||||||||||||||||||||||||||||||

Essas relações estão expressas da seguinte maneira:

Indicador	O que mede?	Fórmula	Metas
ROA	Rentabilidade	Lucro líquido / ativos x 100	Acima de 20%

Tabela 13.4

Por que esse parâmetro tem importância? Porque todo o dinheiro investido em uma empresa deve trazer resultados superiores ao custo de capital da empresa. Observação: a média é ponderada entre o custo das dívidas e o custo do capital do acionista.

Portanto, essa é a relevância do ROA. Ele permite saber se o percentual de retorno em lucro líquido, comparado com todos os recursos investidos em ativos, é superior ao custo do capital. ROA abaixo do custo de capital significa que o negócio está destruindo valor, portanto, em algum momento, fechará as portas.

ROE – Retorno sobre o Patrimônio

Em inglês *Return on Equity*, o ROE também pode ser exemplificado pela cantina de Bolívar. Quando dizemos que o empresário pode investir na renda fixa ou no próprio negócio, estamos sempre nos referindo ao patrimônio líquido que ele detém. Se Bolívar decidisse que aplicaria seu capital no mercado financeiro, talvez não escolhesse a renda fixa, que já não anda tão bem assim. É provável que algum amigo familiarizado com investimentos financeiros sugerisse que ele adquirisse cotas de fundos de investimento imobiliário. Naquele momento, estavam pagando dividendos entre 5% e 8% como rendimento anual.

Bolívar considerou que esse seria um bom rendimento, logo, aplicou todo seu capital, 100% dele, em cotas de fundos de investimento imobiliário. Os 8% de seus R$300 mil dariam R$24 mil em um ano. Vamos imaginar o retorno que o que Bolívar tem sobre o negócio seja de 5% para seu patrimônio. Nesse caso, a equação do ROE nos indicaria que ele lucraria R$15 mil em um ano. Como chegamos a esse resultado? De acordo com a aplicação da fórmula a seguir:

ROE = Lucro líquido / Patrimônio líquido x 100

ROE = R$15 mil / R$300 mil x 100

ROE = 5%

Ou seja, Bolívar lucraria R$15 mil com a cantina. E quando investisse nas cotas do fundo de investimento imobiliário, o retorno sobre o patrimônio seria maior: R$24 mil. Ou seja, ele deixaria de ganhar R$9 mil. Isso é o custo de oportunidade dele. Ao final, Bolívar deixaria dinheiro na mesa se mantivesse a atenção no trabalho em seu restaurante. Sem contar que o investimento financeiro o libertaria da obrigação de ir comprar pernas de cabrito no seu fornecedor, além de ficar três, quatro horas em frente ao forno esperando assar.

Portanto, essa é a importância de conhecer o ROE do seu negócio. O retorno do negócio ser menor que uma eventual aplicação não é razoável. Esse dilema já foi maior no passado, quando a taxa de juros no Brasil conseguiria 15% a 20% de retorno anual, praticamente para qualquer valor aplicado em produtos de renda fixa. Ou seja, havia muito pouco incentivo para alguém se capitalizar ou aceitar tomar algum risco empreendendo.

O ROE está expresso no Quadro 13.5, a seguir:

Indicador	O que mede?	Fórmula	Metas
ROE	Rentabilidade	Lucro líquido / patrimônio líquido x 100	Acima de 20%

Tabela 13.5

Liquidez corrente

Aqui está um indicador que os bancos adoram. Ele relaciona dois itens: ativo circulante e passivo circulante. Ao contrário dos parâmetros anteriores, que mediam a rentabilidade de um negócio, este item tem o foco na liquidez do empreendimento, ou seja, a velocidade com que a empresa é capaz de converter seus ativos em dinheiro. Mas o que significa o "circulante" quando se refere a ativos e passivos?

No caso dos ativos, é tudo o que pode tornar dinheiro no prazo de até doze meses. Na pizzaria do Vinícius, aquele que se indispôs com o cunhado, ele tinha em estoque farinha, queijo, presunto, azeitonas e azeite, que seriam consumidos no máximo em um ano. Ninguém deve guardar ingredientes como esses por mais de um ano. Portanto, esses artigos que formam o estoque é um ativo circulante.

Vinícius trabalha com cartão de crédito na sua pizzaria, ou seja, vende a prazo com trinta dias. Ele receberá o dinheiro da venda das pizzas, e esse prazo menor que um ano é também um ativo circulante. Mas e se pensarmos no forno a lenha que Vinícius construiu quando instalou seu negócio? Esse ativo durará pelo menos uns dez anos no estabelecimento. Ele provavelmente não tem como transformar aquilo em dinheiro nos próximos doze meses. E o forno que fica ali parado é um ativo permanente, portanto, é um capital que está imobilizado.

A mesma lógica se aplica ao passivo circulante. Ele se constitui do pagamento que Vinícius deve fazer aos fornecedores, funcionários, governo e aos bancos. Aos fornecedores, pois venderam insumos necessários para preparar as pizzas, e aos funcionários, por causa do trabalho diário. Ele também pagará impostos ao governo. E estão também incluídos os empréstimos que Vinícius eventualmente tenha feito com os bancos. Enfim, são todas as contas que o pizzaiolo pagará no prazo máximo de um ano. Eles são de curto prazo quando vencem em até doze meses, e de longo prazo se o pagamento for após o 12º mês.

Mas há aqui uma nuance. Vinícius fez um empréstimo de R$60 mil para pagar R$1 mil por mês em 84 pagamentos, ou seja, em 7 anos. As 12 parcelas de R$1 mil a serem pagas no primeiro ano — R$ 12 mil — são consideradas como uma dívida de curto prazo. As 72 parcelas restantes para completar a dívida de R$72 mil entram na rubrica dos empréstimos de longo prazo.

Vamos sair da pizzaria do Vinícius para voltar para a cantina do Bolívar. Nela verificaremos o conceito de liquidez corrente. Todos nós nos lembramos bem de que Bolívar tem um ativo circulante de R$300 mil e que menos de um ano pode transformar seu estoque, contas a receber, móveis e utensílios em dinheiro. Por coincidência, todo o passivo circulante dele — pagamento a fornecedores, salários, empréstimos de curto prazo — soma os mesmos R$300 mil.

A fórmula da liquidez corrente propõe o seguinte:

||||||||||||||||||||||||||||||||||||||||||||||||||||||||||||||||||||||||||||||||||||||||

Liquidez corrente = Ativo circulante / Passivo circulante
Liquidez corrente = R$300 mil / R$300 mil
Liquidez corrente = 1

||||||||||||||||||||||||||||||||||||||||||||||||||||||||||||||||||||||||||||||||||||||||

O resultado "1" significa que Bolívar tem "em casa" o necessário para pagar todas suas dívidas e compromissos nos próximos doze meses. Nesse cenário, Bolívar pode dormir tranquilo por saber que sua liquidez corrente está equilibrada. Porém, o mesmo não aconteceria se ele estivesse diante da seguinte situação: vamos imaginar que suas dívidas, seus compromissos e suas obrigações fossem de R$350 mil. Ele continua com seus R$300 mil de ativo circulante. O cálculo traria a seguinte situação:

||||||||||||||||||||||||||||||||||||||||||||||||||||||||||||||||||||||||||||||||||||||||

Liquidez corrente = Ativo circulante / Passivo circulante
Liquidez corrente = R$300 mil / R$350 mil
Liquidez corrente = 0,86

||||||||||||||||||||||||||||||||||||||||||||||||||||||||||||||||||||||||||||||||||||||||

O que isso significa na prática? Significa que para cada R$1 de dívida, ele teria "em casa", no negócio, apenas R$0,86 para honrar seus compromissos no horizonte de um ano. Pobre Bolívar, passaria noites em claro. Há a chance de que ele dê o calote? Sim, essa chance é grande. Bolívar ficará encurralado se não fizer um aporte no negócio, como um novo empréstimo. Ou se uma multidão não começar a fazer fila na cantina para saborear suas pernas de cabrito. Caso contrário, o negócio não lucrará o suficiente para cobrir essa diferença de R$0,14 por R$1 de ativo. Logo, ele não honrará seus compromissos em algum momento nos próximos doze meses.

Veja a composição da liquidez corrente no quadro seguinte:

Indicador	O que mede?	Fórmula	Metas
Liquidez corrente	Liquidez	Ativo circulante / Passivo circulante	Igual ou maior do que 1

Tabela 13.6

Juros sobre Ebit

EBIT é a sigla em inglês para *Earnings Before Interests and Taxes* (Lucro antes de Juros e Imposto de Renda). EBIT é o lucro operacional sempre considerado antes do pagamento de juros dos empréstimos e impostos. Esse parâmetro mede a alavancagem da empresa, ou seja, o endividamento da organização para promover seu crescimento. A relação em percentual expressa os juros que o empresário está pagando pelos empréstimos tomados, com o lucro auferido pela empresa, sem levar em conta o pagamento dos próprios juros e impostos. Como está a seguir:

‖‖

Juros sobre EBIT = Juros / Lucro (antes dos juros e impostos) x 100

‖‖

Uma empresa alcançou um lucro de R$30 mil e pagou R$10 mil de juros. A divisão de R$10 mil pelo lucro de R$30 mil trará um percentual de 33%, um valor de quase o dobro dos 15% que o mercado considera como o maior índice admissível para indicar um nível de alavancagem sadio.

Confira:

‖‖

Juros sobre EBIT = R$10 mil / R$30 mil
Juros sobre EBIT = 33%

‖‖

Esse percentual indica duas possibilidades: esse empresário está muito endividado ou a dívida que assumiu é cara demais. Ele está muito "alavancado", como se diz no mercado. Ele está crescendo a uma velocidade maior do que é capaz ou tem um estoque alto demais. Pode ser também que haja uma dívida cara demais para sua capacidade de pagamento. Por estar nessa situação, provavelmente esse empresário está indo ao banco todo o tempo para renegociar sua dívida. Ou talvez o banco já não esteja nem concedendo crédito mais. Lamentavelmente, sem ter para onde correr, esse empresário deve estar financiando sua operação com os juros escorchantes do cheque especial.

Quando o empreendedor já comprometeu uma fatia superior a 15% de seu lucro operacional, as chances de sobrevivência tornam-se pequenas. Na verdade, ele está se enforcando. As empresas excepcionais têm esse indicador muito próximo a zero. Se a organização está ganhando dinheiro, reinvestindo no negócio, com margens cada vez maiores, o seu gestor não tem nenhuma razão para sair atrás dos gerentes de banco para queimar parte de seu negócio com pagamento de juros.

De maneira resumida, a fórmula do indicador Juros sobre EBIT é apresentada a seguir:

Indicador	O que mede?	Fórmula	Metas
Juros / EBIT	Alavancagem	Juros / Lucro antes dos juros e impostos	Abaixo de 15%

Tabela 13.7

Relação dívida e patrimônio líquido

O ponto básico neste parâmetro pode ser resumido pela seguinte frase: "Se você tem uma dívida, ela nunca pode estar acima de 80% do que você tem de patrimônio." Qualquer valor superior a isso mostra que você está excessivamente alavancado. E a partir daí, um quadro sombrio surge mostrando que seu negócio é arriscado demais. Caso sua demanda caia, você morrerá pagando juros. Como chegamos nesse limite de 0,8? Mais uma vez, pela minha experiência como executivo e consultor.

Um exemplo mostrará isso. Alguém tem um patrimônio de R$100 mil, com dívidas acumuladas de R$85 mil. O resultado será o seguinte:

||||||||||||||||||||||||||||||||||||||||||||||||||||||||||||||||||||||||||||||||||||||

Relação Dívida Patrimônio Líquido = Dívida / Patrimônio líquido

Relação Dívida e Patrimônio Líquido = R$85 mil / R$100 mil

Relação Dívida e Patrimônio Líquido = 0,85

||||||||||||||||||||||||||||||||||||||||||||||||||||||||||||||||||||||||||||||||||||||

Tal índice coloca o negócio em risco porque a alavancagem está excessivamente alta. A seguir, a maneira como o índice se apresenta:

Indicador	O que mede?	Fórmula	Metas
Relação dívida e Patrimônio líquido	Alavancagem	Dívida / Patrimônio	Abaixo de 0,8

Tabela 13.8

Dívidas de longo prazo

Ao contrário da meta fixada na relação dívida e patrimônio líquido, a meta do indicador das dívidas de longo prazo não é resultado do que aprendi com a minha experiência. A meta apresentada em seguida é bastante usada pelos bancos. No seu cálculo entra em cena o EBITDA, *Earnings Before Interest, Taxes, Depreciation and Amortization.* Em português, Lucro Operacional antes dos Impostos, Juros, Depreciação e Amortização.

Esse parâmetro capta a dívida e o tempo que uma organização levará para saldá-la. Exemplo: uma empresa atinge um EBTIDA anual de R$100 mil, com uma dívida de R$350 mil. Isso significa que em três anos e meio essa empresa conseguirá pagar 100% da sua dívida. Esse prazo de três anos e meio é exatamente o limite máximo acreditado pelo mercado que uma empresa terá para honrar seu débito, além de ser percebida como um empreendimento que apresenta um nível de risco razoável. Se, ao contrário, ela necessitar de mais de três anos e meio para liquidar o empréstimo, essa organização será vista como muito arriscada, e poucos irão querer fazer negócio com ela.

A expressão do indicador "Dívidas de longo prazo" está representada a seguir:

Indicador	O que mede?	Fórmula	Metas
Dívidas de longo prazo	Alavancagem melhor	Dívidas / EBITDA	Abaixo de 3,5 vezes.

Tabela 13.9

Investimento em capital

Talvez seja difícil acreditar, porém, no mundo dos negócios, vemos coisas como uma empresa que tem um lucro de R$60 mil investir R$180 mil. Parece uma insanidade? É mesmo! E só existem duas opções para um empreendedor cobrir essa diferença de R$120 mil para materializar esse investimento de R$180 mil. Ele coloca dinheiro próprio nesse negócio ou arruma um sócio capitalista (desconsiderarei a possibilidade de abrir o capital na Bolsa de Valores, opção disponível para uma minoria das empresas nacionais). Senão, o empreendedor se endividará com os bancos, não há uma outra opção.

Acredito já ter chamado atenção em demasia sobre os perigos do endividamento, logo, penso que não será necessário repeti-los agora. Alguém que lucra R$60 mil pode investir qualquer coisa abaixo de R$60 mil. Se ainda houver alguma dúvida sobre a justeza dessa afirmação, podemos trazer o raciocínio para nossas próprias finanças pessoais. Alguém ganha R$5 mil por mês, mas gasta R$6 mil, então terá de se desfazer de seus bens durante algum tempo para sustentar esse estilo de vida. Mas uma hora os bens acabarão, e disso o desastre acontecerá. Dinheiro não aceita desaforos.

Empresas excepcionais são aquelas que requerem pouco investimento para se manterem. Em algum momento, Bolívar foi obrigado a fazer o investimento inicial para montar sua cantina. Mas ele precisará investir no negócio todos os anos? Talvez, mas muito menos do que no início de tudo, não é mesmo? Ele não precisará comprar cadeiras todos os anos. Não trocará o freezer, as mesas ou o fogão anualmente.

Contudo, há ainda muitos empresários, notadamente no varejo, que têm a mentalidade de fazer investimentos desnecessários constantemente, o que eu considero em grande parte inviável. Se alugam o imóvel onde o negócio está instalado, eles resistirão à ideia de fazer benfeitorias "no imóvel dos outros". Daí decidem ter um imóvel próprio, o que suga dinheiro do caixa da operação.

Seria como se Bolívar trocasse os três carros que usa para fazer as entregas todos os anos, por causa do serviço de delivery na sua cantina. Entretanto, não há necessidade de isso ser feito. É jogar dinheiro fora. Manter um carro só funcionando por cinco anos antes de comprar um novo faria muito mais sentido. Portanto, repito: grande parte dos investimentos comumente feitos é desnecessária, na minha opinião.

O indicador investimentos em capital mede a eficiência do negócio. Ele também se expressa em percentual e é calculado com a divisão do Investimento anual pelo lucro líquido. Vamos voltar ao incrível exemplo do início deste segmento, o empresário que lucrava R$60 mil ao ano e investia R$180 mil.

||||||||||||||||||||||||||||||||||||||||||||||||||||||||||||||||||||||||||||||||||||||||||

Investimentos em capital = Investimento anual / Lucro líquido

Investimentos em capital = R$180 mil / R$60 mil x 100

Investimentos em capital = 300%

||||||||||||||||||||||||||||||||||||||||||||||||||||||||||||||||||||||||||||||||||||||||||

O que quer dizer essa razão "300%"? Em matéria de investimentos, o mercado considera "bom" um capital no valor abaixo de 50% do lucro. E um valor abaixo dos 25% é visto como "ótimo". Na medida que esses 300% só podem mesmo apontar para um desastre, uma empresa gerenciada de maneira temerária se torna quase suicida.

A seguir está o indicador resumido:

Indicador	O que mede?	Fórmula	Metas
Investimentos em capital	Eficiência melhor	Investimento anual / Lucro líquido x 100	Abaixo de 50% do lucro: bom Abaixo de 25% do lucro: ótimo

Tabela 13.10

Há muitos outros indicadores que podem ser utilizados para medir a rentabilidade, a liquidez, a alavancagem e a eficiência dos negócios, mas minha experiência mostra esses dez indicadores apresentados como os mais importantes. De novo, faço a comparação com os check-ups médicos. Se seguíssemos acompanhando os parâmetros vitais de maneira constantemente disciplinada, como os doutores nos recomendam, então teríamos uma boa saúde e com certeza poderíamos desfrutar uma vida longa e saudável.

Talvez, se as quase sessenta gerações que seguiram à frente da Kongo Gumi através do carpinteiro Shigemitsu Kongo observassem rigorosamente os dez indicadores apresentados neste capítulo, a empresa ainda poderia estar em posse da família, produzindo lindos templos budistas. No entanto, devemos fazer justiça para lembrar que por 1.428 anos eles fizeram a lição de casa. Mas distraíram-se quanto à alavancagem do negócio, logo, precisaram entregar as chaves da empresa para outros.

A seguir, deixo o guia para a saúde e longa vida das boas empresas de presente para meus leitores. Reproduzirei todos os indicadores dos quais tratei aqui em um único quadro. Recorte do livro para deixar na sua mesa de trabalho. Ou emoldure, prendendo em um lugar que possa ver todos os dias. Assim, sempre que olhar para ela, você se lembrará do "check-up" do seu negócio.

Faça disso um hábito. A sua empresa também pode ser estendida por 1.428 anos. E por que não por muito mais? Seus filhos, netos, bisnetos, tataranetos agradecerão imensamente, assim como os filhos, netos, bisnetos e tataranetos deles.

Um guia para ter a própria Kongo Gumi

Indicador	O que mede?	Fórmula	Metas
Margem bruta	Rentabilidade	Lucro bruto / receita líquida x 100	Acima de 40%: ótimo. Abaixo de 20%: segmento muito competitivo
Margem líquida	Rentabilidade	Lucro líquido / receita líquida x 100	Acima de 20%: ótimo. Abaixo de 10%: segmento muito competitivo
Taxa de crescimento dos lucros	Rentabilidade	Crescimento anual dos lucros nos últimos 5 anos	Acima de 10% ao ano
ROA	Rentabilidade	Lucro líquido / ativos x 100	Acima de 20%
ROE	Rentabilidade	Lucro líquido / patrimônio líquido x 100	Acima de 20%
Liquidez corrente	Liquidez	Ativo circulante / Passivo circulante	Igual ou maior do que 1
Juros / EBIT	Alavancagem	Juros / Lucro antes dos juros e impostos	Abaixo de 15%
Relação dívida e Patrimônio líquido	Alavancagem	Dívida / Patrimônio	Abaixo de 0,8

Tabela 13.11

CONCLUSÃO

O exemplo de Cadico

O seu nome é Ricardo Alves. Cadico, para os mais próximos. Aos 19 anos, Cadico sofreu um doloroso golpe, o falecimento de seu pai. Isso mudou sua vida. A partir daquele instante, ele teria de garantir o sustento com sua própria dedicação e suor. Na época, começou a ser vendedor em uma loja de roupas. Cadico logo conquistou a confiança do chefe e conseguiu progredir na pequena empresa. Mas ele queria mais. Queria empreender, ter um negócio próprio, embora naquele momento não soubesse exatamente qual negócio seria esse.

Cadico parava quase todos os dias em uma barraquinha próxima à sua casa para comer alguma coisa após o trabalho. Espetinho de frango era o seu favorito. Imagino que uma noite ele tenha olhado para o espeto que estava na sua mão antes de comer, e uma luz acendeu na sua cabeça. Claro! Aquele era o negócio que estava procurando. Ele também montaria sua própria barraquinha, bem perto do bairro em que morava.

Cadico é uma pessoa simpática e fácil de se relacionar. O patrão gostava dele. Isso é tão verdade, que ele pediu dinheiro emprestado ao patrão, e o homem concordou em fazer o empréstimo. O feito viabilizou o início do negócio. Cadico trabalhava das 7h às 18h na loja de roupas, e à noite vendia churrasquinhos em sua barraca. "Pelo menos meus amigos vão me dar uma força comprando alguns espetinhos e bebendo uma cervejinha gelada", ele apostava.

Talvez o churrasco fosse de fato bom e a cerveja estivesse sempre gelada. Ou era a simpatia do Cadico que contava pontos. Mas só que foram mais de meia dúzia dos amigos que se tornaram clientes do Cadico. Os negócios iam bem. Ele vendia espetinhos de carne e frango acompanhados de farofa e molho à campanha. Oferecia as marcas de cerveja mais consumidas no Rio na época, além de outras bebidas, como refrigerantes e chá mate. Ele montava a sua barraca de domingo a domingo. Aliás, por morar próximo ao Maracanã, domingo era o melhor dia, quando as vendas eram multiplicadas pelos torcedores que iam ao estádio.

Cadico não frequentou uma faculdade de Economia. Talvez nunca tenha lido um demonstrativo financeiro nos primeiros anos de seu negócio. Mas tinha a intuição de um campeão. Ele comprou a barraca por meio do dinheiro emprestado pelo patrão, e ainda com os poucos recursos que tinha na época, adquiriu à vista os ingredientes do churrasco, as bebidas e os complementos. Disso, conseguia descontos dos fornecedores. "Eu comprava a um preço mais baixo e vendia ao mesmo valor dos meus concorrentes no começo, mas depois de um tempo passei a cobrar um pouco acima deles", comenta.

Isso dava um bom lucro, e Cadico fazia o que com seu caixa mais avantajado? Reinvestia no próprio negócio. Agora, 20 anos depois, ele ainda se lembra dos números: "Meu lucro era de R$7,5 mil por mês, e eu vivia, não sei bem como, com R$1,5 mil mensais." Ou seja, 80% do lucro era retido no negócio.

Mas por que Cadico tratava de maneira tão estrita seus ganhos? "Eu tinha medo", confessou. "Era um negócio informal, pequeno. Eu não queria mais ser empregado de ninguém, mas tive muito medo depois que pedi demissão do meu emprego. E se o meu negócio não fosse para a frente e eu tivesse que pedir meu emprego de volta ao meu patrão? Foi isso que me fez reinvestir o máximo que conseguia de lucros todos os meses." Cadico juntou a disciplina por meio do medo. E mesmo assim, continuou retendo seus lucros, reinvestindo no negócio.

Graças ao sucesso crescente, ele investiu em outras frentes, e oito anos depois do primeiro churrasquinho servido aos amigos, seu patrimônio havia aumentado significativamente.

Nesse caso real, o nosso personagem percorreu todos os fundamentos econômicos dos quais trato neste livro. Do primeiro ao último. Possivelmente sem conhecer o nome formal de nenhum deles na época. Assim, ao gastar apenas R$1,5 mil dos R$7,5 mil que lucrava por mês, ele retinha os lucros. Ao comprar à vista e conseguir descontos, geriu suas margens brutas e líquidas. E pela sua alegria, reteve seus clientes, sem que esses se importassem em pagar um pouco mais pelo churrasquinho e as bebidas.

Cadico geria seu estoque e girava seu capital, colocando uma variedade restrita de produtos à venda. Fiado não era com ele. A venda era à vista, fazendo sua gestão de contas e do capital de giro. O zero investimento em marketing (seu forte era o "boca a boca") fez suas despesas fixas serem baixas, um impacto favorável na alavancagem operacional. E seu endividamento era zero. Por fim, a retenção de lucros e o giro dos ativos proporcionavam uma sólida capacidade de crescimento, devido às margens altas que praticava. Pelas minhas contas, usando a fórmula do crescimento, Cadico poderia crescer até 850% ao ano, sem se endividar!

Riqueza e conforto

A trajetória de Cadico é inspiradora para todos nós. É por esse motivo que está na conclusão deste livro. Imagino a existência de muitos outros casos dos empreendedores neste nosso país que confiaram na simplicidade da fórmula do crescimento dos negócios, e sei que foram recompensados com o sucesso de seus empreendimentos, trazendo para si, e para muitas outras pessoas, riqueza e conforto.

Essa simplicidade é exatamente a mensagem que, espero de coração, eu tenha conseguido passar ao longo de todas as páginas deste livro. Gostaria de convencer as pessoas, e a cada um dos meus leitores, de que o mais relevante para o gestor é entender a simples essência de todos os negócios. No momento em que vocês, meus leitores, sentirem as operações em seus negócios complexas demais, ou que já não estejam enxergando a lógica do caminho percorrido, desejo que se lembrem das páginas deste livro e digam para si mesmos: "A essência do negócio é a simplicidade. Se ela não está aqui, há algo errado que precisa ser corrigido."

Talvez quando enfrentou os inevitáveis desafios que os negócios trazem, Cadico tenha tido suas próprias dúvidas e inseguranças. Elas são comuns a todos os empreendedores. Mas, não tenho dúvida, ao longo de sua exaustiva jornada, em nenhum instante ele perdeu a confiança em sua maneira de fazer negócios.: não se endividar sem necessidade, manter as despesas no mais baixo patamar possível, maximizar seus ganhos, reinvestir no negócio.

De novo, Cadico não passou pela faculdade de Economia. Nunca pensou em ir para Harvard. Nem mesmo obter um diploma de MBA. Mas, novamente, ele representa a força da natureza, a sagacidade do instinto que busca um caminho simples (não fácil!) e consistente dos negócios. Traduzir toda essa energia empreendedora em palavras foi uma das missões que tentei cumprir ao produzir este livro.

Na introdução desta obra, afirmei que ganhar dinheiro não é algo fácil. Mas é simples. Sempre insisto na palavra "simplicidade". Bem sei que costumamos ter a imprudente propensão a tornar nossos movimentos complexos. Temos um medo paralisante dos riscos, pois nos deixamos levar de maneira impensada pela fantasia dos ganhos fáceis. Logo, costumamos ter preguiça de planejar ou desistimos quando os resultados programados parecem demorar.

Todos esses maus hábitos podem ser trocados por boas e efi-
cazes práticas. Podemos todos nós sermos "Cadicos". Acredito no
potencial de este livro servir como um guia para você, leitor, dar os
passos que muitos outros percorreram, para chegarmos ao bom, e
simples, caminho em direção ao sucesso nos negócios. Ficarei feliz
quando isso acontecer.

ÍNDICE

A

accountability, 158
acionistas, 132
ações, 157, 254
administrar, xiv
alavancagem, 105
    financeira, 233
    operacional, 222–223, 226
alinhamento, 110
    das metas, 30
alto impacto financeiro, 211
amortização dos bens de capital, 44
análise vertical, 173
ansiedade, 206
aplicação, 120, 258
atitudes, 219
    emocionais, 204
ativo
    circulante, 252
    permanente, 275
aumento do faturamento, 92

B

backoffice, 70
balanço patrimonial ajustado, 251, 252
benchmarking, 161, 171
    interno, 172
benevolência, 262
bens produzidos, 218
boas práticas de governança, 142
bom
    funcionamento, 151
    relacionamento com o consumidor, 127
bonança, 8, 205

C

caixa, xiii
    futuro, 259
capital, 43
    de giro, 2, 21
    dos bancos, 8
    inicial, 39
capitalizar, 274
carteira sólida de clientes, 130
cenários de risco, 261
checagem do valor alcançado, 253
choque de culturas, 240
ciclo financeiro, 41
cisne negro, conceito, 231, 234
clima organizacional, 187
comunicação personalizada, 189
concorrentes, 12
    diretos, 9
conhecimento formal, 188
Consolidação das Leis do Trabalho (CLT), 234, 235
contas a receber, 272
controle do caixa, xiv
crença universal, 112
crise, 8
    de 2008, 231
custo
    da dispensa, 171
    das Mercadorias Vendidas (CMV), 61, 63, 68

de Aquisição de Clientes (CAC), 129

de Mercadorias Vendidas (CMV), 73

de mudança, 130

de oportunidade, 145–146, 274

de produtividade, 139

invisível, xx, 138

D

demonstração
  de resultados, 271
  do Fluxo de Caixa (DFC), 137
  do Resultado do Exercício (DRE), 137, 144
demonstrativo financeiro, 48, 86, 123
descapitalizar, 122
desconto, 219, 258
despesas, 23
  fixas, 36, 223, 227
  variáveis, 36, 48, 223
disciplina, 288
  financeira, 10
dívidas de longo prazo, 281

E

EBIT, 278
EBITDA, 280
economia, 135
  de custo, 84
eficiência, xx, 158, 172
  do negócio, 98
  operacional, 161
empréstimo, 41, 233
endividamento, 8
engajamento profissional, 143
entradas e recebimentos, 49
excelência na gestão, 22
expansão, 30, 246

F

falta
  de caixa, xvii–xviii

de comunicação, 112
faturamento, xvii
feedback, 191
fixação de meta, 19
fluxo de caixa, 37, 39
  descontado, 257, 261
fórmula do crescimento sustentável, 114

G

gastos, 139
geração
  de caixa, 20, 34, 37, 208
  do lucro, xvii
gestão, xiii
  de caixa, 4
    deficiente, 6
  de negócios, 15
  de pessoas, 185
  por meritocracia, 238
giro dos ativos, 98, 100
golpe, 287
governança, 163
gráficos de venda, 221

H

habilidade comportamental, 207
hábitos, xix, 162
headhunter, 139
hierarquia de metas, 19–20

I

impulsos emocionais, 198
inadimplência, 8
incremento do patrimônio, 262
independência emocional, xiv
inovação, 203
inovações tecnológicas, 203
insolvência, 43
insumos, 24
Inteligência Artificial, 214
intuição, 205
investimento

ÍNDICE

em capital, 282–283
imobiliário, 274

J

jogos, 238
jornada, 290
juros, 26
Justiça do Trabalho, 235
Just in Time, 174

K

Key Performance Indicators (KPI),
167–168
KPIs, 167

L

liberdade, 249
liderança, 114
lideranças globais, 17
linha de montagem, 166
liquidez corrente, 276–277
livre mercado, 229
logística, 63
lucro
Antes do Imposto de Renda (LAIR),
104
anual, 254
bruto, 35
líquido, 15, 39, 47, 101

M

má gestão do caixa, 41
mapa de metas, 25
margem
bruta, 24, 64, 123
líquida, 63
marketing, 7–8, 113
matéria-prima, 221
maximização do valor da empresa,
238
melhoria contínua, 161
meta de caixa, 3–4
metas

de lançamento de produtos, 18
financeiras claras, 19
incorretas, 17
mitos da gestão de negócios, 12
modernizar um empreendimento,
202
mudança, 179
múltiplos do valor de mercado,
253–254
mundo coorporativo, 199

N

Necessidade de Capital de Giro
(NCG), 38–39, 123, 125
negatividade, 212
negociação, 43, 77
negociar prazos maiores, 43

O

objetividade, 240
objetivo
de faturamento, 16
financeiro, 25
ondas de crescimento, 7
oportunidade, 185
orçamento base zero, 58–59
organização, 1
otimismo, 76
exagerado, 219–220

P

pandemia do Coronavírus, 99,
224–225
paradoxo, xix
parâmetros, xxii, 265
participação de mercado, 20
patrimônio, xvii
percepção, 205
perpetuidade, 261–262
planejamento, 169
plano de negócios, 28–30
poder da comunicação, 115
ponto de risco, 43

pós-venda, 136
preço final, 268
preços competitivos, 10
prejuízo, 75, 170
previsão incorreta da demanda, 218
Princípio de Pareto, 80–81, 212
problema de caixa, 70
processos de demissão, 27
Produto Interno Bruto (PIB), 7

Q

qualidade, xxi

R

racionalidade, 199
ranking da lucratividade, 82
recursos, 52, 132
redução
  de gastos, 240
  dos preços, 220
regime de competência, 47–48
reinvestimento na própria empresa,
  99
reinvestir, 179
relação dívida e patrimônio líquido,
  280
relações interpessoais, 182
remanejar estoques, 122
remuneração variável, 16
renda mensal, 245
rentabilidade, 4, 260
resultado, 29
  operacional, 101
retenção
  de clientes, 131, 167
  de empregados, 26–27
  dos lucros, 90–91, 95
retorno
  sobre o capital investido, 68
  sobre o investimento, 37
risco do empreendimento, 3
rotatividade, 26

S

se comunicar com competência, 180
segmentos arriscados, 270
segurança material, 262
simplicidade, 174
síndrome do faturamento, 14, 47
sistemas de gestão, 207
stakeholders, 158
supernegócio, 271
sustentabilidade, 181, 195

T

talento, 205
terminologia, 162
tomada de decisão, 148
toxicidade, 194
transformação, 73, 245
transparência, 186
treinamento, 23
turnover, 136

V

valorização, 3
valuation, 247–248, 251
variação do lucro, 227
variedade, 149
vida corporativa, 257
vírus do faturamento, 70, 75
visão holística, 131
volume, 14, 152

W

Warren Buffett, investidor, 6, 8

Projetos corporativos e edições personalizadas dentro da sua estratégia de negócio. Já pensou nisso?

Coordenação de Eventos
Viviane Paiva
viviane@altabooks.com.br

Assistente Comercial
Fillipe Amorim
vendas.corporativas@altabooks.com.br

A Alta Books tem criado experiências incríveis no meio corporativo. Com a crescente implementação da educação corporativa nas empresas, o livro entra como uma importante fonte de conhecimento. Com atendimento personalizado, conseguimos identificar as principais necessidades, e criar uma seleção de livros que podem ser utilizados de diversas maneiras, como por exemplo, para fortalecer relacionamento com suas equipes/ seus clientes. Você já utilizou o livro para alguma ação estratégica na sua empresa?

Entre em contato com nosso time para entender melhor as possibilidades de personalização e incentivo ao desenvolvimento pessoal e profissional.

PUBLIQUE
SEU LIVRO

Publique seu livro com a Alta Books. Para mais informações envie um e-mail para: autoria@altabooks.com.br

 /altabooks   /alta-books   /altabooks   /altabooks

CONHEÇA OUTROS LIVROS DA **ALTA BOOKS**

Todas as imagens são meramente ilustrativas.

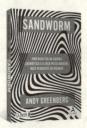